Alexandre Andrade Martins   Antonio Martini
(organizadores)

TEOLOGIA E SAÚDE

*Compaixão e fé em meio
à vulnerabilidade humana*

Dados Internacionais de Catalogação na Publicação (CIP)
(Câmara Brasileira do Livro, SP, Brasil)

Teologia e saúde : compaixão e fé em meio à vulnerabilidade humana /
Antonio Martini, Alexandre Andrade Martins (organizadores). –
São Paulo : Paulinas, 2012. – (Coleção teologia na universidade)

Bibliografia.
ISBN 978-85-356-3015-2

1. Bioética   2. Biotecnologia   3. Saúde - Aspectos religiosos
4. Saúde pública 5. Teologia e saúde   I. Martini, Antonio.   II. Martins,
Alexandre Andrade.   III. Série.

11-14529   CDD-261.83

Índice para catálogo sistemático:

1. Teologia e saúde : Teologia social   261.83

1ª edição – 2012

Direção-geral: Bernadete Boff

Conselho editorial: Dr. Afonso M. L. Soares
Dr. Antonio Francisco Lelo
Me. Luzia M. de Oliveira Sena
Dra. Maria Alexandre de Oliveira
Dr. Matthias Grenzer
Dra. Vera Ivanise Bombonatto

Editores responsáveis: Vera Ivanise Bombonatto e
Afonso M. L. Soares
Copidesque: Anoar Jarbas Provenzi
Coordenação de revisão: Marina Mendonça
Revisão: Mônica Elaine G. S. da Costa e
Ana Cecilia Mari
Gerente de produção: Felício Calegaro Neto
Projeto gráfico: Manuel Rebelato Miramontes

Nenhuma parte desta obra poderá ser reproduzida ou transmitida
por qualquer forma e/ou quaisquer meios (eletrônico ou mecânico,
incluindo fotocópia e gravação) ou arquivada em qualquer sistema ou
banco de dados sem permissão escrita da Editora. Direitos reservados.

Paulinas
Rua Dona Inácia Uchoa, 62
04110-020 – São Paulo – SP (Brasil)
Tel.: (11) 2125-3500
http://www.paulinas.org.br – editora@paulinas.com.br
Telemarketing e SAC: 0800-7010081
© Pia Sociedade Filhas de São Paulo – São Paulo, 2012

Sumário

Apresentação da coleção
    AFONSO MARIA LIGORIO SOARES 5
Introdução
    ALEXANDRE ANDRADE MARTINS E ANTONIO MARTINI 9

PARTE I
ASPECTOS SÓCIO-HISTÓRICOS

I   Perspectivas da saúde
       HUBERT LEPARGNEUR 17

II   Modernidade e crise do ser: uma crise existencial, de sentido e ética
       ALEXANDRE ANDRADE MARTINS 28

III Saúde ambiental
       ROBERTO MALVEZZI 44

PARTE II
TEOLOGIA E SAÚDE

IV Viver, adoecer, sofrer e morrer nas religiões
       MARIA ANGELA VILHENA 59

V   Saúde e teologia: um olhar crítico sobre a teologia da retribuição
       RAFAEL RODRIGUES DA SILVA 75

VI Igreja a serviço da saúde
       JÚLIO SERAFIM MUNARO 91

VII Elementos para uma teologia do mistério pascal
       AFONSO MARIA LIGORIO SOARES 102

VIII Morte e morrer como experiência existencial de plenificação do ser humano
       RENOLD BLANK 117

IX Espiritualidade e comportamento em saúde
       MARIA INÊS DE CASTRO MILLEN 130

PARTE III
DIMENSÃO ÉTICA

X Um grito ético por justiça e equidade no mundo da saúde
Leo Pessini 145

XI Bioética: tensões e desafios nos limites da vida
Alexandre Andrade Martins 157

XII Humanização, tecnologia e saúde
Christian de Paul de Barchifontaine 170

XIII Cuidar: aspectos éticos e espiritualidade na saúde
Antonio Martini..183

Considerações finais: profetismo, justiça, equidade
e solidariedade no mundo da saúde
Alexandre Andrade Martins e Antonio Martini.............202

Autores.. 206

Apresentação da coleção

Teologia e saúde: compaixão e fé em meio à vulnerabilidade humana, organizado pelos professores Antonio Martini e Alexandre Andrade Martins, é o novo livro com que damos continuidade à coleção *Teologia na Universidade*. Desde o primeiro momento em que a concebemos, nossa intenção foi visar a um público muito particular: a juventude universitária que, muito provavelmente, estará tendo seu primeiro contato com uma área de conhecimento que talvez soe estranha: a área de estudos teológicos. Além dos cursos regulares de teologia e de iniciativas mais pastorais assumidas em várias Igrejas ou comunidades religiosas, muitas universidades comunitárias oferecem a todos os seus estudantes uma ou mais disciplinas de caráter ético-teológico, entendendo com isso oferecer ao futuro profissional uma formação integral, adequada ao que se espera de todo cidadão: competência técnica, princípios éticos e uma saudável espiritualidade, independentemente de seu credo religioso.

Pensando especialmente nesse público, Paulinas Editora convidou um grupo de professores e professoras com experiência no ensino introdutório de teologia – em sua maioria, docentes da Pontifícia Universidade Católica de São Paulo (PUC-SP) – e conceberam juntos a presente coleção com o objetivo de produzir coletâneas de estudos que explicitem as relações entre a teologia e as áreas de conhecimento que agregam os cursos de graduação das universidades. A ideia foi convidar como autores, em primeiro lugar, os docentes das disciplinas teológicas e afins – que podem ser chamadas, dependendo da instituição de ensino em que sejam oferecidas, de *Introdução ao Pensamento Teológico, Introdução à Teologia, Antropologia Teológica, Cultura Religiosa* e/ou similares. Em segundo lugar, procurou-se contar com a parceria de pesquisadores das áreas em questão (direito, saúde, ciências sociais, filosofia, biologia, comunicação, artes etc.).

Diferencial importante dos livros desta coleção é seu caráter interdisciplinar. Entendemos ser indispensável que o diálogo entre a teologia e outras ciências em torno de grandes áreas de conhecimento seja um exercício teológico que vá da *teologia e...* até a *teologia da...* Em outros termos, pretendemos ir do diálogo entre as epistemes à construção de parâmetros epistemológicos de teologias específicas (teologia da saúde; teologia do direito; teologia da ciência etc.).

Por isso, foram escolhidos como objetivos da coleção os seguintes:

a) Sistematizar conhecimentos acumulados na prática docente de teologia.

b) Produzir subsídios para a docência inculturada nas diversas áreas.

c) Promover o intercâmbio entre profissionais de diversas universidades e das diversas unidades dessas.

d) Aprofundar os estudos teológicos dentro das universidades, afirmando e publicizando suas especificidade com o público universitário.

e) Divulgar as competências teológicas específicas no diálogo interdisciplinar na universidade.

f) Promover intercâmbios entre as várias universidades confessionais, comunitárias e congêneres.

Para que tal fosse factível, pensamos em organizar a coleção de forma a possibilitar a elaboração de cada volume por um grupo de pesquisadores, a partir de temáticas delimitadas em função das áreas de conhecimento, contando com coordenadores e com articulistas reconhecidos em suas respectivas linhas de atuação. Essas temáticas podem ser multiplicadas no decorrer do tempo a fim de contemplar esferas específicas de conhecimento.

O intuito de estabelecer o diálogo entre a *teologia e outros saberes* exige uma estruturação que contemple os critérios da organicidade, da coerência e da clareza para cada tema produzido. Nesse sentido, decidimos seguir, na medida do possível, uma estruturação dos volumes que contemplasse:

- *O aspecto histórico e epistemológico*, que responde pelas distinções e pelo diálogo entre as áreas.

- *O aspecto teológico*, que busca expor os fundamentos teológicos do tema, relacionando *teologia e...* e ensaiando uma *teologia da...*

- *O aspecto ético*, que visa expor as implicações práticas da teologia em termos de aplicação dos conhecimentos na vida social, pessoal e profissional do estudante.

Esperamos, portanto, cobrir uma área de publicações nem sempre suficientemente subsidiada com estudos que coadunem a informação precisa com a acessibilidade didática. É claro que nenhum texto dispensará o trabalho criativo e instigador do docente em sala de aula, mas será, com certeza, um seguro apoio para o bom sucesso dessa missão.

Quanto ao presente volume, conforme explicam seus organizadores, seus capítulos procuram apresentar a reflexão crítica e profética da teologia no mundo da saúde. De acordo com a estruturação básica da coleção, sua primeira parte considera o desenvolvimento histórico da saúde junto às sociedades e as diversas formas de compreensão e abordagem da saúde e da doença. Em seguida, dá-se espaço à reflexão propriamente teológica, entendendo a saúde como dom divino gratuitamente oferecido à humanidade. A parte final se dedica a compreender o contexto e as questões emergentes da biotecnologia, encarando seus principais dilemas e tensões. Nesse sentido, permeia a obra uma sintonia de fundo com a nova consciência mundial, que eleva a primeiro plano a equidade a fim de se atingir a meta de uma população muito mais saudável.

Esperamos, portanto, que também esta obra venha se somar ao sucesso de suas antecessoras e contribua para enriquecer o espírito de homenagem a todos aqueles docentes que empenharam e aos que continuam empenhando sua vida na difícil arte do ensino teológico.

Afonso Maria Ligorio Soares
Livre-docente em Teologia pela PUC-SP

Introdução

A teologia é um saber que vem sendo construído ao longo de milênios. Esse saber brota do seio de uma tradição religiosa, na qual pessoas fazem uma experiência transcendente que lhes proporciona sentido, pois a existência pessoal e a relação com o mundo material e abstrato passam a ser compreendidas à luz da tradição religiosa, parte constituinte do *éthos* de um grupo social. A teologia é a reflexão sistemática sobre esse conjunto experiencial e seu conteúdo significativo, sobre a experiência pessoal ou comunitária e a vivência moral em sociedade. Ao olharmos para a tradição judaico-cristã, percebemos a existência de constante reflexão sobre esse movimento da experiência religiosa, pois muitos atores dessa tradição preocuparam-se em registrar o seu pensar teológico realizado no interior da história. Esta reflexão, interagindo com as fontes sagradas, busca compreender a experiência de fé vivida e seus desdobramentos.

Atualmente não se faz teologia como se fazia em outras épocas. Ela é feita dentro de uma tradição religiosa, o que a confere um caráter confessional. Se houve um tempo em que se pensavam a fé e a sua vivência de modo fechado, isto é, apenas "no" e "para o" universo interior da própria confissão, em nossos dias, ficar restrito a esse aspecto "intra" retira a teologia do espaço público e a situa em um gueto, provavelmente com uma postura de defesa. A recusa em dialogar com o mundo contemporâneo e com suas transformações, sobretudo no campo científico, pode gerar tendências totalitárias.

A teologia vive, na atualidade, um grande desafio na sua relação com o mundo. Com o advento das ciências modernas, que foram ganhando notoriedade e espaço no meio social, sobretudo nas universidades, a teologia que aí esteve presente desde os seus inícios, nos tempos medievais, foi perdendo espaço com o desenvolvimento da mentalidade secular e com sua própria postura de não diálogo, de resistência às mudanças e ataque às críticas da modernidade. No entanto, desde o final do século XIX, e com mais força e visibilidade, a partir da segunda metade do século XX, a maioria dos teólogos e teólogas tem assumido outra postura, a do diálogo, na construção de um conhecimento capaz de contribuir para o desenvolvimento integral do ser humano.

A *Coleção Teologia na Universidade* fundamenta-se numa postura interdisciplinar e apresenta contribuições resultantes do diálogo entre teologia e outras áreas do conhecimento. Este volume, cuja temática é *teologia e saúde*, representa a sequência da caminhada em busca da efetivação do diálogo interdisciplinar, comprometido

9

com a descoberta das verdades presentes na vulnerabilidade humana e na alternância entre saúde e doença.

Estas reflexões propõem-se também ser instrumento à maturação das ideias entre alunos universitários e todos aqueles que pretendem fazer da saúde um espaço de desenvolvimento do ser humano em situação de vulnerabilidade.

A saúde na atualidade é interesse de todos e preocupação da sociedade como fator indicativo do grau de desenvolvimento de um povo e de sua humanização diante da dor e do sofrimento.

Os artigos contidos neste livro tentam apresentar essa reflexão crítica e profética da teologia no mundo da saúde. Estão organizados, segundo a estruturação básica da *Coleção Teologia na Universidade*, em três partes.

A primeira parte considera o desenvolvimento histórico da saúde junto às sociedades e a diversidade de formas de interpretação da saúde e da doença. Nas sociedades modernas o saber sobre saúde constitui campo próprio com pesquisas e descobertas que alteram profundamente os significados da vulnerabilidade humana, no início, exclusivamente ligadas ao sagrado. A apropriação da saúde como objeto do cuidado humano ampliou seu espaço, estabelecendo novos contornos e conceitos que, na atualidade, beiram o setor de beleza (cosmetologia) e uma imensa gama de outras atividades e ciências. Adquire também foros de interesse público, despertando a atenção do Estado sobre os corpos e as mentes da população.

A transformação da saúde como algo público (saúde pública) encontra-se inserida no desenvolvimento das sociedades industriais. E, simultaneamente, ocorre a sua descoberta e a proposta como direito fundamental da cidadania. Seu desenvolvimento tecnológico, sua inserção no mercado, as questões decorrentes destes novos agentes componentes dos cuidados em saúde tornam-se fonte de ações de seus profissionais que cada vez mais desfrutam de maior poder junto à população.

A segunda parte privilegia a reflexão sobre a saúde enquanto dom divino gratuitamente oferecido à humanidade. Simultaneamente situa o humano diante da presença inquestionável do mal na forma da vulnerabilidade e da finitude.

Como a dor é a companheira mais antiga da humanidade, as questões relacionadas à saúde sempre estiveram presentes nas reflexões religiosas. Explicações sobre os significados da dor, sofrimento e morte constituem objeto de atividades religiosas, desde os primórdios.

Dos pajés e curandeiros à Grécia, berço da filosofia, atribui-se a cura aos deuses. Já na tradição hebraica, Deus é o responsável pela saúde e pela doença, a primeira entendida como bênção e a segunda como castigo.

A presença de Jesus de Nazaré repropõe a reflexão. O Deus da Vida aproxima-se de quem tem menos condições de vida, pois são estes que requerem maior cuidado.

Introdução

Jesus retoma a associação entre sanidade e santidade, restabelecendo as semelhanças entre ambas. Isto significa que, quanto mais a pessoa torna-se saudável, mais desperta em si os valores da beleza, da verdade, da plenitude que a aproximam da verdadeira natureza do espírito, presente no interior do Homem e onde se situa o Reino de Deus. Em suas ações junto aos enfermos, Jesus reúne saúde e salvação através da relação entre doença e pecado, diferentemente do Antigo Testamento. Contextualiza a doença no ciclo interminável de sofrimento provocado pelo sistema político de exploração centrado na união entre palácio e templo e introduz a consciência de que somente a libertação deste sistema produz saúde. Ao afirmar "teus pecados estão perdoados" (Mt 9,26.35; Lc 5,20-23; Mc 2,5-9), indica a necessidade de superar o sistema criador de enfermidades e que somente a libertação humana deste sistema significaria a eliminação do pecado. Após esta reflexão, afirma: "Levanta-te e anda", reinserindo a pessoa no seio da sociedade.

Em Lc 4,16-30, há o que os exegetas denominam "apresentação do programa de Jesus". Ao entrar na Sinagoga de Nazaré e ler o texto do profeta Isaías, apresenta-se como o ungido do Senhor pelo Espírito para "evangelizar os pobres [...], para proclamar a remissão aos presos, e aos cegos a recuperação da vista, para restituir a liberdade aos oprimidos". O cuidado com os enfermos, no caso desta perícope representados pelos cegos, juntamente com a ação voltada para os mais pobres e os oprimidos, são elementos centrais da sua missão. Depois da apresentação na Sinagoga, Lucas mostra que toda a ação de Jesus na Galileia (Lc 4,14–9,50) foi a vivência concreta desse programa.

Quando os discípulos de João Batista vão perguntar se Jesus é o messias ou se devem esperar outro, este último responde por meio das suas ações de cura dos doentes e do anúncio da boa-nova aos pobres: "Ide contar a João o que estais vendo e ouvindo: os cegos recuperam a vista, os coxos andam, os leprosos são purificados, os surdos ouvem, os mortos ressuscitam e aos pobres é anunciado o evangelho" (Lc 7,22). Mateus também fala que "Jesus percorria toda a Galileia, ensinando em suas sinagogas, pregando o Evangelho do Reino e curando toda e qualquer doença ou enfermidades do povo" (Mt 4,23).

Ao escolher apóstolos para continuar sua missão na história, Jesus deixa claro que a atenção com os doentes é parte fundamental: "Convocando os Doze, deu-lhes poder e autoridade sobre todos os demônios, bem como para curar doenças, e enviou-os para proclamar o Reino de Deus e a curar" (Lc 9,1-2). E expandiu essa missão para todos os seus discípulos, os quais, em qualquer tempo e lugar, têm o dever de continuar na história a ação de Jesus em favor dos pobres, oprimidos, doentes e necessitados.

No mundo da saúde, a teologia precisa manter uma reflexão crítica sempre em diálogo com os outros saberes, e profética, a fim de anunciar a boa-nova da busca contínua pela vida aos que a têm parcialmente na doença e da descoberta da vida em sua integralidade, "para que tenham vida e a tenham em abundância" (Jo 10,10).

Na *terceira parte*, os autores apresentam uma reflexão que busca compreender o contexto e as questões emergentes da biotecnologia com seus principais dilemas e tensões.

A bioética tem na reflexão teológica um fator importante ao seu aparecimento devido à experiência nas argumentações éticas relativas às pesquisas, descobertas e intervenções, especialmente no campo da genética. Apesar da expansão do interesse pelas questões bioéticas a muitos ramos das ciências, a teologia nunca deixou de estar presente. A contribuição dos teólogos tem sido em duplo aspecto: como "eticista", que encontra na racionalidade a sua força, e como teólogo, que encontra na fé a sua particularidade. O objetivo tem sido desenvolver a argumentação ética com coerência e sem dogmatismo moral, sabendo se situar em sua tradição religiosa e nas questões concretas.

As questões bioéticas têm exigido dos teólogos uma busca corajosa da fé e muita criatividade reflexiva enraizada na releitura de sua tradição.

Neste debate, a teologia encontra espaço adequado para refletir sobre as perguntas fundamentais do sentido da vida esculpida na moral cristã pela vida trinitária.

À luz do Evangelho, a comunidade cristã sempre deu uma atenção especial para o mundo da saúde, por meio do cuidado com os enfermos. Os primeiros hospitais surgiram como frutos das obras de misericórdia de cristãos. Na história do Brasil, por aproximadamente quatrocentos anos, os únicos estabelecimentos de saúde responsáveis por cuidar dos enfermos eram as Santas Casas de Misericórdias, mantidas pela Igreja Católica.

Aproximando-se para um tempo mais próximo, observa-se que a reflexão teológica e a ação pastoral estiveram preocupadas com a saúde da população, juntando forças com outros segmentos civis e religiosos em prol do viver com saúde e do atendimento de qualidade aos doentes, como direito fundamental do ser humano. Essa contribuição ficou evidente com a promoção da Campanha da Fraternidade de 1981, que convidou a sociedade a refletir sobre o tema *Saúde e Fraternidade*, motivada pelo lema *Saúde para todos*. Este lema assumido pela Igreja nasceu na Conferência de Alma-Ata, promovida pela Organização Mundial de Saúde (OMS), em 1978, que defendeu a saúde como um direito fundamental de todos e como obrigação do Estado em concretizar um sistema de atendimento universal. Essa luta pela saúde teve muitas adesões no Brasil. Além da Igreja Católica, muitos movimentos sociais assumiram essa bandeira, especialmente o movimento pela reforma sanitária, que levou o lema *Saúde para todos* à 8ª Conferência Nacional de Saúde, em 1986, marco para Saúde Pública no Brasil, pois deu os parâmetros para a criação de um sistema de saúde universal, financiado pelo Estado e com participação de toda a sociedade.

Introdução

Concretamente, isso resultou na criação do Sistema Único de Saúde (SUS), pelo artigo 196 da Constituição Federal de 1988, tendo como princípios a *universalidade*, a *integralidade* e a *equidade*, contando com a participação da sociedade por meio do controle social, exercido pelos Conselhos de Saúde. O SUS é atualmente responsável por atender mais de 70% da população brasileira.

Para concretizar a saúde que a população exige do SUS, muitos passos precisam ser dados. Consciente de que ainda não aconteceu na prática o pleno reconhecimento deste direito, a Igreja mais uma vez convida a sociedade a refletir sobre a situação da saúde no país, por meio da Campanha da Fraternidade de 2012, cujo tema é *Fraternidade e Saúde Pública* e o lema *Que a Saúde se difunda sobre a terra* (Eclo 38,8).

Esse volume teve como uma das suas motivações essa Campanha e almeja contribuir com o debate através das diversas áreas do pensamento teológico como sistemática, estudo bíblico, espiritualidade, história, moral e bioética, relacionando-as ao mundo da saúde, com suas conquistas, problemáticas e dilemas.

Este livro também se une à nova onda mundial, que destaca a importância da equidade para haver uma população com mais saúde. Os problemas de saúde existentes no mundo não estão separados da conjuntura macro socioeconômica. A OMS mostra que as causas mais profundas das enfermidades presentes no mundo, especialmente nos países e regiões mais pobres, são decorrentes de problemas sociais que colocam milhões de pessoas em situação de alta vulnerabilidade e riscos para a saúde. São os Determinantes Sociais da Saúde. Para haver saúde é preciso combater as iniquidades que surgem das condições sociais, "nas quais as pessoas nascem, crescem, vivem, trabalham e envelhecem".[1] Em outubro de 2011, a OMS promoveu a maior conferência sobre atenção básica à saúde desde Alma-Ata. Aconteceu no Rio de Janeiro e foi motivada pelo lema: *Todos pela equidade*. Ela reanimou os princípios contidos na Declaração Alma-Ata e apresentou a equidade como fundamental para existir saúde para todos. A Declaração do Rio diz "que equidade em saúde é uma responsabilidade compartilhada e requer o engajamento de todos os setores governamentais, de todos os segmentos da sociedade, e de todos os membros da comunidade internacional, 'todos pela equidade' e 'saúde para todos' em ação global".[2] A teologia se une a essa "responsabilidade compartilhada" pela equidade, desenvolvendo a reflexão sobre o tema em um dos textos.

A Declaração do Rio reafirma o valor essencial da equidade em saúde e reconhece que "usufruir do mais elevado padrão de saúde atingível é um dos direitos fundamentais de todo ser humano sem distinção de raça, religião, ideologia política,

---

[1] OMS. Rio Political Declaration on Social Determinants of Health. Outubro de 2006, n. 6. Disponível em <http://cmdss2011.org/site/wp-content/uploads/2011/10/Rio-Political-Declaration-on-SDH-20111021.pdf>. Acesso em: 14 nov. 2011.

[2] Ibid., n. 2.

econômica ou condição social".[3] Usufruir de boa saúde e viver com dignidade é direito de todos. As ações de Jesus comprovam que ele lutou para fazer esse direito acontecer, e a Igreja, como continuadora da sua missão, deve também agir colaborando com todos os segmentos da sociedade interessados no bem-estar e na dignidade do ser humano, para que a "saúde se difunda sobre a terra".

A Campanha da Fraternidade 2012 também traz a questão da equidade como fundamental, juntamente com os determinantes sociais da saúde, para enfrentar as injustiças e as desigualdades no setor da saúde. "Os determinantes sociais influenciam os estilos de vida das pessoas e geram diferenças nas regiões do Brasil. Por isso, as ações de saúde devem promover o enfrentamento das desigualdades, buscando a equidade e a inclusão, através do melhor conhecimento das relações entre as pessoas e de como elas vivem e trabalham."[4]

Os autores aqui reunidos são estudiosos da área de teologia e de bioética, que estão na fronteira do diálogo com as ciências da saúde em vista da dignidade do ser humano. Temos basicamente dois grupos de pensadores: o primeiro é constituído de professores da PUC-SP, que trabalham com alunos universitários temas de teologia; o segundo são camilianos, professores do Centro Universitário São Camilo, com formação teológica e especialização em bioética, que estão envolvidos diretamente com o mundo da saúde, no ensino e no diálogo com as ciências da saúde. Somados a esses, temos outros professores que refletem em interface com a saúde.

A teologia é feita no seio de uma tradição religiosa com uma reflexão que não pode ser fechada sobre si mesma, voltada apenas para o universo interno da sua tradição. Tendo como ponto de partida a tradição cristã, a postura assumida aqui é inter-religiosa, comprometida com o ser humano de forma universal.

Alexandre Andrade Martins

Antonio Martini

---

[3] Ibid., n. 3.

[4] CNBB. *Campanha da Fraternidade 2012*: texto-base. Brasília: Edições CNBB, 2011. n. 116.

PARTE I
Aspectos sócio-históricos

CAPÍTULO I

Perspectivas da saúde

Hubert Lepargneur

Será a saúde um fator importante de nossa vivência? A resposta está nesta constatação: em todas as épocas, em todas as culturas e religiões, o principal objeto de imploração à divindade ou ao destino é a conservação ou recuperação da saúde para si ou seus queridos. A saúde foi e é vivenciada antes e em razão da percepção de algum mal-estar que pode significar doença. O pai da procura da saúde é geralmente reconhecido como sendo Hipócrates, prático e teórico dos procedimentos de reconhecimento das doenças e de recuperação da saúde. Nasceu em 460 a.C., na pequena ilha de Cós, na Ásia Menor, membro dos Asclepíadas, pretensos descendentes do deus da saúde Asclépio. Para ele não há enfermidade, mas enfermos; morreu em 356 a.C.

1. Pequeno histórico das ciências e do mercado da saúde

A saúde, como termo familiar ("boa saúde"), não tem em si, no entanto, a evidência que parece. Doença e saúde formam um par de conceitos complementares: o termo "saúde", cuja fundamentação é a própria natureza, só tem acesso à consciência verbal mediante a experiência do mal-estar ou de qualquer estado mórbido; por contraste, portanto. Mais, em qualquer cultura, a distinção antagônica saúde-doença resulta de elaboração seletiva, culturalmente variável, comunitária e inconsciente; seus conteúdos não são exatamente os mesmos para todas as pessoas e culturas. G. Canguilhem escreveu uma obra clássica sobre esta dupla: "o normal e o patológico".[1]

A atenção à saúde nos parece resultar de dois antigos princípios: "O conhecer-se a si mesmo" e sua sequela "O cuidado de si". Esta última expressão foi histórica e filosoficamente estudada por Michel Foucault em seu curso no *Collège de France* em 1980-1982. Ela abrange tanto o cuidado físico-corporal quanto o cuidado mental e

---

[1]   CANGUILHEM, *Le normal et le pathologique*.

personalizante, do comportamento, portanto, incluindo a dimensão ética. Na *Apologia*, Platão propõe um Sócrates apresentando-se a seus juízes como mestre em cuidado de si. O ascetismo cristão apresenta similar preocupação. Gregório de Nissa não está muito longe nisto da *Carta de Meneceu*, texto epicurista onde lemos: "Nunca é cedo demais ou tarde demais para cuidar de sua alma". Na mesma linha poderíamos mencionar muitos autores antigos como Fílon (no *Tratado da vida contemplativa*), os Terapeutas com sua *epimeleia* ["cuidado"] da alma. Sócrates, Epicuro, Musônio Rufo e outros recomendam: "É preciso sempre cuidar de si, caso se queira viver de modo salutar". Podemos acrescentar Sêneca e Plutarco. Alcibíades entendeu de Sócrates que ele devia cuidar de si para melhor ocupar-se dos outros em seguida. Vários deles usam uma orientação que vale tanto para o corpo quanto para a mente ou alma: "Residir em si mesmo e aí permanecer". A conquista da independência e da liberdade é um negócio tanto do corpo quanto da alma; supõe certo domínio de si que pode ser entendido tanto como boa saúde quanto como vitorioso, tendo raízes médicas, filosóficas, sapienciais, se não caritativas no cristão; tal força interior se propõe como curativas, terapêuticas, pedagógicas e autodisciplinares. Admite-se geralmente, nesta antiguidade (como em escolas posteriores), que o cuidado de si certamente supõe a ajuda de um guia. Sêneca citou Demétrio ao pedir que devemos nos exercitar como faz um atleta; São Paulo o imitará. Projetar eventuais males deve servir de prevenção do mal para todos.

Para a consciência popular comum, a fronteira da saúde e do mal-estar que pode ser doente leva o sujeito a interrogar seu trabalho e se distanciar, não sem sofrimento, de seu programa habitual, se não de sua inserção social. Distinguimos duas relações fundamentais para caracterizar a saúde: (1) *Uma relação com um mal-estar*, com uma perturbação mais ou menos dolorosa (efetiva ou apenas mental), que geralmente anuncia uma doença ou um acidente. Insistimos sobre o fato de que a concepção da doença precede a concepção da saúde. (2) *Uma relação com o social*, com a cultura, com a vivência banal na condição da pessoa ou de um grupo; esta relação apresenta, portanto, diferenças culturais globais, não excluindo certo número de predisposições patológicas, de fragilidades regionais ou familiares. Aqui se inseririam fenômenos de contágio, de epidemia e de predisposições genéticas. Em muitos países, muito sobra para organizar e financiar o cultivo da saúde: no Brasil de 2011, a imprensa publicou estatísticas indicando que um número impressionante de jovens e idosos vivem na insalubridade das ruas, dia e noite.

A saúde traduz normalmente a natureza genuína, isto é, não perturbada ou distorcida, da pessoa ou de uma comunidade, de modo que sua autoconsciência não é primitiva. O bem-estar e o conforto, mesmo no esforço do trabalho, permanecem o estado normal para a pessoa de sólida saúde. Apenas o doente entende ou pode entender plenamente o doente grave, deixando a avaliação científica ao médico. Não se pode insistir demais sobre as relações entre a ordem biológica da saúde (e, portanto, da doença) e a ordem social (civilizada ou não); ilustrações existem no estudo de M. Auge[2] ou de M. Blaxter.[3]

A experiência, que é progressiva tanto para o indivíduo quanto para a coletividade, aprendeu que o agir individual influencia a saúde; daí a existência de deveres consigo mesmo na conservação, recuperação ou melhoramento da saúde, que comportam um lado ético (eventualmente religioso), que os moralistas desenvolveram com diversos sucessos. O estudo das representações sacrais constitui uma pista antropológica amplamente examinada; ela comporta muitas conexões com os setores da alimentação, dos meios de trabalho, da habitação, do estilo de vida em geral. Como disse J. V. Broussais, "a saúde supõe o exercício regular das funções; a doença resulta de sua irregularidade; a morte, de sua cessação. As funções são irregulares quando uma ou várias se exercem demais ou estão desprovidas de energia".[4]

Nas suas *Lições de fisiologia experimental aplicada à medicina* (1855), Claude Bernard afirma a continuidade dos fenômenos fisiológicos e das ocorrências patológicas: o sintoma patogênico aparece além de um limiar de variação das operações fisiológicas naturais. Esta quebra da saúde pode ser individual ou coletiva, resultar de intervenção de um vírus ou de um traumatismo coletivo (poluição do ar, radiações). Precisas complementações foram fornecidas pelo clássico de G. Canguilhem.[5] As medicinas e, portanto, as concepções e instrumentos da saúde dependem da contribuição das ciências humanas, conforme ilustraram vários autores.

Todas as vísceras cooperam para a saúde, mas particular atenção merecem o coração e o cérebro, vitais para o prosseguimento da saúde. Não apenas a biologia desenvolveu-se ao cuidar da saúde, mas numerosas ciências colaboraram no interesse ou reerguimento da boa saúde. O desenvolvimento de diversas disciplinas e técnicas cooperou, portanto, no aperfeiçoamento e na proteção da saúde, como a eliminação de fatores ou agentes infecciosos, a autodefesa e a imunização do organismo.

Numerosos doentes, cuja saúde está irreversivelmente prejudicada, mantêm vitalidade graças a novos recursos de proteção e defesa. Vitaminas notadamente podem suprir elementos químicos deficitários ou reforçar um órgão frágil. Existem hoje, portanto, mais seres humanos vivos, com saúde original ou episodicamente frágil, do que outrora. A qualidade da saúde progrediu, seguindo o desenvolvimento do país, proporcionalmente à melhoria da região e da riqueza familiar.

---

[2]   AUGE, *Théorie des pouvoirs et idéologie.*

[3]   BLAXTER, *Health and lifestyles.*

[4]   BROUSSAIS, *Les propositions de médecine*, p. 27.

[5]   CANGUILHEM, *Le normal et le pathologique.*

A Organização Mundial da Saúde declarou em 1946 esta definição aérea: "A saúde é um estado de completo bem-estar físico, mental e social; não consiste apenas na ausência de doença ou enfermidade". Esta definição implica despesas que nenhum governo pode financiar para todos os seus cidadãos, se um Estado tiver a audácia de determinar que ele deve a saúde a cada um de seus membros; é a espécie de lei da qual se aproveitam apenas os ricos, mediante processos judiciais. Por isso, esta definição é mais citada que aplicada, aberta a todo tipo de abusos imagináveis, tanto para remédios quanto para cirurgias ou curas em estações balneárias, dentro ou fora do país. De fato, as despesas do governo brasileiro passaram, neste setor, em poucos anos, de 2,24 milhões de reais para mais de 132,58 milhões de reais (2010), sem contar eventuais excedentes para políticos. Marilena C. d'Encausse opina que, se levada a sério a definição da OMS, "mais de 99% dos habitantes de nosso planeta estão com saúde frágil", sendo necessárias quantias financeiras imensas somente para providenciar alocações alimentares e água potável para todos.

Nas sociedades evoluídas, a medicina científica aparece como detentora dos critérios que distinguem saúde e doença. No decorrer dos decênios 1960 e 1970, este quase monopólio foi contestado por uma onda sociológica invocando um "sistema profano de referência", mas cada um tem sua margem própria de sensibilidade. S. Moscovici reintroduziu aqui o conceito de Durkheim de "representação social" que corresponde a um fenômeno vivenciado em toda população de qualquer tempo.[6]

2. Ampliação do conceito de saúde: novos saberes

A história dos critérios de saúde revela uma evolução no centro da atenção: da boa aparência exterior (cor da face, vigor aparente, corpulência ou magreza ou impressão de vitalidade e ampla atuação, otimismo e resistência, raras infecções), para avaliações científicas, genéticas, análises laboratoriais e chapas de radiografias ou de ressonância magnética, graças a recentes meios de investigação e de intervenção. A neotecnologia médica e cirúrgica ocupa importante lugar nos modernos sistemas de saúde, nos seus orçamentos e preocupações, tanto na esfera privada quanto na pública.[7]

A posteriori, a saúde se mede também pela vitalidade conforme estatísticas de longevidade. Além disso, existem aparelhos de mensuração, diagramas, curvas, estatísticas, envolvendo tempos e lugares, culturas e raças. Os estudos em países desenvolvidos evidenciam ainda outras diferenças, notadamente entre níveis

---

[6]   Cf. MOSCOVICI, La psychanalyse: son image et son public.

[7]   Cf. PFENDER, Les malades parmi nous.

Perspectivas da saúde

socioprofissionais. Os membros das famílias de poucos recursos morrem geralmente antes dos membros das classes superioras. Toda inovação científico-experimental beneficia primeiro a estes últimos cidadãos. Os fins de vida dos políticos são em geral cuidadosamente prolongados. A atenção à biogenética mudou também o conceito de doença e de saúde ao acentuar o fator dos riscos genéticos. Legal ou ilegalmente, procuram-se por vezes diagnósticos pré-natais, a fim de descobrir a sanidade ou eventuais anomalias cromossômicas para determinadas doenças não ignoradas naquela família. A mortalidade perinatal diminuiu com o desenvolvimento; os neonatos prematuros e gravemente problemáticos são objeto de reflexão dos comitês bioéticos. Afinal, o desabrochar da bioética, sem ser uma inovação absoluta, incentivou o progresso de pesquisas e de suas descobertas, ensaio após ensaio. O hospital parisiense Pitié-Salpêtrière, por exemplo, testa instrumento radioativo "faca ágama", almejando dissolver pequenos tumores ou lesões cerebrais.

As pessoas de idade conheceram a prática médica empregada para o diagnóstico: o clínico colocava a orelha sobre o peito do consulente, apalpava seu abdome, provava o sabor da urina, observava o termômetro de mercúrio; aos poucos, apareceu o estetoscópio, as análises laboratoriais do sangue, das secreções ou dos tecidos. Seguiu-se depois uma lista ilimitada de aparelhos de rádio, ondas eletromagnéticas, ressonância magnética. Na consulta, o diálogo é abreviado, mas outra entrevista deve avaliar os resultados dos exames; o generalista costuma agora devolver aos especialistas os problemas específicos de tal ou qual órgão. Mais cirurgias são executadas, mas a tendência é "abrir o corpo" o menos possível. Os chineses aprendem muita coisa através da medição do pulso. O exemplo da hipertensão ou do câncer indica que o começo de uma patologia, eventualmente séria, pode não se sinalizar por dores. Mais bem informado sobre tais evoluções e transformações dos órgãos internos, o ser humano descobre novas disfunções, fatores de novas moléstias, que suscitaram novos especialistas e novos incômodos que necessitam novos remédios. Sendo sempre precária ou dúbia, a saúde parece oscilar entre o domínio de doenças clássicas, repertoriadas, sabiamente controladas, alergias e epidemias repentinas, vírus antigos, mas autorreformados, e novos fármacos vencedores em combates imprevisíveis trinta anos antes. Na saúde nunca há verdadeira paz, mas apenas tréguas; em cada pessoa o tempo parece combater contra a saúde. Em nosso sistema de defesa multiplicamos ingredientes, remédios, aparelhos, cirurgias, transplantes, antes de fechar o caixão. Para os vivos permanece sempre a esperança ao longo de uma luta que nunca terminará.

As tecnologias radiológicas e de imagens internas do corpo em geral permitem descobrir o que o exame externo ignora, permitem seguir ao vivo os trâmites íntimos da vida sadia ou perturbada. Todo mal ultrapassa seus sintomas. A mamografia, por exemplo, pode revelar tumores impalpáveis. A maioria das infecções é mais bem tratada ou eliminada quando descoberta e cuidada com precocidade. Entre as mutações que afetam a saúde, como a multiplicação dos aparelhos e paralelamente das especializações médicas, poucas afetam, com tanta lástima, a ausência do generalista antigo visitador da família. Mas isto significa também, entre muitas inovações, melhor distinção das enzimas, das medições de concentração iônica ou de colesterol, a desobstrução das placas de ateroma arteriais etc. Mais doentes podem hoje se tratar em casa.

Partindo de uma fisiologia superficial, o progresso médico assimilou a invasão dos órgãos internos, alargando seus conhecimentos e capacidades biológicas. A descoberta do DNA (ácido desoxirribonucleico), do genoma e dos fenômenos genéticos permite favorecer as condições de processos genéticos geradores de melhor saúde, precedida da observação dos bons ritos pré-natais e seguida das devidas etapas e vacinações posteriores. Mesmo em boa saúde, o corpo pode alojar vírus hóspedes, seres vivos ou não, capazes de se reproduzirem, mudar e ferir.

A saúde não independe notadamente do temperamento (disposições orgânicas, elemento recebido) e do caráter (traços da personalidade que se forma, se deforma e se transforma). O excelente livro do pastor M. Pfender, rica experiência sobre a saúde que é certo equilíbrio, relata: "O equilíbrio humano existe apenas na proximidade do desequilíbrio, a ordem da vida apenas na proximidade da desordem, a linha de demarcação entre equilíbrio e desequilíbrio, ordem e desordem, é frequentemente tênue".[8] Conforme o que foi dito antes, a antiga proximidade do médico e do ambiente do paciente foi substituída por mediações mais friamente científicas: o sujeito passa de um aparelho a outro, de um especialista a outro, na frieza do relatório computado que a precisão técnica obriga. Pfender encontrou um doente que passou por 220 exames diferentes, que exigiram certa recuperação por meio de repouso, antes do diagnóstico e da decisão terapêutica. A saúde individual tornou-se frequentemente um assunto tão complexo que provoca reticências do sujeito, além das dificuldades prévias da doença.

Entretanto, tentamos sustentar que o primeiro e fundamental remédio é o próprio médico tratante. Na realidade, muitos enfermos tornam-se mais reticentes em falar ao desconhecido tratante mudo, e os médicos mais duvidosos das declarações do cliente; a saúde se torna mais nebulosa, posta em equilíbrio sobre um complexo de parâmetros de delicada e por vezes disputada interpretação. O equilíbrio alcançado pode não corresponder ao projeto do clínico nem ao sonho do paciente: a medicina é uma arte delicada. O doente por vezes pergunta-se se não se trata de experimentação, quando o esculápio se pergunta se o sujeito segue realmente o tratamento

---

[8] Cf. PFENDER, *Les malades parmi nous*.

Perspectivas da saúde

prescrito. As previsões na saúde são falíveis: a medicina é uma arte, e a natureza complexa: condenados recobram a saúde e quase curados morrem.

A saúde forma como que um capital vital, flutuante no decorrer da existência, energia de síntese, esfolhando lenta ou brutalmente. Desde 1971, o pastor Pfender enunciou sugestões e diretrizes que deveriam ser amplamente reconhecidas e desenvolvidas depois: "Retardar sistematicamente a morte não pode ser uma opção de princípio. Fabricar anormais, deficientes definitivos, ao impedir, por reanimação ou incubadoras, uma morte natural quase inevitável do neonato, é muito discutível. Prolongar, indefinidamente, sofridas agonias parece pura experimentação ou sadismo inconsciente. Conceder artificialmente prorrogação a senis, sofredores não aliviáveis, não é praticar suplícios?"[9] "Cinquenta anos de vida médica e hospitalar me demonstraram a considerável importância do moral na cura" observou o prefaciador de M. Pfender. Bem estudada, esta psicologia oscila entre o determinismo do condicionamento e o governo da liberdade voluntária. Pessoas que possuem o germe de algum desequilíbrio conseguem manter uma postura sadia; portadores do vírus da hepatite B conservam um fígado normal ou sofrem mortal infecção; o mesmo vale para aidéticos. Cada fragilidade individual descoberta pede precauções adequadas: a medicina preventiva pode alertar sobre vulnerabilidades específicas.

3. Desenvolvimento da consciência da saúde na população e poder do médico

Acostuma-se a provar o efeito salutar dos remédios e cuidados impostos ou propostos pelo perito consultado: emerge uma nova consciência (espalhada e aprofundada pela rica rede atual da informática) própria para fortalecer a própria vitalidade. O poder do médico se amplificou graças à nova instrumentalidade que temos evocado, ao passo que o poder do cidadão, doente ou não, aumentou graças aos novos meios de comunicação e de informação. O desenvolvimento é normalmente individual e coletivo, beneficiando-se dos progressos que assinalamos. Acostuma-se, assim, às vacinas, obrigatórias ou não, cujo campo de atuação progride (sobre *influenza*, infecções locais etc.): com ajuda da Sanofi-Pasteur, o Instituto Butantã desenvolve agora seu poder e sua clientela. A ampliação do campo sanitário toma conta das expectativas dos sujeitos avisados: os métodos de saneamento da mente aumentaram em número e rivalizam em eficácia. O mercado da saúde se prolonga indefinidamente, mesmo sem aludir ao perigo atômico. Novos riscos desafiam remédios consagrados e, como as patentes não são indefinidas, os laboratórios analisam qualquer planta diferente, em busca de alguma molécula que reage sobre o tecido humano. Muita

---

9   PFENDER, *Les malades parmi nous*, p. 85.

descoberta surgiu ora de uma coincidência casual e não prevista, ora de análises sistemáticas da vegetação: o Brasil está de aviso sobre a Amazônia.

O destino individual não reside num percurso sanitário predeterminado: vimos quantas surpresas mudaram o panorama sanitário, para o bem ou para o mal. O imprevisível faz parte tanto da evolução natural quanto da história humana: novos contextos sociopolíticos suscitam novos desafios sanitários. Nem terminamos o elenco dos corpos potencialmente saneadores, nem dos venenos alimentares e outros que nos circundam ou alimentam. Os efeitos nocivos do tabaco, de certas drogas, do álcool, das gorduras, livram aos poucos seu cortejo de resultados sobre uma humanidade recalcitrante. Muitos morrem por falta de alimentação e outros por excesso de alimentação, mas inexiste solidariedade para promover certo equilíbrio beneficiador para todos. O vizinho é tanto uma ajuda potencial quanto um inimigo virtual. Quem ajuda é frequentemente denunciado como aproveitador. A OMS já recenseou várias dezenas de fatores que favorecem o desenvolvimento do câncer: na alimentação, no ar, na bebida, nas atuações, mas em que medida o ser humano, e especialmente o ente, é um ser estritamente racional?

A saúde individual está agora, mais do que nunca, contextualizada pela *saúde pública* que nos envolve em complexas organizações que dependem de poderes públicos, fontes de justificáveis obrigações e de ajudas diversas segundo as situações e os locais. A partir da Idade Média as nações tiveram de calcular suas reações às epidemias, primeiro passo de uma socialização que nunca chegou à perfeita solidariedade. Mesmo os Estados Unidos atuais recuam diante de um seguro-saúde para toda a população. Nas nações atuais, sendo praticamente todas deficitárias (menos a cúpula chinesa) e endividadas, a solidariedade nacional e internacional no campo sanitário tende a se restringir, quando existe. Existem cerca de sessenta definições conhecidas da "saúde pública". Desde 1920, podemos ler na revista *Science* à formulação de Charles Edward, frequentemente mencionada: "A saúde pública é a ciência e a arte de prevenir as doenças, de prolongar a vida, como de promover a saúde e a eficácia físicas através dos esforços coordenados da comunidade para o saneamento da localidade, o controle das infecções na população, a educação do indivíduo para os princípios da higiene pessoal, a organização dos serviços médicos e enfermeiros para o diagnóstico precoce e o tratamento preventivo das patologias, o desenvolvimento das disposições sociais que asseguram a cada indivíduo um nível de vida adequado para a manutenção da saúde". O estilo não é modelar, mas o texto é abrangente.

A expressão "saúde pública", sendo polissêmica, pode designar também a situação da saúde em determinada sociedade, um modo de administração público da saúde ou ainda um domínio de atividade e pesquisa, uma especialização médica, um setor de pesquisa ou um campo regulamentado. Como sistema de administração nacional da saúde, mencionamos que no Brasil se trata do SUS (Sistema Único de Saúde), previsto na Constituição de 1988 e regulamentado pela lei orgânica de 19 de setembro de 1990, há mais de vinte anos, dispondo sobre a participação da comunidade na sua gestão e sobre as transferências intergovernamentais de recursos financeiros nesta área, que não exclui a participação privada, tanto na prestação de serviços médicos quanto de hospitais.

A expressão "saúde pública" apareceu tardiamente, no fim do século XIX, nos EUA. Prepararam tais instituições, ou fenômenos sociais, a Grécia antiga ao iniciar a medicina clínica com Hipócrates e sua escola (o seu *corpus hippocraticum* contém uma seção sobre "ares, águas e lugares", que podia ter impulsionado uma saúde pública de tardia conscientização), isto desde o século V a.C., mas sobretudo os romanos, no fim do primeiro século a.C., quando seus engenheiros construíram dispositivos sanitários públicos (água na cidade, piscinas...), essencialmente durante o governo do imperador Augusto, para o bem-estar da população. Incentivaram e expandiram tais preocupações a necessária reação para dominar as epidemias (como da peste no século XIV e da cólera no século XIX). A promoção da higiene pública, meio normal da saúde dos povos, data do século XVIII, pelo menos na França.

Em face da saúde, os países se distinguem quanto à participação do Estado conforme sua legislação e prática, pela contribuição institucional e seus modos de financiamento. A assunção da saúde pelos organismos estaduais divide profundamente as nações. A participação pode ser praticamente nula (África) ou ser ampla (países nórdicos), mediana em países desenvolvidos, quase absoluta (para políticos). Isto depende das Constituições como da habilidade ou generosidade dos dirigentes supremos, da economia do país e de seu etos coletivo. Em geral, o custo estadual é inferior a 50% da totalidade dos custos sanitários; na Suécia é de 80%. O balanço entre as contas pagas pelo Estado e as despesas individuais ou privadas (na economia capitalista de mercado) varia de país para país e de ano para ano. Entre o individual ou familiar e o estadual, estão crescendo em número e força as seguradoras privadas, algumas delas tentando repassar para instituições governamentais custos pesados. Em geral, os ricos se beneficiam mais do seguro optativo ou corporativo (com ônus das empresas), reputado mais rápido; aos pobres, o SUS, quando funciona. Todo sistema comporta vantagens e inconvenientes.

A regulamentação sanitária tomou de século em século maior importância diante do crescimento da população, das economias e das exigências públicas. Lembramos as epidemias, o cuidado dos doentes necessitados e insolventes, não sem a contribuição apreciada das instituições de caridade e ONGs, geralmente de inspiração religiosa. Menos nos países nórdicos, os Estados são geralmente deficitários neste setor e não satisfazem a contento o público, deixando milhares de marginalizados, crianças e outras pessoas sem domicílio fixo passar dia e noite nas ruas, sadios ou doentes. O papel preventivo das autoridades sanitárias se torna mais agudo segundo locais e carências. As carências são pesadas no combate aos fatores destruidores como o comércio das drogas ou os negócios ilícitos.

4. Conclusão

Crescendo as capacidades de melhorar a saúde em geral, cresce a longevidade da população. Crescem também as exigências dos habitantes dotados de certo poder de expressão pública, ora por meios convencionais de comunicação ora por greves ou manifestações de rua. As classes privilegiadas são mais ameaçadas pela pletora de consumo e comidas quanto à saúde, e pelos acidentes dos meios de locomoção quanto à vida. No total, lembramos que os cidadãos afortunados dispõem geralmente de maior longevidade e vitalidade que os trabalhadores de força ou os desempregados. Cada categoria enfrenta perigos específicos para sua saúde. A sociedade é, portanto, condicionada não apenas pela herança genética, mas também pelos meios e condições de sustento, com particularidades tanto para os cidadãos de grandes metrópoles poluídas quanto para os camponeses afastados de instituições sanitárias; tanto para os exageradamente sedentários quanto para os superativos.

A aproximação dos conceitos de *saúde* e de *salvação* (conceito de origem religiosa) não carece de interesse. Os modelos básicos são a prática de *obras* oportunas, meritórias de certo ponto de vista, e/ou a recepção da *graça* ou de sorte no destino. Na categoria das obras oportunas para a saúde, mencionamos a devida vacinação, a conveniente alimentação, a higiene de vida e habitação, o *check-up*, a abstenção do fumo, das drogas ilícitas, do excesso alcoólico ou de açúcar, a prática de esporte ou marcha... A saúde supõe, portanto, um comportamento que depende em parte da liberdade. Do outro lado encontramos a *sorte no destino*, desde o nascer e no decorrer da vivência. Portanto, não é por acaso que a saúde tenha alguma relação com a religião, independentemente do conteúdo intelectual desta, em praticamente todas as culturas. Fr. Laplantine não é um devoto, mas um excelente filósofo da doença; ele reconhece o seguinte: "A Igreja jamais deixou de afirmar que é possível conciliar uma teologia da graça (insistindo na onipotência divina e, consequentemente, no escândalo da doença) e uma teologia da liberdade, dando ênfase à responsabilidade moral do ser humano".[10]

5. Referências bibliográficas

AUGE, M. *Théorie des pouvoirs et idéologie*; étude de cas en Côte d'Ivoire. Paris: Herman, 1975.

BLAXTER, M. *Health and lifestyles*. Londres: Routledge, 1975.

---

[10] LAPLANTINE, *Antropologia da doença*.

BROUSSAIS, J. V. de. *Les propositions de médecine*. Rio de Janeiro: Apostolat positiviste du Brésil, 1899.

CANGUILHEM, G. *Le normal et le pathologique*. Paris: PUF, 1966.

FREIDSON, E. *La profession médicale*. Paris: Payot, 1984.

MOSCOVICI, S. *La psychanalyse: son image et son public*. Paris: PUF, 1961.

PFENDER, M. *Les malades parmi nous*. Paris: Les Bergers et les Mages, 1971.

LAPLANTINE, Fr. *Antropologia da doença*. São Paulo: Martins Fontes, 2010.

CAPÍTULO II

Modernidade e crise do ser: uma crise existencial, de sentido e ética

Alexandre Andrade Martins

Vivemos um período de grande paradoxo da existência humana e de todos os outros seres vivos do planeta. Um paradoxo que tem na sua constituição uma crise ética e de valores universais perenes. O ser humano, ao mesmo tempo em que desenvolve sua capacidade racional, levando-o a um grande desenvolvimento tecnológico e (teoricamente) à melhoria na qualidade de vida (facilidade de comunicação, conforto, tratamentos sofisticados para recuperação da saúde...), também sente medo da sua própria capacidade racional, pois muitos problemas daí advieram, problemas que afetam a vida das pessoas e enfraquecem princípios éticos e valores antes irrenunciáveis. A consequência é o agravamento de problemas como a violência, a injustiça e a desigualdade. Há um paradoxo:[1] desenvolvimento técnico-científico e não melhoramento do mundo.

---

[1] Pode-se questionar se é realmente um paradoxo ou se é uma contradição, pois o desenvolvimento técnico-científico e o não melhoramento do mundo são aparentemente opostos, sendo que um exclui o outro e não há um caminho do meio (como na contradição). Contudo, não há uma contradição e, sim, um paradoxo, porque não há exclusão. O paradoxo vai contra a "opinião da maioria" ou contra princípios considerados sólidos por um grupo, ou pela ciência, ou pela filosofia. Ele vai de encontro a sistemas ou pressupostos considerados inquestionáveis. Sendo assim, na modernidade, constatamos a existência de um paradoxo e não de uma contradição, porque o desenvolvimento técnico-científico existe junto com o não melhoramento do mundo, e a presença de um não elimina o outro. É um paradoxo porque a concepção vigente como verdadeira e até inquestionável é de que o desenvolvimento técnico-científico trouxe e traz melhorias à vida humana, mas nós questionamos profundamente essa afirmação que defende o projeto da modernidade e seu desenvolvimento como melhor às dores do mundo. O objetivo do projeto é de melhorar a vida humana, mas isso não aconteceu de forma profunda, capaz de levar a uma realização. Se olharmos para aspectos secundários, como o conforto de um eletrodoméstico, aconteceram avanços inegáveis, mas isso não só não tocou no mais íntimo da vida humana como também acentuou problemas como injustiças e desigualdades (cf. ABBAGNANO, *Dicionário de filosofia*, pp. 203 e 742 [verbetes *contradição* e *paradoxo*]).

Dentro desse paradoxo, o ser humano fica numa situação de risco e com uma fragilidade muito grande, pois sua grande força, a Razão, também é sua grande fraqueza. Dentro desse quadro, surgem questionamentos sobre a existência humana e o seu sentido. Como encontrar sentido para a existência tendo que enfrentar os problemas e a crise do nosso mundo? Há um sentido à existência capaz de realizar o homem de forma perene dentro de um contexto no qual existe muito relativismo? Pensando em indivíduos, é possível a existência ter sentido se os valores éticos, antes universais nas suas culturas, estão em contínua mudança, pois acompanham a moda do momento? Questões difíceis de serem respondidas, e tornam-se mais complicadas quando pensamos em pessoas que, por causa de uma sociedade injusta e opressora, não têm nem o básico para sobreviver, como alimentação e moradia. Para essas pessoas, torna-se mais complicado encontrar o sentido da existência e a realização pessoal. Num mundo no qual só têm acesso aos benefícios do desenvolvimento aqueles que possuem capital (lógica do sistema capitalista), os desfavorecidos econômica e socialmente sofrem para conseguirem o básico para não morrer. Para esses não há paradoxo, pois só conhecem o lado do não melhoramento do mundo. Não se beneficiam do desenvolvimento e sofrem com os problemas gerados por ele.

1. Apego ao *ter* e vazio de sentido: razão moderna e a crise do *ser*

O desenvolvimento trouxe muitas satisfações no campo material. O *ter* passou a ser extremamente valorizado e desejado. Contudo, a existência não se realiza somente com o *ter*. Diante da grande desigualdade social, adquirir os bens da tecnologia não é algo possível para a maioria da população mundial. À existência, na modernidade, agrega-se o *ter* como fundamental para o sentido do viver. Cria-se a ilusão da realização existencial unida ao material proveniente da produção técnico-científica que se aperfeiçoa a cada dia. Com esse aperfeiçoamento, o *ter* vai se modificando e essa falsa necessidade nunca é suprida. Estabelece-se uma crise no mundo moderno, pois a satisfação pelo material não é capaz, por si, de dar sentido à vida:

> Não é, pois, no terreno da produção dos bens materiais e da satisfação das necessidades vitais que a crise profunda se delineia. É no terreno das "razões" de viver e dos fins capazes de dar sentido à aventura humana sobre a terra. Em suma, a crise da civilização, num futuro que já se anuncia no nosso presente, não será uma crise do *ter*, mas uma crise do *ser*. Será um conflito dramático não apenas nas consciências individuais, mas igualmente na consciência social entre sentido e não sentido.[2]

---

[2] VAZ, Ética e razão moderna, p. 54.

Uma crise do *ser* que coloca o mundo dentro de uma grande crise existencial e ética. A busca do sentido tornou-se uma aventura repleta de riscos. Não há mais um sustentáculo capaz de pôr o ser humano na direção correta para a busca da sua realização. A cultura do *ter* é incapaz de orientar o homem. É uma cultura relativista e em contínua mudança porque caminha para o aperfeiçoamento dos objetos e sua renovação. Hoje, o *ter* é desejar o objeto "X"; mas amanhã esse não serve mais, é preciso o "X" melhorado, que, por sua vez, está condenado a perder espaço para o "Y", uma novidade. A angústia humana tende a aumentar, pois não há saída aparente para a *ditadura do ter*. A solidão, como consequência de um individualismo crescente, acompanhará os dias do ser humano. Com um objeto não há relações humanas, não há uma reciprocidade, há somente comando e respostas que ora são boas e geram um prazer momentâneo, ora não satisfazem e a solidão paira com um grito de angústia. Uma sociedade do *ter*, como está sendo estabelecida, merece uma preciosa e profunda reflexão, pois o *ser* grita silenciosamente por sentido de viver:

> No momento em que as sociedades ocidentais atingiram um alto nível de satisfação das necessidades materiais e um domínio, até então desconhecido pela humanidade, da racionalidade técnico-científica a serviço dessa satisfação, o problema do sentido passa a ser o desafio maior dessas sociedades e a reflexão sobre a "cultura" e, consequentemente, sobre a "ética", impõe-se como a sua mais importante tarefa intelectual.[3]

O sentido da existência é um problema na contemporaneidade. O *ser* em crise não encontra sentido para *estar-no-mundo*. A crise de sentido é um problema que nos lança para as dificuldades éticas e, mais precisamente, bioéticas, diretamente ligadas à vida humana que hoje sofre inúmeras intervenções técnicas. Na crise do *ser*, do sentido, a ética fica sem o seu principal agente de reflexão e ação, pois não encontra condições favoráveis. A modernidade jogou o homem dentro de uma crise de sentido, o *ser* foi engolido pelo *ter* e esse é superficial, pois não toca no cerne da existência. Novamente a ética é uma das dimensões mais afetadas.

Vivemos no tempo do pluralismo racional, período chamado de modernidade cuja melhor hipótese da sua origem está no desenrolar da crise intelectual da Idade Média tardia, iniciada a partir da segunda metade do século XIII, momento crucial para o pensamento devido ao início de um novo sistema simbólico que presidirá o ciclo da civilização ocidental.[4] Gostaríamos de situar o universo em que utilizamos o termo modernidade.[5] Para isso recorremos ao filósofo brasileiro Henrique C. de

---

[3]   VAZ, Ética e razão moderna, p. 56.

[4]   Cf. VAZ, *Escritos de filosofia VII*, p. 29.

[5]   Sabemos que muitos pensadores falam de uma pós-modernidade. A modernidade teria se esvaziado e o mundo vive um momento de pós-modernidade, um período histórico no qual há uma reflexão sobre a era moderna.

Lima Vaz, que elaborou uma crítica à modernidade e fez um ensaio na busca de suas raízes. Ele entende por modernidade

> o universo simbólico formado por razões elaboradas e codificadas na produção intelectual do Ocidente nesses últimos quatro séculos e que se apresentam como racionalmente legitimadas. Elas constituem o domínio das referências normativas do pensar e do agir para a imensa maioria dos chamados "intelectuais" do nosso tempo. Entre esses, ocupa um lugar consagrado por uma tradição plurimilenar do nosso tempo a *gens philosophica*.[6]

Na modernidade, de acordo com Lima Vaz, configura-se um terreno de ideias que manifestam ou justificam o surgimento de novos padrões e paradigmas da *vida vivida*. Ela corresponde ao domínio da esfera humana do pensamento em confronto com o universo simbólico do mundo intelectual iniciado na Grécia clássica. A autonomia do ser humano no pensar livre, iniciado na Idade Moderna, gerou muitos confrontos entre linhas de pensamentos dentro do pluralismo das racionalidades. Isso afeta a vida e o seu sentido, afeta a reflexão ética, e torna-se radical perguntar algo sobre o sentido da existência. Pe. Vaz, na obra *Raízes da modernidade*, chega a demonstrar grande preocupação, pois ela em si já é problemática, mas, levada ao extremo, caminha para o triunfo definitivo do niilismo metafísico e ético (talvez o fim da modernidade).

Com o advento da Idade Moderna, sobretudo a partir de Descartes (1596-1650) e depois com Kant (1724-1804), ocorreu um rompimento com as estruturas anteriores do pensamento. Começa aí a se acentuar o vazio de sentido típico da modernidade. Esse rompimento acontece principalmente com o conteúdo teológico para validar a busca da autoafirmação do homem. Esse rompimento por si não iria avante se não fosse algo novo e não tivesse grande aceitação pelo mundo ocidental. A novidade afeta todas as dimensões da vida: a cultura intelectual, a moral, a política, a tecnologia. O mundo é reorganizado dentro de um novo paradigma: fragmentado e mecanizado. A modernidade não teria sucesso se a sua novidade não fosse legitimada pela cultura, conforme pensa Hans Blumenberg (1920-1996), filósofo e historiador das ideias. Pe. Vaz, ao comentar esse filósofo, diz que o indivíduo tornou-se ponto central do *edifício simbólico da modernidade*, mas, ao mesmo tempo, é característica da modernidade um vazio de sentido, pois aconteceu um esgotamento do referencial teológico antigo com sua capacidade explicativa do mundo. Existindo um vazio, a

---

Na modernidade a narrativa universal perdeu sua força de interpretação da experiência humana e cedeu lugar à produção de conhecimento técnico. A pós-modernidade é o reconhecimento de que esse projeto é inútil. Essa expressão é muito complexa e rodeada de polêmica, pois há pensadores que não reconhecem o "fracasso" do projeto moderno. Para saber um pouco mais dessa discussão, sobretudo dentro do contexto da bioética, cf. ENGELHARDT, *Fundamentos da bioética*.

[6] VAZ, *Escritos de filosofia VII*, p. 7.

consciência solicita que ele seja preenchido com algo novo dentro da nova estrutura do mundo e da vida (estrutura aceita pela sociedade).[7] O indivíduo é o centro do mundo e tem um vazio existencial a ser preenchido. Com o desenvolvimento tecnológico, o preenchimento do vazio foi pelo caminho do *ter*. O material ocuparia o lugar deixado pelo fim do teológico e do metafísico. O indivíduo, autônomo e na constante tentativa da autoafirmação, encontra-se sem sentido. O material e a autonomia do homem em relação ao que é transcendente não sustentaram a existência, e a crise é posta sem aparente solução pela razão moderna.

Para entender melhor essa questão, é preciso voltar no tempo. Vivemos um problema cuja origem está no surgimento do racionalismo. Com a decadência da escolástica (a partir do século XIII) e o desejo de romper com tudo ligado à abertura transcendental do *ser*, surge a Idade Moderna. René Descartes, no século XVII, formula um método na busca de uma razão mais lógica e analítica. A modernidade deseja um rompimento total com a metafísica, base do pensamento antigo.

O pensamento clássico grego, assumido pelo cristianismo na Idade Média, organizava a razão em torno do *polo metafísico*. O intelecto em atividade era o mais importante, e o *nous* tinha na contemplação seu ato mais elevado. Contemplação de um absoluto real e universal. A partir dele, era ordenado todo o mundo imanente. Isso nós encontramos na racionalidade ética ensinada por Aristóteles. Platão, seu mestre, acentuava muito mais a questão da contemplação, que gera conhecimento e aí pensa a ética. Metafísica e ética caminham juntas, a ética fundamentada no universal racional e ordenada para o bem. É uma estrutura analógica dentro do *polo metafísico* que permite pensar o *ser*. Na razão moderna, houve um afastamento da estrutura analógica da razão, consequentemente uma aproximação do *polo lógico*. A metafísica vai perdendo espaço até o seu fim decretado por Kant com o seu *sujeito transcendental* no conhecimento essencialmente operacional.

O *polo lógico* passa a ser privilegiado no método, tendo nele uma posição central. É nesse período que surgem os métodos e as diversas racionalidades, pois é permitido operar com a infinitude intencional da razão; há uma identidade entre o lógico e o real:

> Na razão moderna, o "polo lógico" assumirá, portanto, a primazia no universo da razão, e essa primazia é ratificada em Descartes pelo predomínio do método e em Kant pela emergência do sujeito transcendental que, como operador do método e construtor do objeto, acabará avocando para si o lugar e a dignidade do absoluto real.[8]

---

[7] Cf. VAZ, *Escritos de filosofia VII*, pp. 26-27.

[8] VAZ, *Ética e razão moderna*, p. 69.

Modernidade e crise do ser

O sujeito individual passa a ser o centro. Para operar, é preciso de um método, o qual permitirá dominar todos os objetos investigados. Isso dará no surgimento das ciências modernas, cada uma preocupada com seu objeto e sem um referencial metafísico. É um conhecimento investigativo que opera com um método e a partir de categorias do sujeito. Em Kant, o sujeito tem as categorias internas do conhecimento, e, para ser ciência (saber), tudo deve (necessariamente) passar pelas experiências, dentro dessas categorias. Perde-se a dimensão do *nous* antigo, da contemplação produtora de conhecimento *noético*. Kant exila a metafísica fora das fronteiras do conhecimento, pois, para ele, só podemos conhecer o *fenômeno* e nunca o *noumenon*; este não é inteligível de forma alguma. Isso gerou uma grande dificuldade para a ética, que Kant tentou resolver com o *imperativo categórico*, mas mostrou-se insuficiente, não conseguindo abarcar todo o drama da *práxis* humana.

Descartes era mais ameno com a metafísica, apesar de ter aberto as portas para seu "fim" (dentro do pensamento moderno) com Kant. O filósofo francês usa a metáfora da árvore para descrever sua epistemologia: os galhos seriam as ciências; a copa, a moral e a raiz seria a metafísica. O problema foi que os galhos se multiplicaram mais e mais, a metafísica foi abandonada e a moral entrou em uma grande crise. Para a ética contemporânea, o problema da unidade da razão apresenta-se, pois, como um problema decisivo, sendo muitos os paradigmas de racionalidades que se apresentam como aptos a fundamentar uma ética universalmente válida.[9] Sem um universal ético, pois o universal é metafísico, há muitas racionalidades para fundamentar a ética, ou melhor, as éticas. Dentro dessa pluralidade, o ser humano que reivindicou *maioridade* fica perdido na existência e com um vazio de sentido, um traço da modernidade.

Descartes desejava encontrar uma nova ética que fosse universal, dentro do plano lógico obediente ao seu triângulo epistemológico: *método, sistema e sujeito*. Enquanto não era realizado esse objetivo, Descartes traçou as *regras da moral provisória*,[10] aconselhando a submissão ao *éthos* tradicional como a escolha mais prudente. O sonho moderno cartesiano nunca foi realizado. Sem a dimensão ontológica, com o grande abalo do *éthos* na modernidade e autonomia do sujeito dentro de inúmeras racionalidades, não é possível uma *nova ética universal*.

O homem acreditou que sozinho se sustentava; somente a dimensão objetiva bastava à existência. Essa aposta levou ao vazio e à crise de valores, da ética e de sentido:

> Abolido qualquer recurso a uma causalidade transcendente, pois o conceito do Deus-Criador desaparece lentamente do universo mental do homem moderno, não resta senão a iniciativa de transferir para o homem-demiurgo a tarefa de criar

---

9 VAZ, Ética e razão moderna, p. 66.

10 Cf. DESCARTES, *Discurso sobre o método*, pp. 49-61.

uma nova esfera de objetividade para o seu mundo. Esse processo de criação ou de recriação do mundo dos objetos constitui verdadeiramente o movimento fundamental de constituição do horizonte "ontológico" do homem da modernidade.[11]

A razão é diferenciada em racionalidades no dever da objetividade para o ser humano; assim, a ética é definida a partir de novas ideias de razão que surgem a todo momento e, sendo assim, pode-se falar de *éticas modernas*. Vivemos o tempo das "éticas" e a expressão disso são os *Códigos de ética*. Cada ciência ou profissão tem o seu código com poder de legislação: permite e proíbe; não foi cumprido, pune. Perde-se a capacidade de reflexão e o referencial existencial humano, capacidade muito além de cumprir preceitos estabelecidos por um grupo possuidor de um *éthos* e que o impõe a toda a sociedade. A questão ética é muito mais profunda, pois o agir humano vai além de um código. O agir é pautado em princípios que dão sentido para a existência. O sentido perdeu-se diante de tantas racionalidades, inteligentes, mas ainda incapazes de realizar o homem e de melhorar o planeta.

A modernidade apostou na autonomia do ser humano, confiou na sua capacidade de decisão livre do referencial transcendente e jogou o homem numa grande crise de sentido. As fontes das racionalidades éticas não possuem solidez, pois estão pautadas em experiências ligadas ao material e ao sensorial. Os valores estão ligados ao sujeito individual, consequência da experiência fundada na demonstração lógica. O homem é lançado dentro de um grande relativismo que amedronta a si próprio. Se a referência é a experiência (por si só) e a decisão autônoma, cada indivíduo terá a possibilidade de seguir um caminho, pois nada une os seres a não ser a capacidade de fazer experiências e a autonomia. Cria-se um grande fosso entre sujeito e bem comum (elemento fundamental na ética clássica, a qual impunha como tarefa prioritária ao sujeito: realizar a vida no bem).

A divisão das ciências modernas levou à divisão do homem. O ser humano tornou-se como uma máquina: às vezes não funciona bem, então basta regular suas engrenagens; com o tempo ficam velhas, logo é melhor descartar (ou encostar para esperar a morte), pois uma nova está a caminho para ocupar o seu lugar. Nas ciências da saúde, essa visão é muito forte e, no Ocidente, é predominante ainda hoje (por mais que já se fale de um novo paradigma, na prática isso só acontece em pontos isolados, pois ainda não entrou na mentalidade do homem do século XXI em plena modernidade). A razão moderna dividiu o homem e passou a vê-lo assim, fragmentado. Descartes, com uma divisão bem acentuada entre corpo e alma, duas dimensões juntas, mas independentes segundo ele, contribuiu de modo significativo para essa mentalidade no campo da saúde. Quando o corpo para de funcionar (morre), a alma vai embora e aí podemos fazer o que desejar com ele. Rompe com a visão sagrada do

---

[11] VAZ, *Escritos de filosofia IV*, p. 276.

corpo (o que permitiu alguns avanços à medicina). Dentro dessa divisão, o indivíduo não é visto como um organismo total e integrado, mas como uma máquina. Corpo e alma, espírito e matéria, como se a alma fosse o combustível da máquina corpo:

> A divisão entre espírito e matéria levou à concepção do universo como um sistema mecânico que consiste em objetos separados, os quais, por sua vez, foram reduzidos a seus componentes materiais fundamentais cujas propriedades e interações, acredita-se, determinam completamente todos os fenômenos naturais.[12]

Tudo passa a ser compreendido de modo mecânico-operacional e não há uma relação além da funcional, pois nada depende do outro, somente operam juntos e, nesse operar, consiste a harmonia do cosmo. O mundo e o homem podem ser entendidos analiticamente dentro das regras do método.

2. A integralidade do ser humano e do universo

Fritjof Capra (1939-), em sua obra *O ponto de mutação*, apresenta muito bem como essa visão cartesiana, chamada de *paradigma mecanicista*, entrou no Ocidente e causou paulatinamente o abandono da visão mais ampla do homem e da natureza. Essa concepção mecanicista depois foi fortalecida pela física de Newton (1643-1727), que conseguiu unir o método empírico de Bacon (1561-1626) com o método racional dedutivo de Descartes. Kant, com sua *revolução copernicana*, une as ideias idealistas com as empiristas. Parte dos *juízos analíticos a priori* dos idealistas e os une aos *juízos sintéticos a posteriori*. Concebe sua epistemologia, depois de eliminar as limitações de cada teoria, com a necessidade de *juízos sintéticos a priori* para poder fazer ciência. Kant elabora as categorias do *sujeito transcendental* e a metafísica é condenada ao desaparecimento.[13] Capra segue na reflexão e parte da física (como bom físico quântico, domina bem essa área), mostrando a influência da visão mecanicista da vida, suas limitações e seus problemas para o homem e para o mundo. Paralelamente a essa reflexão encaminha um contraponto feito a partir de um pensamento oriental, que segue outra dinâmica e tem muito a contribuir com a nova visão da vida:

> Em contraste com a concepção mecanicista cartesiana, a visão de mundo que está surgindo a partir da física moderna (entenda a física mais recente, surgida a partir de Einstein e dos físicos quânticos como Heisenberg, e não moderna no sentido que estamos trabalhando o termo) pode caracterizar-se por palavras como "orgânica", "holística" e "ecológica". Pode ser também denominada de visão sistemática, no sentido da teoria geral dos sistemas. O universo deixa de ser visto como uma máquina, composta de uma infinitude de objetos, para ser descrito como um

---

[12]   CAPRA, *O ponto de mutação*, p. 37.

[13]   Cf. MARTINS, *Ética e genética*, pp. 11-12.

todo dinâmico, indissolúvel cujas partes são essencialmente inter-relacionadas e só podem ser entendidas com modelos de um processo do cosmo.[14]

Há aí uma proposta de mudança de paradigma. Sair do mecanicismo para uma *concepção holística do universo e do homem*. Em tempos de modernidade, poderia ser essa mais uma racionalidade dentro do pluralismo das racionalidades. Todavia, é uma racionalidade que traz uma postura mais integradora, mais ampla, menos fragmentada, operacional e técnica. Uma proposta para resgatar a inter-relação dos seres, não somente operacional, mas ontológica e que precisa de um equilíbrio ontológico para encontrar a harmonia, que possibilitará ao indivíduo se abrir em busca de sentido e encontrar um horizonte, uma esperança dentro da crise do *ser* na modernidade.

Capra vai até o pensamento do mundo oriental buscar alguns conceitos para iluminar seu pensamento em contraposição com a visão mecanicista. Para o homem ter uma vida saudável, não basta não ter doenças; é necessário ter um equilíbrio interior, com o cosmo e com a sociedade, pois o indivíduo não é um ser separado de tudo isso. Na cultura chinesa há dois arquétipos que, em relação, sustentam o ritmo do universo e o ser humano: o *yin e o yang*. São dois elementos contrários, mas não estão em contraposição antagonista. Elementos contrários na base do todo existente e a sua relação harmoniosa constitui o equilíbrio do universo e do homem. São dois elementos bem próximos da *anima* e do *animus* de Jung. O masculino e o feminino presentes no ser humano, em relação de harmonia, dão equilíbrio ao *ser*.[15] A modernidade não aceita esses elementos porque não são experimentados pela razão moderna. Eles estão ligados ao *ser*, ao ontológico, que, em harmonia, possibilitam uma alternativa para a crise de sentido, estão na base de toda vida saudável. São elementos que possibilitam ao homem um encontro consigo mesmo, um voltar-se para o interior do *ser*. Talvez esteja dentro do próprio homem o caminho para encontrar o sentido da existência, pois fora dele, no material, certamente não está. Agostinho vai dizer que o sentido da existência está na volta do ser para dentro de si, o que o levará a uma abertura ao encontro do transcendente numa atitude de contemplação. Para ele, no material o homem ficará constantemente na angústia de uma existência sem sentido e vazia. A razão deve voltar-se para dentro de si na busca da verdade que é Deus, isso levará a se conhecer e a reconhecer a fragilidade enquanto ser humano.[16]

No mundo da saúde a visão mecanicista foi adotada de forma muito forte. Na medicina percebemos isso de maneira clara: a maioria dos médicos vê a pessoa fragmentada e, a partir do fragmento doente, estabelece o seu procedimento de cura,

---

[14] CAPRA, *O ponto de mutação*, p. 72.

[15] Cf. CAPRA, *O ponto de mutação*, pp. 32-35.

[16] Cf. AGOSTINHO, *Solilóquio*.

que consiste em tratar do pedaço ferido. Essa postura na prática não cura de fato, é incapaz de entender e curar as enfermidades mais cruciais da atualidade.

Ver uma pessoa enferma somente porque tem um fragmento doente é uma concepção muito reducionista da relação saúde-doença-enfermidade e do ser humano. A medicina seguiu a biologia moderna, ela adotou e reforçou a abordagem cartesiana dos organismos vivos. O ápice dessa abordagem é a *genética*, área mais ativa da biologia, que tenta entender os seres vivos a partir de deciframento dos seus códigos genéticos. A genética é um instrumento importantíssimo para a compreensão do ser humano e tem perspectivas otimistas para o futuro no que diz respeito ao tratamento de doenças. Contudo, é preciso avançar nessa concepção e ter consciência de que os *genes* sozinhos não resolvem os problemas do homem. Cuidar do fragmento ferido é importante, mas o ser humano não se reduz a ele.

A medicina atual é cada vez mais dependente da alta tecnologia. Há um avanço significativo nos tratamentos de doenças, mas isso trouxe problemas, pois a real cura não é alcançada, o mundo continua doente (estamos dentro do paradoxo inicial desse texto). A medicina moderna é altamente tecnológica e, ao mesmo tempo, é uma medicina para os ricos, ou seja, a maioria da população mundial não tem acesso aos avanços técnico-científicos do mundo da saúde. A crescente dependência da medicina em relação à alta tecnologia sustentou certo número de problemas que não são apenas de natureza médica ou técnica, mas envolvem questões sociais, econômicas e morais muito mais amplas.[17] A maioria da população mundial não é beneficiada pelo avanço da medicina, pois é uma medicina para quem pode pagar. Isso acentua ainda mais a crise de sentido do mundo e a visão mecanicista. O direito à saúde está ligado ao poder econômico e às classes mais favorecidas socialmente. Saúde, dentro da visão mecanicista e econômica, não tem nada a ver com os problemas socioeconômicos do povo pobre e as suas decorrências. Quem mais precisa de atendimento à saúde são justamente os excluídos pelo desenvolvimento da medicina. Esses não têm nem o básico para viver dignamente e, por consequência, têm abalada toda a sua estrutura de pessoa (de física a psicológica), tornando-se mais suscetíveis a enfermidades.

Os profissionais de saúde também são formados dentro do paradigma mecanicista e com a dependência da tecnologia, sentindo-se impotentes, pois não conseguem ver o outro de forma holística. Pensar a cura é eliminar a doença com a aplicação da técnica correta e/ou a administração de um medicamento, procurando compreender o outro dentro do seu contexto e fazer algo (com uma boa conversa) para restabelecer seu equilíbrio interior.

---

[17] CAPRA, *O ponto de mutação*, p. 126.

Há crítica a ser feita ao recurso financeiro destinado à pesquisa médica e ao uso da tecnologia. Aumentaram e aumentam cada vez mais os recursos destinados para esse campo científico, mas a saúde do povo não apresenta melhora significativa. Há uma grande discrepância entre gastos com pesquisa médica e o retorno à sociedade. O custo da medicina moderna não corresponde à sua eficácia, pois essa é mínima diante do investimento, sobretudo se pensarmos nos pobres do mundo. Avanços existem e não podem ser negados, mas, ao mesmo tempo, há um aumento de miseráveis, doentes com moléstias extintas no primeiro mundo e uma grande proliferação de enfermidades modernas que impedem o ser humano de se realizar. Um grande questionamento deve ser feito, a medicina avança tecnologicamente, mas aumentam os enfermos e a crise de sentido.

A visão mecanicista do homem e do mundo separa tudo para poder entender e, do mesmo modo, tenta revolver os problemas. O homem não é um *ser* constituído de fragmentos simplesmente, mas uma unidade com uma estrutura ontológica, uma unidade pensante e que sofre influências do meio social e da natureza. Uma estrutura aberta ao transcendente, isto é, ao espiritual. Quando o homem está enfermo, tudo é afetado. Aqui vale diferenciarmos enfermidade de doença. A primeira está ligada à condição total do ser humano e a segunda, à condição de uma determinada parte do corpo afetada por uma moléstia ou um ferimento. A medicina preocupa-se muito com a doença e se esquece da enfermidade. Essa preocupação exclusiva reduz o ser humano a uma parte do corpo; curá-la não é curar a enfermidade, não favorece a busca de uma existência saudável e realizada. A modernidade encobre essa busca existencial com uma cura paliativa, incapaz de tocar o *ser e* de mostrar o sentido da existência. Tudo é visto de forma separada: de um lado, problemas sociais; do outro, psicológicos; os físicos são dos profissionais da saúde, e os espirituais dos líderes religiosos. Fica no esquecimento o fato de que todas essas dimensões estão dentro de um único indivíduo de forma convergente. Se for para restabelecer a saúde, é preciso equilibrar, no *ser*, todo esse emaranhado de dimensões dentro da unidade humana. Saúde é muito mais que curar doenças, é curar enfermidades e abrir o homem para a realização existencial.

3. O conceito de coração em Santo Agostinho: crítica *à* visão moderna do ser humano

Cuidar da saúde do ser humano não é simplesmente tratar da doença, mas é tratar da enfermidade do indivíduo e da grande enfermidade do mundo. Para isso é preciso uma mudança de paradigma capaz de penetrar na consciência da humanidade e refletir na práxis. A mudança de paradigma na assistência à saúde envolverá a formulação de novos modelos conceituais, a criação de novas instituições e a

Modernidade e crise do ser

implementação de uma nova política.[18] A razão determina a maneira de agir e as políticas em favor das pessoas. Vivemos o tempo de racionalidades, podendo também falar de "éticas" e, no campo político, da predominância de um sistema que prioriza o *ter* e o lucro. O pobre é excluído, muitas éticas são baseadas nessa prioridade e podemos nos questionar se isso é ética. Mudar o modelo de atendimento à saúde e as políticas a seu respeito só será possível se mexermos com a razão, e o primeiro passo é superar o preconceito da modernidade com o ontológico e com o transcendente. É preciso fazer um profundo questionamento sobre o modelo mecanicista e sobre a aposta moderna na qual o homem sustenta-se por si mesmo.

Um exemplo forte dessa visão mecanicista no mundo da saúde é o trato dado ao coração pelos profissionais da saúde, liderados pelo médico. O coração é simplesmente o órgão responsável pelo bombeamento de sangue para todo o corpo. Tem uma função hidráulica. Desse modo ele é visto, tratado e até transplantado quando não consegue cumprir adequadamente suas funções de bomba sanguínea. Partindo desse exemplo do coração (ele expressa bem o realidade atual de como o ser humano é visto), desejamos mostrar uma visão muito diferente. O coração é muito mais que uma bomba de sangue, porque o ser humano é muito mais que uma máquina. Com isso não queremos desprezar todo avanço médico nos tratamentos cardíacos, mas mostrar outra concepção e levar a refletir sobre como agir no mundo da saúde capaz de favorecer a busca da realização existencial.

Santo Agostinho, depois de converter-se à fé cristã e romper com o maniqueísmo, retoma os textos bíblicos e se encanta com o conceito de *leb* (לב), uma das palavras usadas no Antigo Testamento para referir-se ao coração dentro de um sentido bem preciso. O *leb* diz do homem e de Deus, está ligado a toda a integridade do ser humano como um ser racional, sentimental, consciente, livre e aberto ao transcendente.[19] Pelo coração, vai dizer Agostinho, o indivíduo contempla Deus e isso é uma experiência *noética*, pois gera um conhecimento que leva a ver o mundo de outra forma.

O ser humano é visto como uma totalidade por Agostinho, e o coração é essa totalidade. O *leb* hebraico é visto como um órgão, mas responsável por tudo no ser humano, desde a vida interior e até a vida vegetativa. Agostinho não vê o coração como um órgão (diferenciando um pouco da concepção semítica), pois a vida do corpo é inferior à vida interior, e o interior (o coração, um conceito inteligível) é a

---

[18]   CAPRA, *O ponto de mutação*, p. 332.

[19]   O coração (*leb*) é o órgão do qual os movimentos do corpo dependem, inclusive as funções cerebrais, a razão (o antigo desconhecia essas funções como lugar autônomo no cérebro). É algo inacessível, inexplorável, profundo e completamente interior ao homem (oposto a *basar*- בשר, termo usado para o que é da carne). Os sentimentos, afetos e desejos secretos e autênticos do homem provêm do *leb*, assim como a razão, a consciência, a memória, o juízo e o espírito. Ele é a capacidade de saber, conhecer, julgar e refletir, derivada do escutar, obedecer e acolher (o que vem de Deus). Vontade, decisão, escolha que levam a uma ação vêm do *leb*. O coração é o centro do homem. Nessa concepção, podemos dizer que o homem é o coração.

39

totalidade do homem que possibilita o encontro com o transcendente. Do coração provêm também as fraquezas e os sofrimentos humanos; ele é o "lugar" de onde vem tudo: as paixões, os medos, a vontade, a inteligência, a verdade e a coragem. Com o coração o indivíduo encontra-se com o "coração" de Deus, um encontro que acontece com a totalidade do ser humano e não com fragmentos. Desse encontro o coração se alegra, pois a verdadeira alegria vem de Deus e essa se dá no coração.

O coração também pode envaidecer-se. Quando isso ocorre, vêm do coração o orgulho, a inveja, a raiva e o ódio. Agostinho preocupa-se muito com o envaidecimento do coração, sobretudo com o orgulho, pois o mal está no homem e pode ser manifestado se a pessoa não compreender sua pequenez diante do Ser superior. No encontro com Deus, o coração percebe sua fraqueza e pequenez, desprende-se de si para ser preenchido por Deus (uma ideia de aniquilação do ser). Os resultados desse encontro são: a conversão, a humildade, uma nova visão do mundo e a prática da caridade. Deus visita o coração do homem, espalha seus dons e espera frutos de amor. Esse encontro só acontece depois que a pessoa olha para o seu interior, vê suas misérias, chora e se arrepende diante de Deus. Esse olhar é dramático e angustiante, acontece no coração, "local" por excelência do drama da existência humana:

> Quando, por uma análise profunda, arranquei do mais íntimo toda a minha miséria e a reuni perante a vista do meu coração, levantou-se enorme tempestade que arrastou consigo uma chuva torrencial de lágrimas. Para derramá-las todas com seus gemidos, afastei-me de Alípio, porque a solidão representava-me mais acondicionada ao choro. Retirei-me o suficiente para que a sua presença não me pudesse ser pesada. [...] Retirei-me, não sei como, para debaixo de uma figueira, e larguei as rédeas ao choro. [...] Assim falava e chorava, oprimido pela mais amarga dor do coração. Eis que, de súbito, ouço uma voz vinda da casa próxima. Não sei se era de menino, se de menina. Cantava e repetia frequentes vezes: "toma e lê; toma e lê". [...] Deus só me mandava uma coisa: abrir o códice, e ler o primeiro capítulo que encontrasse. Tinha ouvido que Antão, assistindo, por acaso, a uma leitura do Evangelho, fora por ela advertido, como se essa passagem que se lia lhe fosse dirigida pessoalmente: "Vai, vende tudo o que possuis, dá-o aos pobres, e terás um tesouro no céu; depois vem e segue-me". Com este oráculo se converteu a Vós. [...] Não quis ler mais, nem era necessário. Apenas acabei de ler estas frases, penetrou-me no coração uma espécie de luz serena, e todas as trevas da dúvida fugiram.[20]

Nesse texto de Agostinho percebemos a força da experiência de conversão. Ela acontece depois de um momento de reconhecimento das misérias e fragilidades humanas diante de Deus. Esse processo é muito sofrido. No texto, Agostinho fala de

---

[20]   AGOSTINHO, *Confissões*, pp. 222-223.

Modernidade e crise do ser

choro e de solidão descritos de maneira dramática. Só depois da *catarse* e do reconhecimento da fraqueza humana é que acontece o encontro com Deus, o encontro com a *luz serena* que faz fugirem todas as *trevas da dúvida*. Em Deus é encontrada a paz e as respostas para as grandes dúvidas da existência humana; isso é o conhecimento *noético* e a realização existencial. É importante perceber onde se passa o drama do reconhecimento da fraqueza e o encontro com Deus. Tudo acontece no coração, isto é, na totalidade do ser humano. Em Deus, o coração encontra alívio para sua dor, respostas para seus questionamentos mais profundos, e repouso para sua inquietude. O coração contempla Deus e, desse encontro místico, volta mais sábio, tranquilo, sereno e disposto a viver o amor.

O pensamento agostiniano difere muito do pensamento da modernidade. O primeiro ponto diferente é a questão da fragmentação do homem e da natureza. O homem é uma totalidade que, com o coração, se encontra com Deus e reverencia a natureza. Coração para Agostinho não é bomba hidráulica, é o *ser* do indivíduo humano. Dele provém tudo ligado à vida humana. Se os médicos olhassem um pouco para o coração como Agostinho, talvez o zelo nos tratamentos cardíacos (e outros tratamentos também) seria melhor, pois mexer no coração é mexer no homem completo. Esse não é uma máquina, mas uma unidade que busca a *vida feliz*[21] e realizada.

O segundo ponto de contraposição à modernidade é a abertura ao transcendente. A razão moderna eliminou Deus e tudo que era metafísico, consequentemente jogou o homem numa crise de sentido e do *ser*. A dimensão ontológica do *ser* é colocada de lado e volta-se à vida operacional e aos bens materiais, até agora incapazes de realizar a humanidade. Para Agostinho, a realização do homem só acontece no encontro com Deus, pois Ele é o sentido da existência e Dele provém o *ser*:

> A vida feliz consiste em nos alegrarmos em Vós (Deus trindade), de Vós e por Vós. Eis a vida feliz, e não há outra. Os que julgam que existe outra se apegam a uma alegria que não é a verdadeira, contudo, a sua vontade jamais se afastará de alguma imagem de alegria.[22]

Terceiro ponto é o reconhecimento das fragilidades e das misérias humanas. Esse reconhecimento é doído e angustiante, acontece diante de Deus e leva a uma postura de humildade, de não achar que, por possuir conhecimento, pode fazer tudo com a natureza e com o outro. O ser humano é miserável, frágil e imperfeito, por isso o risco do mal está dentro de si e pode brotar a qualquer momento. A aposta da modernidade na autonomia da pessoa e a exagerada confiança no desenvolvimento do saber científico levaram a grandes tragédias e à crise ética. Agostinho ensina-nos

---

[21]   Cf. AGOSTINHO, *Vida feliz*.

[22]   AGOSTINHO, *Solilóquio*, p. 282.

que o homem é miserável e não se sustenta por si mesmo, precisa de Deus, necessita da graça. Fechar-se ao transcendente e não deixar Deus ocupar o coração são posturas que tornam o homem cego para suas fraquezas e abrem espaço para o mal, para a destruição.

Agostinho nos coloca dentro de outra perspectiva, em face da modernidade, muito mais aberta para a totalidade do homem e para a sua ontologia. Voltamos muito no tempo em busca de pistas para a crise de sentido do ser e sua fragmentação dentro do paradigma mecanicista.

4. Conclusão

A humanidade está na crise do *ser*, de sentido e da ética. Algo precisa ser feito para que todos possam encontrar a realização existencial e o compromisso de construir um novo mundo. O problema é grande, descrevemos alguns pontos dele e tentamos fazer uma reflexão que possa oferecer elementos para a busca de soluções. Elementos que questionam a modernidade e fazem refletir com o intuito de ajudar na busca da totalidade (perdida) do ser humano, na busca do *ser* e do seu sentido.

O apego ao *ter* e a aposta moderna na autonomia do homem para cuja realização existencial o desenvolvimento técnico-científico bastaria não foram suficientes para melhorar a vida no planeta, não contribuíram significantemente para a existência humana e colocaram a humanidade em uma crise de sentido, consequentemente numa crise ética. A humanidade na modernidade, querendo libertar-se das *amarras* do Transcendente e dos universais, perdeu sua reflexão ontológica sobre o *ser*, não se preocupou mais com o *ser* deixando-o vazio e sem encontrar sentido para sua existência. O homem na modernidade, assim como tudo existente no mundo, não é mais um ser unitário, integral e com a capacidade ontológica de dar sentido à sua existência. Isso jogou o mundo num paradoxo (descrito no início) e hoje não sabemos direito como lidar com ele, pois a busca de sentido é algo intrínseco no ser humano porque é o único capaz de dar sentido à sua existência e a todas as coisas existentes no mundo. O homem tem a capacidade de transformar a sua própria vida e o mundo.

É preciso pensar sobre a modernidade (para depois agir) e perceber se queremos uma existência com sentido ou não. Para isso, recorremos a pensamentos que podem auxiliar nessa profunda reflexão sobre o homem e seu hábitat. A visão holística propõe uma integralidade do ser humano e do universo e mostra que ambos se relacionam. O homem depende da sua relação com o cosmo e com o outro (relações sociais) para encontrar sentido à sua vida. O ser humano também precisa se ver com uma unidade e, assim, ver o outro. Sobre essa necessidade, tão fragilizada e esquecida no mundo da saúde, Agostinho oferece-nos uma reflexão sábia do ser humano com uma totalidade e dá um passo além, pois abre o homem, no mais profundo do seu *ser*, para a relação com o Transcendente, para o espiritual. Na busca de sentido, somente na relação com o outro e com o mundo, o homem não encontra a plena realização existencial. É preciso ir além, é preciso ir até o Transcendente, o elemento mais confrontador da modernidade apegada ao *ter*, ao material e distante do *ser*, que em crise clama por sentido.

5. Referências bibliográficas

ABBAGNANO, Nicola. *Dicionário de filosofia*. 4. ed. São Paulo: Martins Fontes, 2000.

AGOSTINHO. *Confissões*. São Paulo: Nova Cultural, 1999. (Col. Pensadores).

_____. *Solilóquio* e *Vida feliz*. São Paulo: Paulus, 1998. (Col. Patrística, 11).

CAPRA, Fritjof. *O ponto de mutação*; a ciência, a sociedade e a cultura emergente. São Paulo: Cultrix, 1982.

DESCARTES, René. *Discurso sobre o método*. São Paulo: Hemus, 1978.

ENGELHARDT JR., H. Tristram. *Fundamentos da bioética*. São Paulo: Loyola, 1998.

GUILLAUMONT, Antoine. Les sens des noms du coeur dans l'antiquité. In: ANANDA, Swami Addev et alii. *Le coeur*. Bélgica: Société Saint Augustin, 1950. pp. 41-81.

LEPARGNEUR, Hubert. *Consciência, corpo e mente*. Campinas: Papirus, 1994.

MARTINS, Alexandre Andrade. *Ética e genética*. São Paulo: Centro Universitário Assunção, 2004. Monografia apresentada ao Centro Universitário Assunção, para a obtenção do título de licenciatura em Filosofia.

RUSSEL, Bertrand. *History of Western philosophy*. 3. ed. London: Routledge, 2000.

SELLIER, Philippe. *Pascal et Saint Augustin*. Paris: Albin Michel, 1995.

VAZ, Henrique C. de Lima. *Escritos de filosofia II: ética e cultura*. São Paulo: Loyola, 1998.

_____. *Escritos de filosofia IV*; introdução à ética filosófica 1. 2. ed. São Paulo: Loyola, 2002.

_____. *Escritos de filosofia VII*; raízes da modernidade. São Paulo: Loyola, 2002.

_____. Ética e razão moderna. In: *Ética na virada do século*; busca do sentido da vida. São Paulo: Ltr, 1997. pp. 53-95. (Col. Instituto Jacques Maritain).

CAPÍTULO III

Saúde ambiental

Roberto Malvezzi

Os alunos vão chegando para participar das aulas. Mas, antes de entrar na escola Dom Avelar Brandão, periferia de Juazeiro, Bahia, têm que fazer um exercício de ginástica. É preciso saltar um rio de esgoto que circunda a escola. Mas a distância para o salto não é muito grande, já que pelas costas corre outro rio de esgoto. Portanto, eles estão espremidos pela água contaminada que corre ao lado das calçadas.

Com algum esforço, professores e alunos conseguem saltar o esgoto e entram na sala de aula. As salas são precárias, assim como todo o ambiente educacional. O pior, porém, é que o mau cheiro do esgoto vai continuar invadindo as salas, influenciando diretamente no conforto de alunos, professores e funcionários que ali estão para cumprir seu papel, tantas vezes elogiado como fundamental para a construção de uma sociedade mais digna para todos os brasileiros.

Mas não é só o entorno da escola que se encontra ambientalmente insalubre. Todo o bairro, cerca de 30 mil pessoas, está rodeado pelos esgotos a céu aberto, já que não tem serviços de saneamento. Dinheiro investido já teve, mas o fato é que o dinheiro sumiu e a situação da população continua a mesma de antes.

Agora, com a luta pela revitalização do Rio São Francisco, novos serviços de saneamento estão sendo feitos no bairro, que se encontra revirado, mas não se sabe se chegará ao fim e se a população terá mesmo seu direito de um ambiente digno para viver e para estudar.

Muitos outros bairros das periferias de Juazeiro, Bahia, estão nessa mesma situação do Antônio Guillermino, bairro pobre, insalubre, dormitório de cortadores de cana e empregados da fruticultura que vêm trabalhar em Juazeiro.

Essa é uma dura realidade brasileira. Mais à frente traremos os dados que demonstram o sério problema de saúde desencadeado originalmente por um problema socioambiental.

1. Sustentabilidade

O princípio da sustentabilidade – mais que um conceito – nasceu na década de 1980, e sua criação foi atribuída por Fritjof Capra, renomado físico e teórico, a Lester Brown, fundador do Instituto Worldwatch, que definiu a sociedade sustentável como aquela que é capaz de satisfazer suas necessidades sem comprometer as chances de sobrevivência das gerações futuras.

Sua popularização, entretanto, surgiu a partir do lançamento de um relatório da ONU "Nosso Futuro Comum", ou "Relatório Brundtland", em 1987. Nele, a Comissão Mundial sobre o Meio Ambiente e Desenvolvimento (CMMAD) criticava o modelo adotado pelos países desenvolvidos e defendia um novo tipo de desenvolvimento capaz de manter o progresso em todo o planeta e de, no longo prazo, partilhá-lo entre países em desenvolvimento e desenvolvidos. Nascia, assim, o conceito de desenvolvimento sustentável ou sustentabilidade. A partir daí o princípio passou a orientar aqueles que buscam o equilíbrio entre uma sociedade que produz, que consome, mas que precisa pensar também nos seus descendentes. O princípio, em si mesmo, é um ato de generosidade, talvez o mais importante de todos já decididos pela humanidade.

Entretanto, vários ramos do capital, acossados pelos questionamentos de um desenvolvimento insustentável, passaram a incorporar a linguagem da sustentabilidade em seus discursos, na tentativa de modificar sua imagem, mas sem perder sua lógica de acumulação. Surgiu o que muitos chamam de "capitalismo verde", isto é, tenta-se acumular riquezas não mais depredando, mas fazendo uso dos bens naturais de forma que eles não sejam esgotados num breve prazo.

Hoje se fala em empregos verdes, tecnologias verdes, exploração sustentável de recursos naturais. De fato, para exemplificar, um vasto ramo de indústrias de cosméticos, fármacos, essências, madeira etc. depende muito mais de uma floresta em pé que de uma floresta deitada. Ao contrário, a devastação florestal é um problema para seus negócios, não uma solução.

Podemos também citar o esforço de carros híbridos, de combustíveis renováveis, dos mecanismos de controle de emissão de gases, assim por diante. Porém, todo esse esforço tem sido inútil e, sobretudo, a emissão de gases do efeito estufa continua em ritmo crescente, o que, para muitos, provocará a maior hecatombe já vivida pela humanidade. Portanto, esse é o caso exemplar onde se ganham algumas batalhas, mas onde se perde a guerra.

Para muitos o problema é mais profundo. O que está em crise é um modelo de civilização que supunha ilimitados os recursos oferecidos pela Terra. Hoje, com a teorização de que a Terra comporta-se como um ser vivo, que tem leis próprias e autônomas em relação ao ser humano, que o ser humano é capaz de interferir nas leis da Terra, então, torna-se imprescindível um "diálogo entre a humanidade e a Terra". Essa é a proposta do cientista inglês James Lovelock (2006). Ele insiste: "É preciso dialogar com a Terra enquanto ela nos permite". É bom lembrar que para muitos cientistas já avançamos por caminhos sem retorno. Agora, trata-se de mitigar e procurar adaptação a uma nova era humana e geológica. Estaríamos saindo do antropoceno para entrarmos no ecoceno.

O fracasso até agora se origina dos fundamentos da sustentabilidade. O que existe na sustentabilidade do mundo econômico é insuficiente – insustentável –, talvez impossível, de reverter o processo predatório. A lógica do negócio, da acumulação, não tem como considerar os limites da natureza. Há sim um saqueio, um processo de apropriação privada dos bens naturais, quando não dos saberes das populações tradicionais, através de patenteamentos que na verdade nada mais são que a apropriação privada de seus saberes. Talvez todas essas tecnologias e políticas não agressivas ao meio ambiente sejam necessárias, mas, se continuarem na mesma lógica acumulativa, não alcançarão os objetivos para os quais são destinadas.

De alguma forma essa disputa entre um "capitalismo cinza" e um "capitalismo verde" esteve presente nas últimas eleições brasileiras.

A questão ecológica divide também o pensamento socialista. Há quem continue defendendo o modelo ocidental de desenvolvimento, apenas que seja sob o controle de um estado socialista. Essa postura de um desenvolvimento a qualquer preço pode unir setores da direita com setores da esquerda, como é o caso do Código Florestal no Brasil. Outros já defendem um eco-socialismo. Portanto, os novos paradigmas são paradoxais, conflitivos e exigem de todos nós a refundação de nosso entendimento do mundo.

Esse desafio perpassa também as igrejas. Mesmo dentro da tradição judaico-cristã existe uma confusão conceitual que prejudica profundamente a postura diante de fatos tão graves e desafiadores. A ideia de que toda a criação é para o ser humano, de que o ser humano está acima dos demais seres, precisa ser mais discernida. É verdade que do ponto de vista ontológico, antropológico, bíblico-teológico, o ser humano é mais que os outros seres. Afinal, é o único que pensa, ou se quisermos numa leitura da antropologia cristã, o único feito à imagem de semelhança do próprio Deus.

Acontece que na questão ambiental estamos falando de uma outra dimensão do ser humano, a biológica, e nessa somos iguais a qualquer outro animal. Se não comermos, bebermos água, respirarmos, se não tivermos um ambiente digno para viver, morremos como qualquer outro dos animais. Portanto, nossa distinção ontológica e antropológica não nos salva de uma extinção biológica em massa.

Os fatos e as estatísticas nos indicam que talvez tenhamos mudado bastante a percepção dos problemas, mas não nossas práticas enquanto sociedade. De forma clara, continuamos emitindo mais gases de efeito estufa na atmosfera que antes.

Assim, o acerto da Terra com a humanidade vai se tornando cada dia mais próximo e inevitável. Logo, exige-se uma mudança muito mais radical em nossa relação com a Terra, caso não queiramos pagar para ver se a hecatombe humana acontecerá ou não.

Nesse contexto, hoje se fala mais em uma "retirada sustentável" (Lovelock, 2006) que num desenvolvimento sustentável. Seria hora de a humanidade fazer um recuo, optar decididamente por manter a vida humana na Terra sem rupturas tão aterradoras, pagando o preço de recuar de um desenvolvimento predatório. Afinal, quando falamos em consumismo, estamos falando de uma sociedade do desperdício, que produz e consome muito além das necessidades reais, inclusive no campo tecnológico, com a imensa produção de lixo eletrônico, através da obsolescência programada.[1]

Por consequência, o conceito de sustentabilidade hoje está capturado e sob suspeita. Fala-se mais numa sociedade sustentável ou planeta sustentável. Nesse caso, mais que nunca, decifrar o discurso é decifrar a ideologia que se esconde sob as palavras.

2. Sustentabilidade e saúde

Quando trazemos o conceito de sustentabilidade para o campo "saúde e meio ambiente", então os paradoxos se multiplicam e os desafios crescem de forma exponencial.

Quando chegamos para morar em Campo Alegre de Lourdes, Bahia, na década de 1980 – eu era parte de uma equipe –, tivemos que nos deparar com o fenômeno da mortalidade infantil. Conhecemos mulheres que tinham feito 22 partos dos quais sobreviveram apenas oito filhos.

Logo teríamos o choque da "água". Campo Alegre fica na divisa com o Piauí, município de São Raimundo Nonato, onde está o famoso e importantíssimo Parque Nacional da Serra da Capivara.

Acostumados aos rios do interior de São Paulo, à água abundante que minava em qualquer poço, às chuvas, necessariamente teríamos que sofrer um choque. Ali não havia um rio, nascentes de água; escavando o chão, a água que brotava – se brotasse – era salgada. A única água disponível para as comunidades era a de barreiro, um pequeno buraco escavado no chão que armazenava a água dos períodos chuvosos para os períodos sem chuva.

---

[1]   Obsolescência programada é o princípio da indústria de produzir programaticamente objetos de consumo com prazo limitado de uso, forçando seu descarte.

Acontece que essa água recolhida no próprio chão era também a água dos animais domésticos e selvagens, de lavar a roupa, de tomar banho, de lavar a louça, de cozinhar e de beber.

No ano de 1982 até essa água acabou. Então, a procissão de mulheres, crianças e homens buscando água a distâncias de 10 km tornou-se uma rotina macabra. Um sofrimento inútil, repetitivo, apenas para sobreviver.

O efeito mais deletério dessa situação era a mortalidade infantil. Era óbvio que a esmagadora maioria das crianças morria de inanição, seja pela fome, seja pela lama que lhes era dada para beber. Era evidente que não estávamos diante um problema de saúde, mas social e ambiental. Faltava para aquelas pessoas um copo de água limpa para beber, e assim salvarem suas vidas e as vidas de suas crianças.

Foi nesse contexto que muitas pastorais, igrejas, sindicatos, movimentos sociais, ONGs, passaram a perseguir uma solução preventiva para a região semiárida, para que a população não ficasse mais à mercê da natureza e muito menos da classe política que fazia votos e fortuna com a miséria do povo. Aos poucos foi sendo desenvolvida a lógica da convivência com o semiárido, dando absoluta prioridade à captação da água de chuva em cisternas, evitando assim a mortalidade infantil, as doenças veiculadas pela água para toda a família, além de gerar uma maior independência da classe política e de aliviar o extenuante trabalho infantil e das mulheres de buscar água a tão grandes distâncias.

Valeu a pena. Hoje, no Censo de 2010, o IBGE garante que a situação do Nordeste melhorou em relação a todas as outras regiões brasileiras. Um leque de políticas públicas chegou à ponta, inclusive a água, permitindo ao menos que não tenhamos mais tanta mortalidade infantil, migrações e assim se tornando desnecessárias as tais frentes de emergência e os saques de famélicos nas cidades.

No atual programa governamental de erradicação da miséria, ainda se fala em cerca de 9,6 milhões de nordestinos nessa situação, mesmo que uma boa parte já tenha vencido essa condição indigente. O próprio governo anuncia a construção de cerca de 800 mil novas cisternas, tanto com água para beber como para produzir. Portanto, as tecnologias sociais propostas há tantos anos pela sociedade civil agora se tornam objeto de políticas públicas, partindo do governo federal e chegando até os governos municipais, passando pelos governos estaduais.

Um dos impactos mais visíveis das cisternas é na área da saúde pública. Em muitos municípios os próprios agentes de saúde confirmam uma redução drástica da mortalidade infantil. As famílias ainda acrescentam a melhoria da saúde da família em geral, inclusive dos idosos. Portanto, a prova de que o problema da saúde era na verdade um problema socioambiental. Não é apenas uma vitória da sociedade civil, é uma vitória da dignidade humana sobre a indústria da seca.

Portanto, é do conhecimento corriqueiro que existe uma conexão intrínseca e inseparável entre saúde e as condições econômicas, sociais e ambientais das pessoas. O sistema de saúde, o atendimento curativo, acaba sendo um estuário de problemas não resolvidos na área econômica, social e ambiental.

O social acaba definindo quem vai sofrer os maiores impactos. Evidente que as populações sem saneamento, água potável, vivendo nas periferias, em casas insalubres, respirando o ar contaminado por poluição, terão maiores problemas de saúde. Logo, qualquer investimento inteligente em saúde deve considerar a situação social e ambiental de nossas populações.

Reza a Constituição, em seu art. 225, que "todos têm direito ao meio ambiente ecologicamente equilibrado, bem de uso comum do povo e essencial à sadia qualidade de vida, impondo-se ao Poder Público e à coletividade o dever de defendê-lo e preservá-lo para as presentes e futuras gerações".

A responsabilidade ambiental, do ponto de vista constitucional, portanto, é responsabilidade do Poder Público, inclusive estados federados e municípios, mas também da coletividade. Enfim, de cada um de nós. A própria constituição já vincula ambiente e saúde.

A saúde ambiental, a cargo do Ministério da Saúde, está definida como

> o conhecimento, a prevenção e o controle dos processos, influências e fatores físicos, químicos e biológicos que exerçam ou possam exercer, direta ou indiretamente, efeitos sobre a saúde humana, em especial naquelas relacionadas a: saneamento; contaminantes ambientais; melhorias habitacionais; qualidade da água para consumo humano; desastres naturais e acidentes com produtos perigosos; vetores, reservatórios e hospedeiros e animais peçonhentos (BRASIL, Lei 10.683/2003)

Nesse contexto, diante de tão graves mudanças ambientais provocadas pela ação do ser humano no planeta que habitamos, vamos projetar alguns cenários para a saúde.

a) Aquecimento global (desastres naturais)

Essa questão enquadra-se nos chamados "desastres naturais", embora o aquecimento global tenha o poder de agravar todos os desastres naturais que existem.

Para um cientista como Lovelock (2006), o aquecimento global é o maior desafio já enfrentado pela humanidade, diante do qual todos os demais problemas humanos tornam-se irrelevantes.

As causas do aquecimento global já são por demais conhecidas. A emissão desordenada de gases de efeito estufa pela queima de combustíveis fósseis (gás carbônico), derrubada e queima de florestas (gás carbônico), agricultura (óxido nitroso), lixo (metano) e animais (metano), ao concentrarem-se na atmosfera, aumenta o calor da Terra. Esses gases em determinadas quantidades são fundamentais para manter a temperatura da Terra em torno de 15°, mas em maiores quantidades agudizam o efeito estufa, mudando o clima da Terra.

As consequências também já são bastante conhecidas. O aumento da temperatura provoca o derretimento das geleiras, com a consequente elevação do nível dos oceanos. Aumenta também a disponibilidade de vapor de água na atmosfera devido à intensa evaporação dos corpos d'água, particularmente os oceanos, ocasionando precipitações muito mais intensas, o que gera tempestades, alagamentos, furacões etc. A mudança na temperatura da Terra modificará a geografia agrícola, forçando produtos hoje cultivados em áreas tropicais a se afastarem da linha do Equador. As mudanças na agricultura deverão gerar maior dificuldade na produção de alimentos, tendendo ao aumento da fome no mundo. Teremos maior problema com a água potável, portanto, aumento de doenças veiculadas pela água. Teremos ondas de frio e calor mais intensas, o que gerará doenças respiratórias em maior intensidade. Enfim, o aquecimento global poderá trazer de volta uma série de doenças também provocadas por vetores, hospedeiros, como malária, dengue etc.

O aquecimento global, tendendo a modificar o clima da Terra em escala global, é um problema que agrava uma série imensa de problemas já existentes. Por isso, para Lovelock, ele é o maior problema já enfrentado pela humanidade.

Mas não é só por agravar problemas já existentes. O aquecimento global trará uma gama imensa de novos problemas, sem que a humanidade, a partir da ciência, consiga precisar o cenário futuro. O que existe são cenários múltiplos, dependendo de uma série de fatores, como a reação da humanidade em seu modelo civilizacional, ou a reação da própria Terra, com seu instinto de sobrevivência.

Um exemplo que pode ser considerado é a grande extinção do Permiano, por volta de 250 milhões de anos atrás, quando 96% da vida foi extinta da face da Terra. A recuperação da vida levou aproximadamente 100 mil anos. Em termos geológicos é um sopro, em termos de história humana é uma eternidade.

Até hoje não se sabe exatamente o que levou a tamanha extinção, porém, o mais provável é que se iniciou com uma grande atividade vulcânica, elevando a temperatura em torno de 5° a mais. Esse primeiro momento exterminou grande parte da vida dos continentes. Porém, o aquecimento contribuiu para a liberação de C12 (Isótopo de Carbono) das entranhas dos oceanos. Nesse momento a temperatura elevou-se aproximadamente mais 5°, o que ocasionou a extinção massiva da vida nos oceanos. Em um terceiro momento, o calor infernal incidiu novamente sobre os continentes, eliminando praticamente o restante dos seres vivos. Esse processo teria durado aproximadamente 80 mil anos. A vida esteve por um fiapo, mas foi mais poderosa, e se refez para que hoje pudéssemos aqui estar.

Portanto, a ciência também não pode prever as reações em cascata que o aquecimento global pode provocar. Podemos cientificamente prever alguns, todos não. Daí que lidar com essa questão não é só um desafio científico e técnico, mas também ético. Sem o princípio da precaução aqui e agora, poderemos estar comprometendo grande parte de toda a vida existente hoje na face da Terra, inclusive a vida de vasta parcela da humanidade.

Um exemplo assombroso para ilustrar o momento que vivemos é que, se no Permiano o processo levou 80 mil anos, o atual pode durar no máximo de 300 a 11 mil anos. Porém, a previsão é de que a catástrofe nos oceanos possa chegar em algumas décadas, eliminando os estoques pesqueiros que abastecem grande parte das populações do mundo. Portanto, a velocidade da destruição atual pode ser várias vezes maior que a maior hecatombe já acontecida na Terra.

b) Água (saneamento)

O conceito de saneamento ambiental pressupõe o abastecimento de água, coleta dos esgotos, tratamento dos esgotos, manejo dos resíduos sólidos e águas pluviais e controle de vetores. O próprio marco regulatório do saneamento no Brasil, elaborado no primeiro governo Lula, foi obrigatoriamente chamado de "saneamento básico" para não conter termos inconstitucionais. Porém, de fato, evoluímos para uma legislação do saneamento ambiental.

Pelo menos dois milhões de pessoas morrem por ano em função de doenças veiculadas por água contaminada. A esmagadora maioria é de crianças.

Essa equação é por demais conhecida da ciência que cuida da saúde. A própria ONU afirma que de cada dólar investido em saneamento poupam-se de quatro a sete na área da saúde.

No Brasil a sociedade civil tem feito um esforço enorme para tornar real uma política de saneamento. Ainda hoje cerca de 50% dos lares brasileiros não têm coleta de esgoto. Do esgoto coletado, cerca de 80% são lançados diretamente em nossos rios. Por consequência, segundo dados recentes da Agência Nacional de Águas (ANA), apenas 4% dos rios brasileiros tem ótima qualidade de água. Uma boa parte de nossos rios, principalmente próximos aos grandes centros urbanos, é imprestável inclusive para outros usos, não somente para consumo humano.

Por ser de simples compreensão, parece absurdo que um país não invista de forma organizada e planejada em saneamento.

Nos últimos anos houve um aumento nos investimentos brasileiros, como é o caso do vale do São Francisco. Ali, após uma luta insana de movimentos sociais, com greves de fome, o próprio governo decidiu investir no saneamento das cidades ribeirinhas em nome da revitalização do rio, como uma forma de compensar as resistências ao projeto de Transposição de águas do São Francisco.

Porém, se formos olhar o valor investido em saneamento, considerando as suas consequências para o atendimento hospitalar derivado de sua estreita e má efetivação, a questão se torna realmente absurda.

O problema é que questões tão óbvias do ponto de vista da saúde e ambiente não o são para os interesses de quem se apossa do poder e dos demais que giram ao seu redor. A sabedoria popular aprendeu que esse tipo de investimento "não dá voto", já que a obra vai para debaixo da terra. Ainda mais, o fato de tornar-se praticamente oculta gera uma onda terrível de corrupção em sua realização, não só por superfaturamento, mas também por realização parcial de obras, muitas vezes fora dos padrões contratados.

Mas um país sem saneamento ambiental não pode ser saudável. Esse é um desafio dos mais importantes para o próprio setor da saúde, particularmente para aqueles que sabem que prevenir ainda é o melhor remédio.

c) Habitação

O déficit habitacional brasileiro gira em torno de 5,8 milhões de moradias. Há uma nova dinâmica na sociedade brasileira no sentido de resolver esse problema, particularmente com o programa Minha Casa, Minha Vida. Mesmo sofrendo críticas de setores da sociedade que opinam poder ser o programa muito melhor, inclusive no modo de fazer, o certo é que o problema mais grave começa a sofrer mudanças substanciais.

Quando analisamos as tragédias ambientais acontecidas em Alagoas, Pernambuco, Santa Catarina, Rio de Janeiro, São Paulo etc., sobretudo quando o problema é deslizamento de morros ou enchentes que inundam e arrasam bairros inteiros, quando não cidades inteiras, evidentemente o problema mostra sua cara de uma forma mais evidente. Junto com a destruição das casas, com o consequente desalojamento das populações, com os problemas imediatos de falta de água potável, alimento, abrigo, vêm também inúmeras doenças que afetam essas populações.

Mas o problema socioambiental das moradias não existe apenas quando esses casos se manifestam, embora sejam cada vez mais frequentes, tornando-se uma rotina. Para essas populações sem-teto, o problema é permanente. Essa expressão "sem-teto" pode indicar desde o simplesmente morar nas ruas, sob as marquises das pontes e outras construções, como em casas precárias, sem insolação, ventilação, ou proteção contra o frio, ou contato permanente com riachos e rios contaminados,

Saúde ambiental

com vetores que difundem doenças, enfim, um problema cotidiano trazido por moradias em ambientes insalubres.

Não é possível viver bem sem uma boa moradia, entendendo por ela um espaço onde o ser humano possa viver com dignidade. Esse problema, como todos os outros antes citados, pode ser considerado apenas social, mas é uma visão parcial da questão. Moradias insalubres são também um problema ambiental, já que o ser humano tem direito a um ambiente sadio para viver.

A questão atravessa o Brasil de ponta a ponta, desde o meio rural até as periferias das grandes cidades. Evidentemente falamos da periferia social, não necessariamente geográfica. Hoje, com os condomínios de luxo, vasta parcela da população sobrante pode até morar no centro das cidades, em cortiços, onde faltam todas as condições de higiene para uma moradia digna.

Portanto, quando falamos de um ambiente sadio para viver com saúde e dignidade, a questão da habitação é condição essencial, junto com as outras já citadas.

d) Ar

A poluição do ar é um dos problemas ambientais mais conhecidos e fartamente divulgado. As cidades cinzas, com seu ar carregado, não precisaram de muito tempo para ser identificadas como geradoras de sérios problemas para a saúde humana.

As causas da poluição são por demais conhecidas, particularmente os grandes emissores como fábricas e veículos.

Uma série de estudos e denúncias fizeram com que algumas providências fossem tomadas no mundo inteiro, inclusive no Brasil. A cidade de Cubatão, que já foi considerada a mais poluída do planeta, hoje apresenta índices melhores em sua qualidade do ar, embora o problema não tenha sido totalmente resolvido.

A inalação permanente de partículas desses gases pelas pessoas pode gerar desde desconfortos respiratórios, passando por alergias e asmas, ou reforçando problemas respiratórios e cardíacos já existentes. A Organização Mundial de Saúde afirma que cerca de 2,4 milhões de pessoas morrem ao ano por causas diretamente relacionadas à poluição do ar.

O problema não se reduz exatamente ao ar das cidades, mas pode ser também em determinados serviços, como na área mineraria, onde os trabalhadores sujeitos ao ar contaminado podem desenvolver uma série de doenças, diretamente ligadas à inalação de partículas daquela atividade, como é o caso da extração da cal. Há também o problema da contaminação do ar em regiões onde a pulverização agrícola se faz por aviões.

A busca de um ar limpo nas cidades faz parte da luta ambiental em todo o mundo. Existem muitas tecnologias hoje nas fábricas e carros para reter grande parte das partículas que contaminam o ar que respiramos. Entretanto, essa é uma luta permanente, onde o grau de civilidade de alguns países já reduziu muito o problema, onde outros ainda sofrem com o ar poluído.

O desaguadouro final do ar poluído acaba sendo novamente o setor de saúde. Os mais impactados são as crianças e os idosos. Mais uma vez se faz necessária a visão holística da realidade. É preciso trabalhar muito mais nas causas que nos efeitos, caso queiramos ter um ar limpo e uma saúde respiratória melhor.

e) Alimentos

Vários movimentos sociais organizaram uma campanha permanente contra o uso de agrotóxicos. A estatística é alarmante: cada brasileiro consome em média 5,5 litros de veneno por ano.

O uso cotidiano desses agroquímicos nas lavouras do Brasil chegam a nós pelo consumo dos próprios alimentos, mas também pela absorção direta pelos trabalhadores envolvidos com essas culturas e os moradores das adjacências desses empreendimentos.

Faz parte do marketing das empresas mostrarem aviões pulverizadores sobre plantações, como se eles fossem um exemplo de desenvolvimento tecnológico do setor. Aliás, a venda cada vez maior dessas aeronaves no Brasil também é utilizada como propaganda de avanço tecnológico do agronegócio brasileiro.

O que não se fala é que a pulverização aérea afeta não só a cultura objeto do lançamento aéreo dos venenos, mas também as populações que estão ao seu redor pela contaminação do ar e também dos corpos d'água que estão ao alcance desses lançamentos. A pulverização aérea multiplica os problemas já existentes na pulverização rasteira.

A mídia demonstra muita preocupação com as embalagens utilizadas pelos agricultores, mas praticamente nenhuma preocupação com o conteúdo que é derramado sobre os produtos agrícolas, no ar, na água e sobre as casas da população.

É útil lembrar que, quando falamos no PIB Agrícola brasileiro, na grandeza de seus números, os agrotóxicos fazem parte dessa riqueza contabilizada. Portanto, é uma economia literalmente envenenada.

O resultado para a saúde pública a partir de consumo de agrotóxicos tem muitos indicadores, casos exemplares, mas estamos longe de ter uma política que estabeleça realmente o nexo causal entre o uso desses venenos e os altos índices de câncer, aborto, deformação fetal etc., de determinadas regiões brasileiras.

A campanha permanente contra os agrotóxicos coloca-se como um desafio ético também para as cidades, não só para o campo. A grande produção agrícola está no campo, mas o grande consumo dos alimentos está nas cidades. Mais uma vez, essa questão ambiental e social torna-se um desafio para a saúde pública no Brasil.

f) Transgênicos

Outra questão relativamente nova para a saúde pública, derivada de uma questão ambiental, é a interrogativa sobre o impacto dos transgênicos na saúde das pessoas. Há uma verdadeira guerra, mundial, entre as corporações que defendem seus alimentos transgênicos e aqueles que acusam essas empresas de camuflar e ocultar dados e informações que já indicam o prejuízo dos transgênicos para a saúde humana. Há muitas dúvidas, sobretudo no caso das alergias.

O problema tem uma origem mais profunda, porque também significa a apropriação do banco genético natural, na verdade pertencente a toda a humanidade, por algumas empresas que querem privatizar as sementes a partir de algumas mudanças genéticas que nelas são inseridas. Portanto, é também um problema da mercantilização de todas as dimensões da vida, inclusive das sementes.

Mas a dúvida é qual seria o impacto na saúde humana a longo prazo, como já aconteceu com outros medicamentos que só tiveram seus danos comprovados após longos anos de utilização. Mais do que nunca, em um caso delicado como a intervenção nos genes das sementes, seria absolutamente necessário aplicar o princípio da precaução. Mas o poder das transnacionais é tão arrasador que esse princípio rotineiramente tem sido anulado em favor dos interesses econômicos mais imediatos.

A própria corrosão da diversidade genética que a transgenia impõe suscita a necessidade absoluta de manter seus antídotos, isto é, a preservação do banco genético para não manter os agricultores do mundo inteiro subordinados a uma determinada empresa produtora de uma determinada semente transgênica.

Hoje há no mundo inteiro, inclusive no Brasil, o esforço de manter os bancos de sementes crioulas, com todas as suas variedades.

Portanto, mais uma vez, um problema social e ambiental, também político e econômico, que acaba desaguando na área de saúde.

3. Perspectivas

A consciência ambiental evoluiu muito rapidamente na humanidade. O grande desafio é mudar o padrão civilizacional, já que há interesses econômicos globais por detrás dos problemas ambientais.

Hoje não resta dúvida de que a questão ambiental é decisiva para a qualidade de vida em geral, particularmente para a saúde. Depende do grau civilizacional de cada país, de sua decisão política, mas também de suas condições econômicas promover um ambiente de vida saudável para seu povo.

O Brasil tem condição de oferecer ambiente saudável a todos os brasileiros, afinal, somos a oitava economia do planeta, com projeções de nos tornarmos a quinta. A consciência de nosso povo tem crescido muito nesse sentido, mas estamos esbarrando nas decisões políticas e nos interesses dos setores que se beneficiam economicamente da depredação ambiental ou de outros fatores, como os agrotóxicos, que fazem a fortuna de certos setores da economia.

Uma questão, todavia, é conclusiva: se quisermos um país saudável, teremos que cuidar do nosso meio ambiente, a partir do que a nossa própria legislação da saúde define como "saúde ambiental".

4. Referências bibliográficas

BRASIL. *Constituição da República Federativa do Brasil*. Brasília: Senado Federal, 1988.

BRASIL. Lei n. 10.683, 28 de maio de 2003. art. 27, XX, c.

CONCEITO de Sustentabilidade. http://www.ambiente-verde.blogspot.com/2006/10/. Acesso em 20 de julho de 2011.

ETHOS, Instituto. Manifesto pelo desenvolvimento sustentável. http://www.ethos.org.br/. Acesso em 27 de julho de 2011.

LOVELOCK, James. *A vingança de Gaia*. Rio de Janeiro: Intrínseca, 2006.

MALVEZZI, Roberto. *Semiárido*; uma visão holística. 2. ed. Brasília: Confea, 2007.

_____. *Império do Sol*; quatro anos na seca e nas CEBs do Sertão. São Paulo: Paulus, 1985.

POLUIÇÃO Atmosférica e Problemas de Saúde. http://www.copacabanarunners.net/poluicao-ar.html. Acesso em 27 de julho de 2011.

PARTE II

Teologia e saúde

CAPÍTULO IV

Viver, adoecer, sofrer e morrer nas religiões

Maria Angela Vilhena

Não se trata impunemente, de maneira asséptica ou puramente racional, dos grandes dramas humanos nomeados no título deste capítulo. Por isso, que de suas entrelinhas se ouçam suspiros e gemidos, escutem-se vozes e silêncios, emanem odores e se sintam cheiros, se vejam corpos de crianças, de jovens, de pessoas maduras e velhas. Que se contemple o que transparece em rostos de pais e mães, filhos e filhas, irmãos e irmãs, avós, parentes, amigos e desconhecidos. Que se faça espaço onde caibam solidões e solidariedades, espantos, desesperos, esperanças, lágrimas, sorrisos, encontros, desencontros, despedidas. Que estejamos atentos a temores e tremores. Afetos, rejeições, culpas, reconciliações estão no cenário, assim como revoltas e aceitações. Buscas de sentido, perplexidades, humilhações, vergonhas, reintegrações integram tela e moldura do grande quadro dos eventos que a humanidade tem se defrontado e milenarmente meditado.

Aqui trataremos das maneiras pelas quais algumas crenças e religiões se relacionam com aquelas que estão entre as mais pungentes questões inerentes à condição humana. Queremos viver sadios, felizes e realizados corporal, afetiva, social e espiritualmente. Porém, somos sujeitos a limitações, carências, dores, sofrimentos e morte. Daí o paradoxo entre a consecução permanente de nossas legítimas aspirações e o que nos é dado pela realidade experimentada no momento, ou pressentida a curto ou longo prazo. As crenças e religiões inserem-se na contradição entre o que desejamos e o que nos é imposto por tantas e tão diversas causas, nem sempre imediatamente acessíveis ao nosso controle e compreensão. A necessidade de compreender, explicar, propor soluções diante dos problemas que nos afligem é o constituinte do ser humano que faculta sair da passividade, do conformismo e da inércia, posto que, no limite, impossibilitariam a sobrevivência individual e coletiva. Esta necessidade fundamental abre espaços e aciona a imaginação, a criatividade, a invenção, a reflexão, o conhecimento, em tentativas de superar e transcender ao dado da realidade em seu estado bruto e factual na direção da construção de novos e amplos horizontes para o possível ainda não experimentado.

Desde os mais antigos, o pensar a doença, o sofrimento e a morte se afigurava como carregado de mistérios, interpretados como realidades grandiosas, de tamanha magnitude cuja origem e controle estariam para além do simplesmente humano. Por isso, no passado e não raramente ainda hoje, suas origens são atribuídas a forças em si distintas ou indistintas, situadas em dimensões sobre-humanas ou sobrenaturais. O processo de identificação e nomeação destas potências tem ocorrido de múltiplas maneiras que se espraiam por visões, sonhos, intuições, inspirações, práticas divinatórias, consultas oraculares, êxtases. Enfim, situações espontâneas ou provocadas nas quais sujeitos romperiam fronteiras ingressando ou contatando dimensões transcendentes, para ali conectar ou saber o porquê da doença, da dor e da morte. A nomeação destas forças nem sempre encontra equivalência em nossa linguagem hodierna, pois que quase sempre nos faltam palavras para exprimir conceitos e significados, gestados em culturas e cosmovisões que não conhecemos e, mais incisivamente, das quais não participamos. Entretanto, termos como espíritos, sombras, entidades, deuses, divindades, demônios podem nos ajudar.

No correr do processo histórico, interpretações sobre a doença e a morte surgiram associadas a algum tipo de culpa, à ira de algum deus tribal ou nacional que teria sido desobedecido ou insultado individualmente, pelo grupo ou pelos ancestrais, donde deriva a noção de punição ou castigo pessoal ou comunitário, a ideia de possessão por algum tipo de espírito maligno ou demônio, ou à predestinação. Nestes casos, faz-se necessário reverter este estado de coisas através de oferendas para agradar a divindade, de ritos de exorcismo para afastar os maus espíritos, algum tipo de autopunição, abstinência, submissão aos tabus locais etc. Quando se trata de dor ou doença individual, o sujeito afetado busca a cura recorrendo aos poderes do mago ou do feiticeiro local. Em casos onde pestes atingem a comunidade, surge a figura do sacerdote encarregado do culto e sacrifícios rituais, com a finalidade de intermediar os favores e aplacar a ira das entidades ofendidas. Uns e outros aconselham comportamentos para acabar com a doença, ligados em um primeiro momento a práticas ritualísticas e posteriormente combinadas a normatizações dos comportamentos pautados por valores éticos. Interpretações éticas sobre a origem do sofrimento se desenvolveram com a racionalidade das concepções do mundo.

As religiões, mas não apenas elas, são peritas em oferecer sistemas simbólicos e interpretativos articulados a práticas terapêuticas para situações onde a doença, a dor e o sofrimento se fazem presentes. Vale lembrar que na concepção clássica *therapeía* é um conceito que se aproxima mais de uma conotação religiosa do que de um vocabulário estritamente ligado à medicina enquanto ciência, pois que indica antes de tudo motivação interior, disposição e ação para "oferecer assistência", "estar próximo", "cuidar de", "zelar por". De fato, em âmbito religioso a relação entre saúde e salvação é encontrada em várias expressões linguísticas. Em sânscrito, o termo *svastha* encontra equivalente tanto em "bem-estar" como em "plenitude", o mesmo acontecendo em formas nórdicas e anglo-saxônicas. Em grego, *sotér* refere-se tanto àquele que cura como àquele que salva. Na língua latina, o significado de *salus* é indicativo tanto de saúde física como de salvação do ser humano em sua plenitude. Também no hebraico o termo *shalom* designa "paz", "bem", "prosperidade", "integridade física e espiritual". *Axé*, expressão comum nas tradições afro-brasileiras, exprime "paz", "harmonia interior e cósmica", "equilíbrio", "força vital", "saúde". O mesmo vale para *shalam* na tradição islâmica. Muitas outras referências poderiam ser aqui apresentadas demonstrando articulação e dinamismo entre dimensões físicas, psicológicas, espirituais, sociais que caracterizam a cosmovisão holística do homem religioso, hoje recuperada e reintegrada em tantas abordagens presentes na medicina oficial.

Algumas observações se fazem necessárias antes de nos ocuparmos da temática proposta. A primeira delas é que o termo "religião" deriva de uma noção ocidental nem sempre encontrada ou perfeitamente adequada para exprimir sistemas de crenças de várias culturas. A segunda é que a realidade denominada "religião" nunca é encontrada em estado puro, ou seja, ela está sempre impregnada por visões de mundo, valores, práticas sociais, acontecimentos pertinentes à vida de muitos e tão diversos povos e culturas. No mais das vezes, os atores religiosos reinterpretam e ressignificam os materiais e bens culturais disponíveis em seu meio; ao fazê-lo interferem consciente ou inconscientemente na configuração da vida social. A terceira observação diz respeito a movimentos, transformações, continuidades, descontinuidades que afetam crenças e religiões ao longo do processo histórico. Esta observação justifica por que uma determinada formação religiosa pode em certos períodos apresentar peculiaridades que serão ausentes ou atenuadas em outros. Vale acrescentar que trocas genéticas e culturais são uma constante na vida de grupos e povos dada a frequência de deslocamentos, viagens, atividades ligadas ao comércio, invasões, deportações. Destas trocas, resultam sincretismos, ou se quisermos hibridismos religiosos, que se farão presentes em tradições orais ou escritas. Finalmente, as religiões não são blocos monolíticos; em torno de certos núcleos comuns gravitam interpretações, práticas e rituais diversos. É preciso ainda sublinhar que as religiões abrigam estratos eruditos preocupados com fundamentações de cunho filosófico e teológico, e outros caracterizados pelo pensamento mítico, voltados mais para a solução de problemas, para aspectos práticos e ritos eficazes do que para especulações abstratas e metafísicas.

Por certo, é impossível a este capítulo apresentar a imensa diversidade de compreensões e modos pelos quais as múltiplas tradições religiosas enfocam o adoecer, o sofrer e o morrer. Na necessária seleção, três grandes matrizes religiosas foram escolhidas: hinduísta, semita e afro-brasileira. Os critérios orientadores devem-se, sobretudo, às suas significações históricas por conterem matrizes interpretativas preliminares e decisivas para ulteriores sistemas de crenças, por serem suficientemente flexíveis para permitir desdobramentos e ressignificações de muitas de suas proposições, à difusão das cosmovisões que são portadoras para além de seus locais de origem, à capacidade de aglutinar em torno de seus eixos centrais valores e crenças preexistentes em culturas para onde se expandiram.

1. Tradições hinduístas: a libertação do apego rumo ao desapego

Hinduísmo é termo criado por ingleses na primeira metade do século dezenove, para designar o abundante conjunto de doutrinas, concepções e práticas religiosas que tem como berço os antigos habitantes do vale do Indo, que viveram aproximadamente entre 2500 e 1500 a.C. Na complexa realidade e expansão hinduísta estiveram presentes a influências dos brâmanes, mestres espirituais, bem como elementos provenientes da assimilação de divindades autóctones e devoções populares das regiões por onde foram difundidos seus princípios. Os mais antigos textos sagrados do hinduísmo védico compostos de orações, louvores aos deuses e reflexões sobre a origem e destinação do mundo encontram-se recolhidos nos Vedas (1500-800 a.C.), termo que significa "saber". Entre 800 e 330 a.C. os treze Upanixades, considerando a diversidade de estilos literários e doutrinários, concebem de maneira geral o ser humano como um microcosmo com mesma estrutura cíclica do macrocosmo. Conforme essa antropologia, não há no ser humano separação entre corpo e espírito, conforme entendem certos sistemas de pensamento ocidentais. É ele concebido como um ser compósito físico e espiritual, em cujo interior existe uma centelha divina imortal, ou atmã, âmago supremo dos seres, imanente ao corpo, ao coração, à mente. Cada ser participa e se nutre de uma realidade suprema, força vital, única e eterna, o brâman. Através da meditação, quando o homem mergulha no mais profundo de si, percebe que essa razão primordial e o atmã formam uma só unidade, portanto, o "eu essencial" está para além da dor, da fome, da sede, do sofrimento, da velhice e da morte. Alguns sábios upanixádicos ensinaram que quando o homem, esquecido de seu "eu" imortal, iludido pelas coisas passageiras deste mundo e a elas aferrado, após a morte renasce várias vezes para a vida mundana. Essa é pautada pelas doenças, acontecimentos traumáticos, sofrimentos e mortalidade, até que pelo conhecimento de sua verdadeira essência, pela abstenção da violência, pela renúncia de impulsos do desejo e de apegos ao que é ilusório, tratando os outros seres com bondade, venha a ser libertado de desejos das coisas efêmeras do mundo, dando fim ao ciclo morte-renascimento. Eis aqui uma concepção característica da espiritualidade hindu: a doutrina do carma, ou da ação, a maneira como o morto conduziu sua vida incide diretamente em seu ultrapassar o ciclo de renascimentos, bem como nas formas como esses renascimentos se darão.

Para a filosofia Samkhya, extremamente influente na Índia, que se afasta em muitas questões dos ensinamentos dos Upanixades, a vida humana é sempre insatisfatória, pois o apego a um falso "eu" desviaria do caminho para o encontro com o "eu profundo e absoluto", imortal não sujeito aos ciclos de mortes e renascimentos. O princípio do ego, entendido como falso "eu", é fonte de todos nossos problemas, pois que o "eu" é efêmero e acidental, adoece, enfraquece, míngua na velhice e por fim morre, para recomeçar todo o processo em outro corpo. Se quisermos superar a dor, o sofrimento, a insatisfação presentes na vida, resultados do carma de vidas passadas e das inter-relações entre vidas presentes, deveríamos reconhecer que o ego não é nosso verdadeiro "eu". Porém, como somos tolhidos pela ignorância e tristeza, pois que momentos de felicidade antecedem períodos de dor, a saúde alterna-se com a doença, a juventude culmina na velhice, a beleza e a vitalidade são transitórias ameaçando os desejos do ego, é necessário cultivar a autoconsciência que nos elevaria acima de nós mesmos, nos desvencilhando de toda forma de egoísmo e das ambições, nos libertando para uma realidade mais autêntica, e desta forma não mais haveria a necessidade de entrar em outro corpo mortal, preso ao tempo.

Nesta compreensão, a vivência e a aguda compreensão do sofrimento, da dor e da morte são inerentes à condição humana: o corpo é lugar de dor, assim como os objetos, as pessoas e os acontecimentos para os quais direcionamos nossos sentimentos conduzem ao sofrimento. Entretanto, longe de uma visão pessimista e fatalista, os sofrimentos são ocasião preciosa que permitem reconhecer a positividade da sabedoria e da prática do despojamento, pois que elas permitem identificar na turbulência da vida o desejo de libertar-se de suas amarras, controlando os pensamentos, a vida psíquica, as sensações, a suspensão dos sentidos, até a supressão do sofrimento e da dor. A experiência da dor, como lei da existência, pode assim ser considerada como fator estimulante para que o ser humano transcenda aos eventos próprios de sua condição. Para tanto, é preciso ter consciência de que a libertação do corpo, da dor, do sofrimento, da morte e do tempo, almejada pelo verdadeiro "eu", acontece após longo e intenso período de treinamento corporal, mental e moral, onde prevalecem ações e pensamentos justos, verdadeiros, bondosos.

Por volta do final do século V a.C., na região do Himalaia, Siddhartha Gautama, um jovem de alta posição social, talvez um príncipe, pôs-se a observar e a refletir sobre a existência humana. Vendo a realidade circundante constatou que todas as pessoas adoecem, envelhecem e morrem; que a dor e o sofrimento estão entranhados na vida de tal modo que felicidade, prazeres, posses, afetos, relações sociais nada mais são que eventos transitórios num mundo de impermanências onde tudo se decompõe. Se nada permanece de nada adianta ao homem fixar-se na família, nos bens materiais, nas propriedades. Por isso Siddharta renuncia à vida familiar e às posses. Une-se a um grupo de ascetas itinerantes e assume um novo tipo de vida, exercita o domínio do corpo, dos desejos e dos pensamentos através de jejuns e mortificações, buscando encontrar a redenção definitiva para o sofrimento. Porém, ao longo de anos, estas práticas lhe parecerão insatisfatórias para chegar a encontrar nesta vida algo estável e permanente que proporcione chegar à libertação dos desejos, da cobiça, do excessivo apego ao "eu", do medo, da insatisfação, da dor e do sofrimento. A esta libertação corresponde uma iluminação, que, ao dar sentido à existência, permite ao homem escapar do ciclo dos renascimentos após a morte biológica.

Como chegar a esse estado libertador e de iluminação, conhecido como estado de buda? Siddhartha o encontra e ensina que todos os humanos podem chegar a ele, renascendo em vida neste mundo para uma forma nova de conduzir, com esforço e disciplina, a própria existência. O *nirvana* vivenciado agora descarta a necessidade de novos nascimentos, interrompendo o ciclo de retornos a este mundo. Siddhartha desperto e iluminado é agora Buda. Ele envelhecerá, adoecerá, morrerá como todas as pessoas. Entretanto, algumas práticas permitirão a ele conviver com a doença e dor, assumi-las em serenidade, sem o sofrimento mental que provém da ânsia de viver, do apego às coisas passageiras, da ambição, do ódio. Essas práticas, acessíveis a todos, são uma boa e libertadora notícia. Alguns passos devem ser dados nesta direção: o sentimento de amor incomensurável dirigido a todas as criaturas, afastando o ódio, a injustiça, a mentira; aprender a sofrer com todos os seres que sofrem, compadecendo-se com o sofrimento alheio; alegrar-se com todos os que se alegram, sem resquícios de inveja ou cobiça; ser capaz de transcender à dor, ao sofrimento, ao apego ao ego, abrindo todo o seu ser em pensamentos e atitudes de benevolência, afeto, altruísmo desinteressado, compaixão universal. Diante do ascetismo e suas mortificações, aos que se apegavam às efêmeras riquezas do mundo e à egolatria Buda ensinava o que é denominado "caminho do meio" a ser percorrido por todo aquele que não se deixa levar pela ilusão dos prazeres passageiros nem pela autopunição, fazendo o possível para viver em harmonia e paz em um mundo de dor. Sob esta ótica nem a busca do prazer nem a do sofrimento desnecessário deve ser colocada como meta para aqueles que desejam alcançar a harmonia libertadora.

2. Tradições semitas: Deus criador não abandona o homem por ele criado

Do Oriente Médio, identificado em textos da bíblia hebraica como terra de Sem – donde semita –, filho de Noé e ascendente de Abraão, emerge uma frondosa tradição de cujas raízes nutrem-se e sob sua copa se abrigam o judaísmo, o cristianismo e o islamismo, milenares tradições monoteístas. Os temas que nos ocupam somente podem ser entendidos a partir da crença comum em um Deus criador que por iniciativa própria, em perfeita liberdade e total gratuidade, pôs e continua pondo o universo na existência, ou seja, continua criando. Sobre esse fundamento se erige uma cosmologia tecida com base nas relações entre o Criador e suas criaturas, sejam elas seres inanimados ou animados, sujeitas cada qual conforme sua natureza às leis e às dinâmicas próprias de seus princípios organizadores, que em Deus encontram sua origem. Alia-se, assim, o projeto do Criador à liberdade do mundo criado.

Vagarosamente, e não sem dificuldades, nas tradições monoteístas foram construídas antropologias que entendem o ser humano em uma visão unitária, estruturada com base em suas inseparáveis e autorreferentes dimensões: corpórea e anímica, racional e afetiva, individual e coletiva, histórica e transcendente. Essa visão é herdeira criativa do pensamento monista hebraico, ou seja, aquele que não separa as funções espirituais das funções vitais do corpo. Nesta tradição encontramos, por exemplo, o termo *nefesh*, que aparece cerca de 750 vezes na bíblia hebraica, e significa "garganta", "pescoço", "respiração", "sopro de vida". A vida é relacionada de tal modo a um corpo vivo que, quando nos textos bíblicos diz-se que a "garganta" sente fome, se entende que não se trata de um órgão em separado, mas é o homem todo que sente fome. Já a palavra *ruah*, que ocorre 389 vezes na mesma fonte, é entendida como "exalar", "soprar" como também "respiração", "vento", "espírito", sendo indicativa de uma relação dinâmica entre Deus e o ser humano, criatura que pelo sopro ou respiração divina inalada se torna vivente, ou seja, aquele que respira. Já o termo *basar* exprime tanto "carne" como é também indicativo não do que o homem tem, mas daquilo e de quem ele é. Neste sentido lato significa o ser humano completo, podendo significar também "parentesco" ou "família". Nesta acepção, quando nos textos da bíblia hebraica surge a expressão "toda a carne", ela pode ser indicativa de "toda a humanidade" em sua condição de criatura perante Deus. Sob esta ótica, o ser humano vivente é corpo animado, ou seja, é corpo-alma, unidade de dois princípios, de duas ordens ontológicas diversas e interligadas formando uma unidade integrada, singular e original que recebeu e traz em si o sopro da respiração ou hálito divino vivificante do Criador, e que por isso mesmo se faz presente e transcende a existência corpórea.

Desde os primórdios das tradições semitas, entre continuidades e descontinuidades, havia, e ainda vigoram, algumas compreensões que estabelecem íntima relação entre a doença, a dor o sofrimento e a morte a possíveis desvios humanos, diante dos princípios e comportamentos pessoais e coletivos cujas regras seriam dadas por Deus. Para aqueles que pensavam, e ainda pensam assim, o Deus criador é também um Deus legislador e juiz que pune aqueles humanos que, fazendo uso do livre-arbítrio que lhes foi outorgado, conscientemente optaram por desobedecer aos mandamentos e leis divinamente estabelecidos. Resulta dessa compreensão que à dor corpórea provocada pela doença soma-se o sofrimento que advém do sentimento de culpa. Em tais avaliações pautadas por uma justiça retributiva, em última instância, o ser humano é o responsável maior pelos males que o afligem. Restam-lhes duas atitudes: aceitar passivamente a doença tida como merecida e procurar, em caso de cura, pautar a vida pelos critérios dados por Deus.

Para além de uma compreensão da doença como meramente retributiva ou imbuída de caráter moralizante, aqui se faz necessário ressaltar que nas tradições que agora nos ocupam se confere o devido espaço para o fato de que muitas doenças, dores e mortes decorrem de excessos ou omissões humanas, pelo que seriam perfeitamente evitáveis. Na Torá, no profetismo judaico, nas exortações rabínicas, nas palavras e gestos de Jesus consignados nos Evangelhos, nas Cartas Apostólicas, nos ensinamentos encontrados em diversos tempos das Igrejas cristãs, no Alcorão e ditos do profeta Mohammad, o egoísmo, a ganância, a cobiça que se concretizam historicamente em formas de exploração, opressão, injustiça, desamparo a que são submetidos os pobres são denunciados entre as causas da fome, da sede, da falta de moradia e vestuário, imprescindíveis para a preservação da vida e manutenção da saúde. O humanismo semita vincula inexoravelmente o discernimento ético sobre o agir humano à revelação dos desígnios divinos que preconizam como valor a conservação e o aperfeiçoamento das condições necessárias à vida humana.

Hoje, estas religiões não cessam de apontar que o imenso fosso entre países e populações ricas e miseráveis, a falta ou precariedade de saneamento básico, a desnutrição endêmica, o não acesso aos necessários bens materiais e culturais, o uso abusivo de agrotóxicos, a poluição ambiental, o tráfico e a dependência química e alcoólica, as dificuldades em conseguir a tempo hábil atendimentos médicos e medicamentos necessários, a corrida armamentista, as guerras, o terrorismo e as muitas formas de violência perfilam entre as responsabilidades humanas pelos danos à saúde e à vida, pelo que destroem parte da obra da criação. A humanidade estabelece assim rejeições à vontade de Deus revelada aos humanos ao deixar de promover, como lhe cabe como tarefa divinamente instituída, a preservação da natureza da qual somos parte integrante.

Nas formulações mais atuais de significativos extratos das muitas correntes teológicas que sempre estiveram presentes nas milenares tradições monoteístas, como os demais seres vivos criados por Deus, o ser humano por sua condição de criatura é finito, limitado, contingente, efêmero, sujeito a processos naturais que alternam doença e saúde, dor e bem-estar, nascimento e morte. Estes processos inerentes à condição humana não resultam de castigos divinos, não constituem valor em si mesmos, portanto, não devem ser procurados, autoinfligidos ou vividos em total passividade. Pelo contrário, cabe aos humanos como seres livres, racionais e criativos desenvolver saberes e tecnologias que objetivam curar doenças, controlar e minorar as dores e os sofrimentos, manter e prolongar a vida de maneira o mais satisfatória possível. Estas atividades humanas são entendidas como manifestação visível da contínua ação criadora e salvadora de Deus que não abandona suas criaturas.

Com efeito, em muitas expressões antropológicas semitas os humanos são entendidos como sujeitos às leis da natureza, inseridos e agentes na história comum da humanidade. Nelas prevalece, sob o signo da Aliança, a concepção de um Deus que por ser amoroso e misericordioso, sem sufocar ou manipular a natureza e nela os humanos, não se desinteressa ou abandona suas criaturas. Antes, Deus se faz presente em suas inevitáveis doenças, dores, sofrimentos e mortes. Os textos sagrados das tradições judaicas, cristãs e islâmicas, atentas para a unidade integrada do humano, alertam para o fato da presença compassiva de Deus nestas circunstâncias; pode ser visibilizada, sobretudo, pelas atitudes humanas solidárias para com aqueles que sofrem em consequência de doenças que afetam tanto o corpo como a mente. Alertam que a alienação humana da consciência da própria dignidade pode decorrer de relações sociais injustas, exclusivistas e preconceituosas que devem ser banidas da sociedade e substituídas por relações fraternas e hospitaleiras. Dessa maneira, a aliança entre Deus e os humanos se presentifica, entre outros modos, pela prática da aliança solidária que as pessoas estabelecem entre si. Eis por que na longa história das práticas médicas e dos cuidados com os enfermos encontramos os monoteísmos fornecendo fundamentos teológicos e exemplos de pessoas e grupos religiosos empenhados em ações destinadas à cura, ao alívio da dor, ao conforto físico, mental e espiritual dos adoecidos.

No cerne destas iniciativas estão também as convicções referentes à dignidade fundamental da pessoa humana, concebida como criatura de Deus, que a faz, independentemente da cor, da posição social, do grupo étnico, das crenças, dos comportamentos e atitudes que tenha tido, ser inalienavelmente merecedora de respeito e cuidados. A dor, a doença e a morte podem assim ser entendidas como oportunidades para a instalação da solidariedade fraterna universal, tanto por parte dos cuidadores como dos que recebem os cuidados ao se perceberem acolhidos por outros em suas dificuldades e fragilidades. Sendo assim, não são poucos os que, ao cuidarem e serem cuidados, fazem experiências significativas sobre o sentido de suas existências e descobrem no outro uma presença e manifestação, ainda que velada, do divino.

Como nas tradições por sobre as quais agora nos debruçamos predomina a compreensão da unidade inseparável entre espírito e matéria, é possível que a experiência psiquicamente benéfica, auferida dos cuidados e da dedicação amorosa recebidos pelos enfermos, penetre até o nível corporal intimamente unido à psique, e se manifeste em forma de maior esperança, confiança, força e bem-estar, auxílios não raramente eficazes em processos de cura.

3. Tradições afro-brasileiras: a doença provém do equilíbrio perdido

Compreender as maneiras pelas quais a doença e a cura são enfocadas no Candomblé, denominação que reúne e ressignifica várias tradições religiosas africanas, implica buscar eixos fundamentais comuns na multiplicidade de interpretações que caracterizam os diversos terreiros. Tal se deve aos vários grupos étnicos africanos, cada qual com sua língua, costumes, divindades e práticas rituais, que foram arrancados de seus contextos culturais de origem. É necessário considerar que nos longos períodos de viagem a bordo dos navios negreiros, grupos e famílias foram desfeitos e misturados, os vários lugares para onde foram levados pelos mercadores e compradores de escravos, bem como a cristianização forçada a que foram submetidos. É necessário sublinhar que, entre os esforços que os escravos envidaram para sobreviver no exílio, destaca-se aquele relativo à criatividade que, através de processos sincréticos entre as diversas tradições africanas e entre elas e o catolicismo, tornou possível a conservação de valores e crenças capazes de se constituírem, de alguma maneira, como pontos de referência básica para o entendimento, proteção e organização da vida. A diversidade dos terreiros deve-se também às formas pelas quais são fundados, bem como à liberdade de cada mãe ou pai de santo adotar, na ausência de um poder centralizador, maneiras singulares de conduzir a casa e a comunidade a que preside. Que não nos esqueçamos de que estamos diante de uma religião pautada pela tradição oral, pela ausência de rubricas litúrgicas estabelecidas como obrigatórias para todos os terreiros. Hoje, muitos deles estão encetando uma empreitada de dessincretização ou africanização, buscando desvencilharem-se de resíduos católicos, recuperando as línguas originais, incentivando uma volta às fontes originárias da religião.

Na busca de fundamentos religiosos comuns que repercutem no entendimento da doença, do sofrimento e das práticas curativas, encontramos a crença em dois níveis ou duas possibilidades intercomunicantes de existência no universo: o *Aiye*, a terra e o mundo dos homens, e o *Orum*, o mundo sobrenatural que engloba o *Aiye*. O *Orum* é mundo dos orixás, das existências espirituais e dos *eguns*, que são espíritos dos antepassados falecidos. Como inicialmente não haveria dois níveis de existência,

Viver, adoecer, sofrer e morrer nas religiões

a incorporação no cerimonial é o momento privilegiado para recompor a unidade perdida, quando por ocasião do culto religioso, ao ritmo de tambores e cantos, os orixás recebem um corpo para dançar. Esta unidade consiste no equilíbrio, na harmonia, na integração entre o *Aiye* e o *Orum*.

A cosmologia do Candomblé desdobra-se em uma antropologia na qual o ser humano é formado por um corpo que se decompõe na morte e um componente espiritual formado de várias unidades: o *ori*, a personalidade distinta que define a individualidade; o *egum* ou espírito, a alma que reencarna em ligação com a ancestralidade da pessoa e da comunidade; o *orixá* pessoal, que liga a pessoa à natureza; e o *emi*, sopro vital que permite a vida. Dessa maneira, a pessoa é compreendida como indivíduo em relação com os orixás, com a comunidade humana, com a natureza, com todo o *Aiye*. Estas ligações são decisivas tanto para a liberação como para a troca do *axé*, termo que designa a força vital que se reverte tanto para a dinâmica individual como comunitária. O Candomblé objetiva manter a harmonia entre o *Aiye* e o *Orum*, entre os orixás, os seres humanos e a natureza na qual a água, a fauna, a flora, o ar, os ventos, a terra, os metais e as rochas são depositárias e sedes de *axé* vitalizador. Todas as ações humanas, cotidianas e ritualísticas, todos os acontecimentos são interpretados a partir desta cosmologia e antropologia. Canto, dança, ritmo e movimento são decisivos para a circulação e fortalecimento do *axé*, integrando, através da incorporação e em harmonia, deuses e homens, corpo e espírito, a pessoa e a comunidade, o passado mítico e o presente, invocações e ensinamentos. No Candomblé, assim como em outras agências religiosas, os ritos iniciáticos para o desenvolvimento do conhecimento dos mitos fundadores, das práticas religiosas adequadas, do potencial mediúnico dos fiéis, obedecem a regras e investimentos exigentes no que se refere ao tempo disponibilizado e aos custos financeiros. Vale lembrar que tanto o Candomblé como a Umbanda são religiões mágicas, o que pressupõe procedimentos ritualísticos bastante precisos para fazer uso correto das forças sobrenaturais que objetivam intervenções neste mundo.

No contexto candomblecista, uma doença não diz respeito a um determinado componente do corpo humano, mas sim à pessoa como um todo, sendo consequência da perda de equilíbrio, da desarmonia que se instaurou enfraquecendo a força vital que mantém a existência. É, pois, necessária a implantação da ordem identificada com a saúde em oposição à desordem que ocasiona desequilíbrios físicos, emocionais, sociais e espirituais que geram as doenças. Com frequência, o diagnóstico e a prática terapêutica iniciam-se com os jogos de búzios, repetidos tantas vezes quanto forem necessárias, a fim de que o pai ou a mãe de santo possa perguntar e escutar o que os orixás têm a revelar, possa ouvir demoradamente a história de vida e as queixas do consulente, refazer a cada passo novas perguntas ao oráculo. No processo, o pai ou mãe de santo deve interpretar, traduzir e contar ao paciente por que ele está

69

sofrendo, fornecendo-lhe uma interpretação espiritual sobre a origem de seus males, bem como encaminhamentos religiosos para debelá-los, ou seja, o que deve ser feito, para quem deve dirigir seus pedidos, orações e oferendas, as obrigações que tem que cumprir e por quanto tempo. Somente depois destas informações são feitos os "sacudimentos" rituais para afastar o que perturba a harmonia, recuperar e fortalecer o *axé*.

Dessa maneira, a pessoa em sofrimento tem a oportunidade de perceber e articular questões terrenas ou imanentes às dimensões espirituais ou sobrenaturais da existência, originando-se assim uma visão mais ampla e confortadora na medida em que sabe poder contar com outros recursos para lidar positiva e eficazmente com os males que a afligem. Dois orixás podem ser acionados para promover a cura: Omolu, também chamado Obaluayê ou Xapanã, é o orixá da medicina que tanto pode espalhar doenças como curá-las. No sincretismo, é identificado com São Roque, São Lázaro ou São Benedito. O outro orixá é Ossaim, senhor do *axé* presente na vegetação, nas ervas e nas folhas. Entra aqui o importante papel dos sacerdotes que detêm os conhecimentos rituais e medicinais relacionados à coleta, preparação, mistura, dosagem e efeitos de cada erva e seus poderes curativos administrados em forma de bebidas, unguentos, banhos purificatórios. Os procedimentos religiosos curativos não são considerados incompatíveis com aqueles provenientes da medicina oficial. Cabe ao adepto, caso queira, fazer uso de ambos os recursos.

Tal como o Candomblé, a Umbanda integra o leque das diversificadas religiões mediúnicas presentes no vasto campo religioso brasileiro. A recente formação da Umbanda por volta das primeiras décadas do século XX, acompanhando as transformações culturais do processo de industrialização e urbanização, contribui para dar-lhe o perfil de uma religião em processos de sedimentações e transformações. Porém, desde seus momentos iniciais até nossos dias sua característica fundamental está em ser uma religião que considera o sincretismo como valor, sendo flexível e aberta para incorporar, através de releituras e ressignificações singulares, contribuições consideradas valiosas provenientes de várias tradições religiosas. Eis por que, em seus centros, tendas, templos, ou igrejas encontram-se traços de sistemas simbólicos, rituais e crenças integrantes de tradições indígenas, africanas, católicas, kardecistas, e mais modernamente, e com menos frequência, de raízes orientais. À revelia de certos estratos umbandistas em busca de princípios e práticas unificadoras, reunidos em várias federações, nem sempre concordes entre si, predomina a liberdade de culto e expressão, ou seja, a diversidade entre várias casas ou centros.

Entre os pontos comuns encontrados na diversidade do campo umbandista estão: a intercomunicação entre as dimensões materiais e espirituais da existência; a crença na reencarnação em perspectiva evolucionista; a realidade de forças ou entidades não evoluídas ou de esquerda, às quais por faltar luz e bondade podem trabalhar para o mal; o transe ou a incorporação de entidades, guias e orixás; a gira ritual, o canto, a dança, a prece; a importância conferida à comunidade de fiéis; o dom mediúnico oracular; o incentivo para que clientes em busca de soluções para seus problemas desenvolvam seus potenciais mediúnicos através de ritos de iniciação e participação na vida da comunidade; a presença dos pais ou mães de santo; as consultas aos espíritos incorporados, com frequência denominados "guias"; o passe entendido como um dos procedimentos para recompor o equilíbrio energético dos corpos e mentes. A prática da caridade, efetivada através de aconselhamentos e práticas rituais, para com os vivos e os mortos é incentivada e entendida como mediação para que uns e outros se desenvolvam espiritualmente a caminho da retidão, da luz, da plenitude existencial. Dessa maneira é desenvolvida uma compreensão solidária que fraterniza os vivos e os mortos. Como no Candomblé, toda a natureza é considerada fonte viva de *axé*, donde sua importância para rituais religiosos. Dessa forma, vivos e mortos, orixás, entidades e humanos, a natureza em suas diversas apresentações são entendidos como partícipes de um único e indivisível cosmo.

Sendo assim, no que se refere à origem da doença na Umbanda admite-se a conjugação de causas naturais e causas sobrenaturais, sendo que as segundas predominam sobre as primeiras. Eis por que há doenças que os médicos podem curar, enquanto há outras que, por serem de ordem espiritual ou resultantes da articulação entre causas naturais e espirituais, a eficácia curativa pertence, sobretudo, aos ritos religiosos adequados. Por isso, com frequência se diz que à Umbanda se chega pela dor ou pelo amor. Com efeito, conforme pesquisas e entrevistas de muitos estudiosos sobre depoimentos de adeptos, de clientes ocasionais, de pais e mães de santo, no mais das vezes as pessoas procuram a Umbanda na esperança de solução não encontrada em outras agências religiosas ou em recursos disponibilizados pela medicina oficial para debelar suas doenças e sofrimentos de natureza física, psíquica, emocional, social.

Por que se adoece? Conforme a resposta religiosa umbandista, várias podem ser as causas: pela necessidade de desenvolver uma mediunidade represada, pela quebra de equilíbrio vital provocada por relaxamento no cumprimento de deveres religiosos, por maus fluidos, por espíritos ou entidades sem luz que se encostam ao doente, por trabalhos feitos para ocasionar moléstias, por rupturas de relações, mortes de pessoas queridas ou que não receberam os ritos necessários por ocasião de seus falecimentos ou que não foram perdoadas ou perdoaram; por desequilíbrios afetivo- -espirituais; pela frustração causada por fracassos nos negócios; por percorrer caminhos perigosos ou tenebrosos.

A função terapêutica umbandista implica tanto o diagnóstico facilitado pela audição da história de vida e dos males que afligem o consulente, o trabalho de consulta mediúnica, como o trabalho terapêutico através do passe ritual, da prescrição de banhos para fins de purificação e fortalecimento, da utilização ritual do potencial energético e regenerador das ervas, da dádiva ou oferenda propiciatória aos orixás e entidades.

Nas giras de Umbanda nem todos os espíritos descem para "trabalhar", ou seja, para aconselhar, diagnosticar, dar passe ou consulta, propor práticas curativas para o corpo, para a mente, para a vida social e espiritual. Entre os guias que descem para "trabalhar" e fazer o bem, como espíritos "curadores", estão os Caboclos que por sua experiência nas matas conhecem os poderes curativos das ervas para banhos de descarrego ou para serem preparadas em forma de medicamentos. Os Caboclos receitam também banhos com sal grosso e uso de vestimentas com cores adequadas, bem como defumações purificatórias da pessoa e aconselhamentos e pródigos de bênçãos, tranquilizando com muita bondade e afeto as pessoas aflitas que procuram ajuda. Por terem vivido em locais ainda não urbanizados, conhecem os segredos das ervas medicinais e as recomendam para a elaboração de chás, unguentos e banhos.

Tanto no Candomblé como na Umbanda é possível encontrar um vasto repertório de conhecimentos provenientes de tradições indígenas, africanas e ibéricas referentes a propriedades curativas de inúmeros vegetais. Pais e mães de santo, assim como as benzedeiras populares brasileiras, exercem funções terapêuticas que conjugam a audição e interpretação das queixas sobre a saúde, toques corporais e gestos de acolhimento e bênção, conforto espiritual, ritos propiciatórios eivados de magia, expectativas positivas quanto à extirpação dos males, utilização de produtos encontrados na natureza. Como sedes autônomas de medicina popular tradicional, operam à parte dos controles sanitaristas e dos conselhos de medicina, atentos e necessariamente críticos quanto às práticas ilegais da medicina, seja pela atuação de charlatões, seja pelos resultados nefastos que podem ser provocados pelo uso indevido e pretensamente curativo de pomadas, beberagens, unguentos, defumações etc.

4. Finalizando

As atitudes humanas na vigência da doença, da dor e da morte podem seguir várias direções. Entre elas podemos identificar a revolta, a passividade, o abandono de toda a esperança, a negação do sentido da existência, o encapsulamento em si mesmo. A experiência humana da dor, por vezes, implica uma busca inconsciente ou consciente, implícita ou explicita de bem-estar e felicidade, desejo de superação de condições adversas, estabelecimento de situações mais harmônicas para a existência. As religiões que tivemos oportunidade de apresentar neste breve artigo, também elas frutos do pensar humano, seguem nessa direção. Cada uma, a modo próprio, oferece referenciais para que os doentes, e aqueles que os acompanham, alarguem as dimensões do quadro onde a dor se insere. Entre os múltiplos significados religiosos aqui descritos, há pontos comuns que podem ser identificados, como os referentes a compreensões sobre a pessoa humana não ser redutível à matéria estritamente biológica ou física. Propõem como sendo constituinte do humano a dinâmica integrada de dimensões corpóreas, psíquicas, espirituais, sociais, cósmicas, ultrapassando limites da radicalidade empírica, abrindo horizontes onde imanência e transcendência se conjugam. Sem negar a dor e seu mistério, as religiões recusam-se à inércia; pelo contrário, oferecem possibilidades de experiências menos traumáticas e até mesmo curativas. Apresentam a positividade da prática de valores como bondade, compaixão, solidariedade, fraternidade universal.

Instigados pela realidade da doença, da dor, do sofrimento e da morte, os humanos, em contextos culturais vários, elaboram profundas reflexões sobre a condição humana expressas em chave mitológica, filosófica, antropológica, sociológica e teológica. Nesse sentido, são acionados o desejo e a leitura da realidade, a emoção e a razão, a constatação do que é e do que poderia ou deveria ser nosso existir. Ao apurar-se o conhecimento do ser humano sobre o ser humano, para o qual concorre a evolução das ciências biológicas e das práticas médicas, são descortinadas possibilidades menos sofridas para a vida humana. Por essas razões é de esperar que, entre representantes das religiões e das ciências em geral, cada vez mais sejam estabelecidos diálogos, que a partir de construtos epistemológicos próprios permitam transitividade de valores, críticas e inegáveis conhecimentos.

5. Referências bibliográficas

A Bíblia de Jerusalém. São Paulo: Paulus, 1981.

ARMSTRONG, Karen. *Uma história de Deus*; quatro milênios de busca do judaísmo, cristianismo e islamismo. São Paulo: Companhia das Letras, 1994.

_____. *A grande transformação*; o mundo na época de Buda, Sócrates, Confúcio e Jeremias. São Paulo: Companhia das Letras, 2008.

BERKENBROCK, Volney J. *A experiência dos orixás*; um estudo sobre a experiência religiosa no candomblé. Petrópolis: Vozes, 1998.

FARELLI, Maria Helena. *As plantas que curam e cortam feitiços*. Rio de Janeiro: Pallas, 2002.

HAMMADUH, Abdalati. *O islam em foco*. São Bernardo do Campo-SP: Centro de Divulgação do Islam para a América Latina,1989.

KÜNG, Hans. *Religiões no mundo*; em busca de pontos comuns. Campinas-SP: Verus Editora, 2004.

O significado dos versículos do Alcorão Sagrado; versão portuguesa diretamente do árabe. Trad. Samir El Hayek. São Paulo: MarsaM Editora Jornalística, 2001.

PRANDI, Reginaldo. *Segredos guardados*; orixás na alma brasileira. São Paulo: Companhia das Letras, 2005.

RUBIO, Alfonso García. *Unidade na pluralidade*; o ser humano à luz da fé e da reflexão cristãs. São Paulo: Paulus, 1989.

SARACENI, Rubens. *A umbanda sagrada*; religião, ciência, magia e mistério. São Paulo: Madras Editora, 2001.

TERRIN, Aldo Natale. *O sagrado off limits*; a experiência religiosa e suas expressões. São Paulo: Loyola, 1998.

CAPÍTULO V

Saúde e teologia: um olhar crítico sobre a teologia da retribuição

Rafael Rodrigues da Silva

No antigo Israel encontramos referências a uma teologia da doença e da saúde nos textos da Torá, na Profecia e nos Escritos. No entanto, o enfrentamento às situações de dor, sofrimento e doença, em conexão com a busca de saídas e a construção de um saber sobre a saúde e o bem-estar do corpo social, levantará questionamentos à teologia da retribuição e seu funcionamento como legitimação de *status* doentio na sociedade. A teologia da retribuição, tratada também como doutrina da retribuição, estabelece uma lógica de causa e efeito diante da atitude e ação do fiel, principalmente no tocante aos temas de julgamento divino, da doença, castigo, saúde, salvação, morte, entre outros. José Vílchez Lindez, ao tratar do tema da sabedoria na tradição de Israel, aponta para estas preocupações e tendências moral-teológicas nos povos vizinhos a Israel.[1] Na sabedoria de Israel nos deparamos com as reflexões elaboradas nos livros de Qohelet (Eclesiastes) e Jó, colocando em questão tal teologia e discurso legitimador de situações de dominação. Esta sabedoria questionadora entrou em choque com a construção de uma teologia ritualista e excludente calcada na afirmação da fé em Iahweh como Deus único. Esta teologia de cunho palaciano, teocrático, templário e citadino tornou Deus refém das situações de riqueza e pobreza. Pois, de um lado, a bênção de Deus garante saúde e bem-estar econômico para seus adoradores e, por outro, a situação de pobreza era vista como sinal do castigo e punição de Deus para aqueles que foram infiéis. Seguindo a trilha da tese de Sandro Galazzi,[2] poderemos afirmar que a teologia da retribuição se insere num dos mecanismos de opressão da religião no período pós-exílico.

---

[1] VÍLCHEZ LÍNDEZ, *Sabedoria e sábios em Israel*, p. 59.

[2] *Alguns mecanismos de opressão do segundo templo.*

A partir dos textos e das experiências cotidianas aí condensadas, buscaremos compreender estes questionamentos sob dois momentos: (1) a doença e a saúde na antiga tradição de Israel e no tempo de Jesus; (2) a teologia da retribuição e a crítica dos sábios contra o seu não funcionamento ou distorção.

1. Doença e saúde no antigo Israel

A doença era vista como sinal de maldição, principalmente aquelas consideradas demoradas e que levavam a pessoa a perder o sono (cf. Eclo 30,17; 31,2).

Havia uma velha teoria em Israel de que a enfermidade era castigo de Deus. A pessoa enferma seria alguém culpável, pecador, que, em algum momento, transgredira a lei de Deus. A enfermidade era um sinal de morte. Uma pessoa enferma era considerada alguém que quase já pertencia ao mundo dos mortos. A única saída para estas pessoas era voltar a Deus, confessar os pecados e rezar para que Deus as tirasse do poder maligno da morte.[3]

A tradição por trás dos textos bíblicos apresenta a doença como castigo de Deus,[4] resultado do pecado (cf. 2Cr 26,16-20; 1Sm 5,6; Jo 9,2) e transgressão dos mandamentos da Lei de Deus. Seria uma forma de punição pelo abandono da observância das leis e dos preceitos (cf. Lv 26,25; Dt 28). Para Moacyr J. Scliar,

> a doença quase sempre é vista como punição, mas esta punição vem do Senhor: "Se não me escutardes e não puserdes em prática todos estes mandamentos, se desprezardes as minhas leis [...], porei sobre vós o terror, a tísica e a febre" (Levítico, 26:16). Mas aqueles que cumprem os preceitos divinos têm outro destino: "Servireis ao Senhor vosso Deus e ele abençoará vosso pão e vossa água e afastará de vosso meio as enfermidades" (Ex 23:25). Deus é o médico por excelência: "Eu sou o Senhor que te curou (Êxodo, 15:26). A figura do médico praticamente inexiste no Antigo Testamento. Em alguns casos os profetas, intermediários da divindade, realizam curas, até milagrosas.[5]

Sobre a descrição das doenças na Bíblia, Carlos Mesters nos apresenta o seguinte quadro das definições:

> Na Bíblia, o estudo das causas das doenças é pouco desenvolvido. Eles não sabiam fazer um bom diagnóstico. Por isso, os nomes que a Bíblia dá às doenças são bastante primitivos, pouco variados e muito genéricos: tumores ou úlceras (Dt 28,27; 2Rs 20,7), tuberculose ou tísica (Dt 28,22), fratura dos ossos (parece ser um nome

---

[3]   ZWETSCH, Saúde holística e métodos indígenas de cura em perspectiva teológica, p. 54.

[4]   Forte influência das visões egípcia e mesopotâmica. Veja BERGER, Why medicine?, p. 16.

[5]   SCLIAR, *Da Bíblia à Psicanálise*, p. 19.

Saúde e teologia

genérico para indicar qualquer doença (Sl 22[21],15; 51[50],10; Lm 3,4), febre (Lv 26,26; Dt 28,22; Mc 1,30), doenças de pele (Lv 13,14; Dt 28,27), doença de umbigo (Pr 3,8 conforme a tradução da SBB), peste (Lv 26,25; Jeremias fala muito de peste, fome e espada: Jr 21,7-9; 24,10; 27,13 etc.), feridas (Is 1,6), cegos, coxos, surdos, mudos (Is 35,5-6) etc.[6]

Nesta direção, não encontramos muitos casos de doença e cura na Bíblia hebraica em comparação com os relatos que aparecem nos Evangelhos. Calisto Vendrame apresenta uma relação dos doentes mencionados no Antigo Testamento e a proposta de uma reflexão teológico-pastoral.[7]

A cura das doenças era alcançada através da oração e de práticas de penitência: Davi reza e faz jejum pela cura de seu filho enfermo (2Sm 12,15-23), no livro dos Salmos temos vários pedidos de cura (Sl 6; 38; 41; 88 etc.) e pedido de perdão dos pecados como forma para ter saúde (Sl 32). Também os profetas, muitas vezes tomados como curandeiros, visionários e consultadores, eram chamados para realizar curas e orações pelos doentes, tais como Elias (1Rs 17,17-24), Eliseu (2Rs 4,8-37) e Isaías (Is 38,1-6 e 2Rs 20,1-11). Na profecia, em algum momento encontramos profetas rezando por algum enfermo (Is 38,1-6; 1Rs 13,6); previsão de cura de cegos, coxos, surdos e mudos (Is 29,18; 35,5-6), ou seja, circula uma tradição sobre a profecia curandeira de Isaías. Dessa forma, vai-se construindo uma noção de que a observância das leis e mandamentos era a garantia de saúde e bem-estar, ao passo que o não cumprimento da lei resultava em doenças e situação de pecado (Dt 28 e o elenco deuteronomista de bênçãos e maldições). Os ensinamentos dos sábios, no período pós-exílico, apostam na prática da moderação e da temperança como caminho para ter uma vida saudável (Eclo 31,19-24; 37,27-31).

2. Doença e saúde nos tempos de Jesus

A Galileia, no primeiro século, é marcada por uma realidade de agravante pobreza. O forte sistema de cobrança de impostos dos romanos acelerou a miserabilidade e o processo de empobrecimento. Em poucos anos aumentou o número de empobrecidos na Galileia e na Judeia. Roma rouba a terra e exige pesados tributos dos desterrados. As consequências da ação dos romanos na vida do povo são perceptíveis: na mudança da política de propriedade e de exploração da terra (numa leitura atenta das parábolas do semeador e dos vinhateiros iremos descobrir a política agrária dos romanos); no aceleramento do processo de urbanização (as cidades cada vez

---

[6]   MESTERS, *Os profetas e a saúde do povo*, p. 4.

[7]   VENDRAME, *A cura dos doentes na Bíblia*, pp. 21-42.

77

mais inchadas pela exclusão das camadas empobrecidas) e nos constantes projetos de colonização.

Devemos perceber nos Evangelhos a grande presença dos doentes (cegos, coxos, paralíticos, mudos, surdos...) como produto desta ostensiva exploração na Galileia. Que a presença romana aprofundou os conflitos agrários e a concentração de terras para alguns detentores de poder econômico, já sabemos; no entanto, faz-se necessário analisar com precisão a escalada de marginalização social que foi produzida pela pesada carga de impostos exigidos por Roma. Houve um crescimento assustador da marginalização social e da exclusão, devido à concorrência pela sobrevivência entre os pobres, fomentada pela expropriação promovida pelo império e pelas elites da Galileia e da Judeia. O processo de expropriação tirou o espaço e a participação dos doentes na comunidade. Os doentes e enfermos foram gradativamente excluídos do convívio social e do mundo do trabalho pela política econômica romana. Vale salientar que, naqueles tempos, quem tinha algum problema físico era tomado pelo sistema religioso de pureza como alguém impuro e que estava em situação de pecado ou de castigo. Nesse sentido, os doentes são excluídos pelo sistema religioso e pelo sistema socioeconômico.

Sem espaço e sem vez na sociedade, os doentes perambulam pelas ruas das cidades da Galileia e da Judeia. Nazaré, Carfanaum, Samaria e Jerusalém estão marcadas pelo grande número de empobrecidos que por aí circulavam. Se atentarmos para o caso do cego Bartimeu, registrado nos Evangelhos (Mc 10,46-52; Mt 20,29-34 e Lc 18,35-43), veremos que ele, além de cego, é um pobre pedinte. O cego Bartimeu é um dentre os muitos doentes que são enxotados para as grandes cidades: "Na beira do caminho havia um cego que se chamava Bartimeu, o filho de Timeu; estava sentado, pedindo esmolas" (Mc 10,46). Sabemos que, no antigo Israel, a cegueira, em alguns casos, era provocada por uma degeneração física ou, noutros casos, fazia parte dos mecanismos de guerra, pois era costume em guerras cegar o inimigo derrotado (veja 1Sm 11; Jz 16,21; 2Rs 25,7). No caso de Bartimeu não encontramos uma nota explicativa para as causas de sua cegueira e, sim, deparamos com uma nota que apresenta a cegueira em correlação com as desigualdades sociais. Bartimeu é um necessitado que está à beira do caminho gritando (clamando) por salvação e saúde. Ele é um dos muitos necessitados, indigentes e gritadores que circulam ao redor de Jerusalém, clamando por dignidade e justiça e, principalmente, por igualdade perante a lei e a religião.

A Galileia, nos tempos da colonização romana, é marcada, de um lado, por uma grande fila de mendicância e, por outro, pela explosão de reviravolta social promovida pelos camponeses empobrecidos e suas lideranças (Flávio Josefo classifica-os como "bandidos"[8]). Na fila dos mendicantes e daqueles que esperavam a "cesta dos pobres"

---

[8]   Ver o livro de HORSLEY; HANSON, *Bandidos, profetas e messias; o movimento popular no tempo de Jesus.*

Saúde e teologia

e as esmolas beneficentes, encontramos o grande número de doentes: cegos, leprosos, paralíticos, encurvados, mudos, gagos, hemorrágicos, hidrópicos e tantos outros. A impureza excluía as pessoas do convívio social, e os códigos de pureza se transformavam num grande perigo e armadilha para os pobres.[9] Assim, os deficientes eram colocados fora da Lei e excluídos do templo, do culto e da sinagoga. Doença e deficiência, que eram classificadas como maldição, representavam nada mais que uma questão social e político-econômica. Por isso, os doentes são obrigados a mendigar para prover a fome e os tempos de penúria.[10] O cego Bartimeu, o paralítico, os leprosos viviam na beira do caminho, nas portas de lugares públicos e fora dos povoados.

A parábola do banquete, no Evangelho de Lucas (Lc 14), nos fornece um quadro da situação de marginalização dos doentes no tempo de Jesus e, ao mesmo tempo, a proposta de inclusão presente no projeto do nazareno. Jesus é convidado a tomar refeição na casa de um fariseu e lá (ambiente proibido para "pecadores" e "impuros") aparece, de maneira surpreendente, um hidrópico. Se ele estava atrapalhando ou incomodando os participantes, podemos até imaginar; no entanto, percebemos que a sua presença denunciou a marginalização e a grande exclusão que sofria em nome das práticas rigorosas da religião e da lei do sábado. E Jesus, ao curar o doente, provoca uma ruptura com a observância da lei e com as ações que empurra muita gente para a margem da sociedade. Neste ínterim, Jesus conta uma parábola acerca dos convidados para uma festa de casamento e os seus lugares na festa. E a provocação de Jesus vai mais longe ao se dirigir ao fariseu: "Quando deres uma festa, chama pobres, estropiados, coxos, cegos" (v. 13) e ao contar a parábola do banquete e os convidados que não compareceram. "Esse banquete único, com participantes inesperados, não pode se realizar sem que se rompam os padrões estabelecidos por uma sociedade, por uma convivência que exclui tanta gente. Imaginar esse banquete, construir formas concretas que permitam a inclusão dos excluídos, viver na comunidade a ruptura com os padrões excludentes da sociedade, eis o reino sendo sinalizado!"[11]

A ação de Jesus é de inclusão dos pobres, doentes e deficientes na sociedade. Pois o jovem camponês e profeta de Nazaré resgata na sua prática as antigas tradições e convicções do povo pobre e simples; reascende com força a profecia popular dos videntes e curandeiros e, sobretudo, caminha na contramão do poder político, socioeconômico e religioso. Jesus com a sua ação desconcerta os poderosos e as lideranças, pois, na contramão, parte em defesa da vida e se posiciona ao lado dos pobres, dos excluídos, dos pequenos e dos humildes.[12] Tomaremos um caso para refletir a

---

[9]   Veja o importante estudo de DOUGLAS, *Pureza e perigo*.

[10] BAUTISTA, *Jesus; sadio, saudável e terapeuta*.

[11] VASCONCELLOS, *A Boa Notícia segundo a Comunidade de Lucas*, p. 51.

[12] Veja a bela leitura da proposta de Jesus apresentada por MESTERS, *Com Jesus na contramão*.

proposta de Jesus e os ensinamentos que as comunidades querem apresentar para os seus fiéis membros.[13]

O relato da cura do paralítico aparece nos quatro evangelhos canônicos (Mt 9,1-8; Lc 5,17-26; Mc 2,1-12 e Jo 5,1-18), demonstrando que o projeto de inclusão na prática de Jesus caminha na contramão do poder. A ação de Jesus se apresenta como os dois lados de uma mesma moeda: de um lado, produziu uma forte crítica aos excessos de impostos promovidos pelos romanos e que estavam deixando o povo cada vez mais pobre, mal nutrido e com enfermidades e, de outro lado, a crítica às lideranças religiosas que culpavam os próprios doentes pela sua situação, através da ideologia do pecado. A cura só é possível pelas mãos dos agentes do templo e da lei. Assim, João Batista e Jesus, profetas populares, ao realizarem as curas e a devolução da dignidade e vida, libertavam os doentes e marginalizados da prisão do pecado. A profecia vai afirmar que os pecados não existiam ou que os seus pecados estavam perdoados. Eis uma ação profética que balançou o poderio dos sacerdotes, dos escribas e das lideranças político-econômicas. Dizer para o paralítico: "Os teus pecados estão perdoados" ou: "Levanta-te, toma o teu leito e anda" tem a mesma força de contraposição ao projeto de exclusão: a primeira afirmação quebra a exclusão e a sua sustentação religioso-ideológica, e a segunda devolve o empobrecido para a sociedade e afirma que ele, enquanto sujeito e trabalhador, é peça importante na organização social. E Jesus incluiu o marginalizado justamente no dia de sábado! (conforme o Evangelho da comunidade joanina).

Não podemos esquecer que por detrás de cada relato encontramos as marcas da situação e da busca destas comunidades para viver o projeto e o seguimento de Jesus de Nazaré. Quando as comunidades que se organizam ao redor do Evangelho de Marcos elaboram este relato, deixam transparecer três questões cruciais para a vida da comunidade: em primeiro lugar, para vencer o projeto de exclusão é necessário contar com a solidariedade da comunidade (não é por menos que o paralítico é carregado por quatro homens, que, com todo o esforço, dedicação e sensibilidade solidária, abrem o telhado e descem o paralítico com o seu leito); segundo, é preciso atacar e vencer a ideologia religiosa da lei, do pecado e da raça pura; e, por fim, é imprescindível que o que foi excluído se torne sujeito de sua inclusão: carregue o leito diante de todos. As comunidades que se organizam ao redor do Evangelho de João nos dizem que o paralítico não conta com pessoas que o ajudem ou que o carreguem e o empurrem na piscina. Porém, o relato quer ajudar as comunidades a analisar a grande dificuldade que estão enfrentando: o rigorismo da lei do sábado. Por isso o

---

[13] Para uma abordagem geral da ação de Jesus em defesa dos grupos excluídos na sociedade e a sua prática curandeira, veja: MESTERS, *Com Jesus na contramão*; SCHIAVO; SILVA, *Jesus milagreiro e exorcista*; CORNELLI, *"É um demônio!" O Jesus histórico e a religião popular*; MEIER, *Um judeu marginal*; repensando o Jesus histórico; CROSSAN, *O Jesus histórico*; a vida de um camponês judeu do Mediterrâneo.

Saúde e teologia

paralítico sai andando pelo templo, carregando a sua cama, e a crítica dos judeus não reside na sua cura, e sim por estar desrespeitando um preceito sabático. Mas um aspecto importante neste Evangelho das comunidades joaninas reside, de um lado, na memória de um santuário e seu poder de cura e salvação, pois ali está uma multidão de doentes, na busca da cura e da libertação da doença, sem a mediação da religião privatizada, e, de outro, a presença de Jesus, profeta curandeiro, no lugar procurado pelo povo lascado.[14]

3. A teologia da retribuição e a crítica dos sábios

A doença era vista como desequilíbrio do corpo e da alma, como pensavam os gregos. Na dimensão religiosa, tem força a concepção da existência de demônios e outros seres maus, em conexão com as tentativas de explicação a partir dos conceitos de pecado-maldição e pureza-impureza. Nesta perspectiva, agentes que exercem controle e domínio político-econômico, na sociedade de Israel e na Judeia do primeiro século da era cristã, reforçam a explicação religiosa, aplicando a teologia ou doutrina da retribuição; enquanto segmentos da sociedade, marcados pela profecia e sabedoria popular, procuram conhecer as causas e dominar os espíritos causadores do mal, através de ritos e palavras e, ao mesmo tempo, reconstruir a dignidade das pessoas doentes e curadas, através das denúncias e rompimento com as estruturas ideológicas que discriminam e marginalizam em nome de Deus e do sistema religioso.[15]

"O dogma da retribuição aplicado ao indivíduo também aparece na literatura sapiencial. Já a obra historiográfica deuteronomista tinha ciência da retribuição: a catástrofe aconteceu porque Israel, sempre de novo, apostatou de Javé e não se havia deixado advertir pelos profetas. Nesse caso, a retribuição se refere ao curso da história toda, e é o povo de Israel que sofre a punição, de acordo com o dogma da retribuição. Na obra cronista, porém, a ideia da retribuição é afunilada para o indivíduo: cada ser humano tem um destino que corresponde a seus atos".[16]

Esta doutrina e teologia tratam fundamentalmente a vida humana e seus problemas físicos, psíquicos, sociais e econômicos a partir do enfoque da bênção-maldição, no qual Deus premia os fiéis com riqueza e saúde e castiga os infiéis com doença e miséria (cf. Jó 1–2 e 42,7-17; 11,13-20). Ao redor da bênção estão situações de bem-estar, saúde, longevidade, fama, honra, fecundidade e prosperidade; enquanto junto às maldições estão as situações de empobrecimento, doença, deficiência física, humilhação, morte, esterilidade e sofrimento.

---

[14]   VASCONCELLOS, Entre águas e anjos: curas em Jerusalém, pp. 24-28.

[15]   RICHTER REIMER, Doença e cura a partir do Novo Testamento: tradições de libertação e de construção de dignidade, pp. 12-13.

[16]   GUNNEWEG, *Teologia bíblica do Antigo Testamento*, p. 323.

Nos evangelhos, o dogma da retribuição aparece claramente na pergunta dos discípulos sobre o cego de nascença (Jo 9). Talvez esta pergunta esteja calcada na construção de uma ideologia que associava os problemas físicos com maldição e pecado. Assim, categorias sociais como "paralítico", "cego", "surdo" eram utilizadas como imagens para tratar dos infiéis e ímpios (cf. Is 29,18; 35,5). Mesmo na construção das narrativas de curas, nos Evangelhos, deparamos com a tendência de ler como uma imagem alegórica para descrever a cegueira, a surdez e a paralisia da comunidade.

Porém, as narrativas bíblicas sobre fome, dores, pestes, doenças, pragas estão atreladas à vida social, política e comunitária, como podemos ler no ciclo de narrativas de Eliseu (cf. 2Rs 2–13) e no conjunto de leis do livro do Levítico,[17] que apontam não para a identificação do sujo, feio, impuro, doente, mas convoca o povo à restauração dos sistemas vitais. Assim, os rituais de restauração da saúde e do corpo, no âmbito da profecia, tem a compreensão do corpo como sistema vivo articulado com as divindades e com o sagrado, ao passo que as doenças são sinais da ausência do sagrado. Por isso, a cura e a prevenção eram atividades primordiais da profecia, na comunidade.[18]

A teologia da retribuição recebeu severas críticas na tradição bíblica, desde o Livro de Jó até Jesus e seus discípulos (cf. Jó 21,7ss; Jo 9,3).

O livro de Jó[19] é considerado uma obra-prima da literatura sapiencial que, ao narrar a história dramática de um homem justo e fiel às leis e tradições, entrelaça prosas e poemas com os mais variados temas teológicos e sociais como o sofrimento humano, a transformação humana e social, o bem e o mal, a doutrina da retribuição, entre outros. Os capítulos 1–2 (prólogo) e 42,7-17 (epílogo), em prosa, formam a moldura do livro, ao descrever a vida feliz e cheia de riquezas do personagem Jó, o qual, inesperadamente, é provado em sua fidelidade ao ser arruinado nos bens e na família, atormentado pelo sofrimento e pela doença. Ao se manter fiel, Jó recebe de volta filhos e filhas e os bens em dobro. A narrativa de Jó se inscreve como uma grande ilustração da teologia da retribuição, na qual o justo fiel é recompensado por Deus (cf. Dt 24,16; 28; Lv 26, Jr 31,29-30; 2Rs 14,6 e Ez 18). Os capítulos 3,1–42,6, em poemas, formam o corpo do livro. Estes capítulos reúnem discursos e longos monólogos entre Jó e os três amigos visitantes (Elifaz, Baldad e Sofar), um discurso de Eliú, as respostas de Jó, um hino à sabedoria e a manifestação de Deus. A justificação do sofrimento do pobre, através da teologia da retribuição, é uma das questões

---

[17]   PEREIRA, Comida, sexo e saúde. Lendo o Levítico na América Latina, pp. 133-160.

[18]   MESTERS, *Os profetas e a saúde do povo*; PEREIRA, *Cotidiano sagrado e religião sem-nome; religiosidade popular e resistência cultural no ciclo de milagres de Eliseu*.

[19]   Ver: GUTIÉRREZ, *Falar de Deus a partir do sofrimento do inocente; uma reflexão sobre o livro de Jó*; DIETRICH, *O grito de Jó*; STORNIOLO, *Como ler o livro de Jó; o desafio da verdadeira religião*; TERRIEN, *Jó*; TERNAY, *O livro de Jó; da provação à conversão, um longo processo*; VAN WOLDE, O Deus de Jó.

fundamentais do livro de Jó. Nesta direção, os discursos dos amigos de Jó e de Eliú argumentam que o justo não sofre (4,6-8) e as dificuldades enfrentadas por Jó são fruto do seu pecado (5,8; 8,4; 22,23). Enquanto os amigos defendem a teologia tradicional, Jó recusa todas as suas provocações (21,30-34). O pecado e a retribuição são temas que preocupavam os sábios, principalmente se os bons sofrem e não alcançam a felicidade, enquanto os ímpios triunfam na vida, gozando de riquezas e prazeres (cf. Jr 12). Conforme a teologia da retribuição, Deus dá a riqueza para alguns e a pobreza para outros; ou seja, os ricos são ricos porque são justos e os pobres são pobres porque são pecadores.

Os amigos de Jó claramente defendem a tese de que o justo não sofre nem tampouco sofre com as provações de Deus, pelo simples fato de estarem no patamar de fiéis observantes da lei e praticantes da piedade (cf. Jó 4,6-8). Assim, o sofrimento de Jó (perda dos bens, perda da bênção e da saúde) é justificado pela teologia do pecado. Ele passa por dificuldades devido a seus pecados ou aos de seus pais, ou ainda aos de seus filhos (5,8; 8,4; 22,23). De um lado, os amigos, com sua teologia tradicional da retribuição, e, do outro, Jó, que argumenta, a partir de sua experiência, o fracasso dessa explicação para o que está acontecendo em sua vida. Para Eliú, a enfermidade é um meio que Deus usa para falar, corrigir e advertir o ser humano (Jó 33,14.19-33). Por isso, Jó considera os seus amigos como mentirosos, falsos e consoladores de fracassados (cf. 21,30-34; 13,4-5; 16,1).

O paradoxo presente na teologia da retribuição residia, sobretudo, nas condições em que se encontrava o justo, pobre e inocente, em comparação com a vida dos injustos. Questionamento que aparece em Jr 12: por que os justos perecem e os injustos continuam vivendo tranquilamente? Nesta direção, é emblemática, na tradição, a expressão de Epicuro: "Se Deus quer erradicar o mal e não pode, é impotente; se pode mas não quer, é cruel para os homens; se não quer nem pode, é impotente e cruel; se quer e pode, então por que o mal existe e não é aniquilado?"[20]

Luiz Alexandre Solano Rossi argumenta que "uma das maneiras encontradas para dar sentido ao sofrimento humano é supor que somos merecedores do que acontece, que de algum modo as desgraças sobrevêm como punição para nossos pecados. Certamente que esse tipo de teologia, ou diríamos, de antiteologia, resolve os problemas dos amigos de Jó, mas não resolve os problemas do próprio Jó e dos milhares de Jós que continuam nascendo... Qualquer teologia que não parta do sofrimento do inocente não deixará de ser a linguagem dos amigos de Jó, ou seja, consoladores inoportunos que preferem defender a Deus a deixar-se interpelar pela dor do irmão sofredor e que, naturalmente, não é a Deus a quem defendem, mas a

---

[20] TERNAY, *O livro de Jó; da provação à conversão, um longo processo*, p. 43.

si mesmos e a seu sistema teológico".[21] Poderíamos pensar que os sábios que organizaram o livro de Jó construíram uma crítica à deficiente teologia da retribuição.[22]

O teatro dramático de Jó (1–2 e 42,7-17) é o seu questionamento à teologia da retribuição (Jó 3–42,6). Na figura de Jó espelha-se a situação de dor e sofrimento do povo. No entanto, o pior reside na legitimação do sofrimento e da dor do povo pela lei, pelo templo e pela teologia. O grito de Jó contra Deus é o grito do povo sofredor contra a teologia e a religião que abençoam as injustiças. O grito do sofredor presente em Jó 24 representa uma profunda análise do cotidiano do povo, a quebra da imagem de um Deus formalista, conformista e opressor e, sobretudo, a certeza de uma luz para vencer a escuridão. É a luz que surge da ruptura com a teologia da retribuição e da continuidade da teologia da Aliança.

Ao redor do IV século a.C., já circulava a apocalíptica como nova vertente da literatura profética e da sabedoria, e a teologia da retribuição já estava em crise. Justamente neste momento, entre os escritos sapienciais encontramos os questionamentos do livro de Qohelet (Eclesiastes). Uma de suas intenções é demonstrar que o esquema ação-retribuição não funciona mais, ou seja, a tradicional resposta apresentada pela teologia da retribuição foi abalada pelos novos momentos advindos com as novidades helênicas (cf. Ecl 3,12-13.21; 7,25–8,15; 9,7-10; 12,7). Por isso, uma das expressões fundamentais no livro: "Não vejo nada de novo debaixo do sol!"

Por um bom tempo se trabalhou com a noção de que o livro de Eclesiastes é o olhar de um pessimista diante das situações (realidade). Podemos, contudo, perceber, nas entrelinhas do livro, a ironia produzida por grupos muito próximos da filosofia cínica que aponta para outras formas de responsabilidade das condições desiguais e injustas na sociedade, pois a teologia da retribuição resolvia tudo a partir da noção de que Deus atribui bênçãos e maldições.

Qohelet, palavra irônica "do que sabe que não sabe", é a palavra crítica diante da situação de opressão que brota do cotidiano, das dores, dos choros, do cansaço e do suor. É a sabedoria dos destituídos e apresentados na sociedade como os que não sabem e não são. Sabedoria dos desfigurados. Sabedoria das coisas corriqueiras da vida. Fala dos impérios e seus desmandos que não sabe, mas que conhece muito bem, por causa da exploração do trabalho, da fome e da perda da vida e seus valores. Ironia ousada que insiste em dizer e fazer refletir, em meio aos sinais de degradação da vida, que "não há nada de novo debaixo do sol".

Não há novidades. Palavra sábia que, ao questionar, está apresentando, de maneira irônica, um não à perpetuação do poder econômico. Esta negação do trabalho é

---

[21] ROSSI, Os caminhos da teologia e da antiteologia no livro de Jó, pp. 78-79.

[22] Tomando uma expressão de RODRIGUES, "Deus escreve certo por linhas tortas" – e outras interpretações teológicas do escândalo da exclusão, pp. 3-11.

uma negação ao poder político-econômico. Pois o trabalho e o projeto imperial que está por detrás são "névoa-nada", "nada de nada". Não estão trazendo a vida. Não trazem vantagem e proveito; e sim, desumanização, dor e morte. "Nada de novo debaixo do sol."

Qohelet, de maneira irônica, apresenta uma forte crítica ao império e à sua riqueza desmedida. Riqueza que é fruto da exploração do trabalho. Por isso, vai dizer em bom tom: "Que proveito tira o homem de todo o seu trabalho debaixo do sol?!" A ironia por trás das palavras de Qohelet, plenas de sutileza e contemplação da realidade e condições dos trabalhadores e trabalhadoras, está na negação do trabalho. Se o trabalho humano visava à dignidade e ao ato de o homem fazer para comer, beber e gozar a vida, agora, nos moldes da exploração e da escravização, o trabalho tem um único objetivo: responder economicamente ao projeto político-administrativo dos reis e dos impérios. Por isso, "o que sabe que não sabe" dirá: "Nada de nadas! diz Qohelet, nada de nadas! tudo é nada! Não vejo nada de novo debaixo do sol".

A cultura do povo da Judeia estava em meio a duas concepções. De um lado, a visão grega de felicidade e bem-estar marcada pela ação do ser humano por torná-la possível e, de outro, a visão corrente que afirmava que felicidade e bem-estar são dádivas de Deus. Neste quadro, a doutrina da retribuição aparece com força, pois representava a tentativa de explicar as situações do povo, tanto em dimensões horizontais quanto verticais, ou seja, o bem-estar social e a vida feliz dependem da ação do indivíduo; porém, conforme a doutrina da retribuição, ações contrárias irão produzir mal-estar social e desgraças. A doutrina da retribuição, neste momento, tem uma roupagem nova, talvez sob a manipulação dos sacerdotes e dos interesses dos serviçais do templo, com seus interesses de alianças com as novidades trazidas pelo helenismo. As críticas de Qohelet começam por apontar que esta teologia e doutrina não são mais capazes de explicar as situações e as condições do povo (cf. 7,15-16; 8,12-14) e justamente a certeza da morte e a sua inevitabilidade são capazes de derrubar estas explicações. Tanto escravos como senhores se defrontam com o mesmo fim (cf. 3,17-22; 6,6) e não é a ideologia dos que estavam bem na vida que vai livrá-los da morte. Claro que era interessante para os sacerdotes e poderosos da cidade impor ao povo a ideia de que as desgraças e miserabilidades são produzidas pelos próprios desgraçados e que o único remédio estava no cumprimento da lei e nos sacrifícios. Por isso, Qohelet afirma: "Cuida de teus passos quando vais à Casa de Deus: aproximar-se para ouvir vale mais que o sacrifício oferecido pelos insensatos, mas eles não sabem que fazem o mal" (4,17).

Mais tarde (nos séculos II e I a.C.), os sábios irão escrever a historieta de Tobias, demonstrando uma antiga visão sobre doença, cura e a teologia da retribuição. Agora, tendo como eixo as práticas de piedade. Tobit é israelita temente a Deus, cativo em Nínive, que segue fielmente os mandamentos, observa os deveres para com os mortos e dá esmolas. Desafia os reis ao enterrar compatriotas executados; por isso tem que fugir, é criticado e seus bens são confiscados. Em meio a suas ações de piedade, fica cego e entra em conflito com a esposa, Ana. Em Ecbátana vive Sara, que enfrenta o drama de ter sido oferecida em casamento sete vezes, e seus maridos terem morrido na noite de núpcias, por obra do demônio Asmodeu. Diante de seus dramas, Tobit e Sara rezam a Deus pedindo a morte, e recebem a resposta divina por meio do anjo Rafael. Tobias é uma historieta popular inspirada em textos legislativos, proféticos e sapienciais, sobretudo em lições do sábio assírio Aicar, com o objetivo de transmitir ensinamentos aos judeus dispersos em meio a outros povos. O autor narra a história de duas famílias deportadas em Nínive e Ecbátana, ambas na região da Mesopotâmia. Tobit, pai de Tobias, fiel seguidor da Lei, acaba perdendo os bens e a visão; e Sara, filha de Raguel, possuída por um demônio que lhe arruinou sete tentativas de casamento. A historieta, ou novela, deixa uma ideia de precisão histórica, devido a informações sobre lugares, pessoas e fatos, ao redor de 734 e 612 a.C. No entanto, parece que o autor não conhece muito os reis da Assíria nem a região mencionada. Por exemplo, o rei que deportou a tribo de Neftali para a Assíria foi Teglat Falasar III (745-727 a.C.), e não Salmanasar V (726-722 a.C.). A intolerância contra os costumes judaicos leva até à dominação, sob os generais selêucidas. A presença de judeus na corte palaciana, que aparece nos livros de Daniel e Ester, se reflete também no de Tobias, pois este se mostra familiarizado com os sucessos da corte: Tobit é provedor do rei, seus opositores fazem com que sua propriedade seja confiscada, e Aicar o restabelece em seu posto original.

Tobias foi provavelmente escrito em aramaico, na cidade de Antioquia, uma das grandes do mundo helênico e capital do reino selêucida, no século II a.C., em meio a grande processo migratório na região, o que resultou na presença de outras culturas na Judeia e na diáspora, ou dispersão de judeus em outras regiões. Tal mobilidade trouxe novas ideias e concepções sobre a saúde, a enfermidade e o problema do mal. Para que os judeus da diáspora se mantenham fiéis a Deus e à Lei, o autor apresenta-lhes a história de famílias íntegras, praticantes de boas obras, como esmolas e hospitalidade, e confiantes no Deus misericordioso e justo (Tb 1,3; 3,15), respeitosos das antigas tradições (2,1; 14,9.12-14), observantes da Lei de Moisés (1,6.8; 4,5; 6,13; 7,12), das prescrições sobre o Templo de Jerusalém (1,6; 5,14; 13,13-18), os dízimos, as oferendas e a festa das primícias (1,6-8), os rituais de purificação, do matrimônio e de sepultamento (1,9.11.17-19; 2,3-4.7-9; 3,15; 4,3-4.12-13; 6,11-16; 7,9-14; 12,12-13; 14,2.9.11-13). O relato contém orações de louvor e súplica (3,2-6.11-15; 8,5-8.15-17; 11,14; 13,1-18), ensinamentos (4,3-19; 12,6-20) e cenas pitorescas, como o choro de Ana ao despedir-se do filho (5,17-23), o cão que acompanha Tobias (6,1; 11,4), a serva que espia os noivos dormindo (8,13) e a impaciente espera pela volta do filho (10,1-7).

Transparece no livro o ambiente de Jerusalém, marcado por relações econômicas e comerciais centradas no pagamento das ofertas e tributos do Templo e no depósito de talentos de prata no estrangeiro (cf. 1,14; 4,1-2.20; 5,2-3; 9,3.5). Nessa perspectiva, Tobit é apresentado como judeu que exerce suas obrigações com as ofertas e tributos do Templo, fiel à lei de pureza e à teologia da retribuição.

Outro livro da literatura sapiencial é Jesus Ben Sirac ou Eclesiástico, escrito em hebraico e transmitido pelas versões grega, latina e siríaca. A caracterização do sábio como aquele que medita a Lei, busca a sabedoria de seus antecessores, estuda as palavras dos profetas e examina os provérbios e enigmas (cf. 39,1-3), leva a crer que o autor provenha dos círculos de sábios e escribas. Segundo o Prólogo, é possível situar o autor do livro nos inícios do século II, quando começa a transição de poder dos Ptolomeus (Egito) para os Selêucidas (Síria). Situação bem diferente quando a obra é traduzida. O sumo sacerdócio, por exemplo, não era mais transmitido por hereditariedade, e sim comprado, numa espécie de leilão (cf. 2Mc 4). O projeto de Antíoco IV Epífanes (175-163 a.C.) de impor à força o helenismo também já estava bem adiantado, através da profanação do Templo (cf. 2Mc 5–6). Neste ambiente, não é difícil de pressupor que Jesus Ben Sirac pertencesse aos círculos de sábios javistas que não se opunham abertamente às correntes helenistas, demonstrando ser um grupo que tinha afinidades com os assideus (grupo de piedosos que buscava viver a Lei de Moisés), e cujas sentenças e teologia podem ter sido material de apoio na interpretação da Lei, na época dos Macabeus. Seu interesse por questões sacerdotais e a defesa de doutrinas tradicionais como a teologia da retribuição aproximam-no de sacerdotes ligados ao Templo e que estabelecem espaços de educação da Lei e das tradições.

Muitos dos temas tratados no livro correspondem ao que encontramos nos livros de Jó e Eclesiastes, de modo especial a teologia da retribuição e a morte (cf. 7,17 e Jó 25,6; 17,23; 40,3-4; 50,24). Em muitos aspectos sua teologia se aproxima dos essênios e dos fariseus (cf. 12,6; 16,22; 19,19; 24,22.32). No entanto, é forte no livro a influência do livro dos Provérbios. Tudo indica que o autor do livro apresenta uma releitura das coleções de provérbios e ditos sapienciais.

Como a doença era considerada um castigo pelo pecado (Sl 32,3-5; Jó 4,7-9; Lv 26,14-16; Jo 9,2), muitos judeus piedosos consideravam o recurso aos médicos como negação de Iahweh (2Cr 16,12). O sirácida considera o médico e suas aptidões como provenientes de Deus (cf. Eclo 38). O conselho para os filhos diante da doença (vv. 9-11) consiste na oração, na penitência e nos sacrifícios.

4. Palavra final

Muitos outros livros e textos apresentam suas concepções sobre as doenças, a saúde, a doutrina e a teologia da retribuição. Não era a nossa intenção esgotar todas as possibilidades de leitura e aproximações aos textos. Aqui tentamos demonstrar a crítica sobre a teologia justificadora das condições de pobreza e riqueza por trás dos conceitos de puro-impuro, belo-feio, fiel-pecador, justo-injusto, são-doente. A teologia da retribuição, na visão dos sábios do pós-exílio, não responde mais aos desafios e problemas que o povo estava enfrentando. Assim, sem destruir a fé do povo, mas, com sábias palavras, vão construindo no conjunto das historietas, dos ditos, das teatralizações, das poesias e cantos novas respostas e perspectivas. Mas os grupos enraízados nos seus interesses e riquezas, com suas teologias justificadoras e santuários vantajosos, tentarão perpetuar suas ideias junto ao povo; por isso, ainda encontramos na cena do cego de nascença a pergunta sobre as causas de sua condição: "Quem pecou, ele ou seus pais, para que nascesse cego?" (Jo 9,2). Porém, Jesus continuou e alargou: a ação dos profetas, em favor da saúde do povo, e as palavras dos sábios contra as teologias que justificavam o sofrimento e as desiguadades no meio do povo.

5. Referências bibliográficas

AAVV. É Tempo de cura! *Revista de Interpretação Bíblica Latino-Americana.* n. 49, Petrópolis: Vozes, 2004.

AGUIRRE, Rafael (org.). *Os milagres de Jesus*; perspectivas metodológicas plurais. São Paulo: Loyola, 2009.

ANDERSON, Ana Flora; GORGULHO, Gilberto; SILVA, Rafael Rodrigues da; VASCONCELLOS, Pedro Lima. *A história da Palavra I*; a primeira aliança. São Paulo/Valencia: Paulinas/Siquém, 2003.

BAUTISTA, Mateo. *Jesus*; sadio, saudável e terapeuta. São Paulo: Paulinas, 1997.

BERGER, Natalia. Why medicine? In: *Jews and medicine.* Philadelphia: Jewish Publication Society, 1995.

BOBSIN, Oneide. Etiologia das doenças e pluralismo religioso. *Estudos Teológicos,* São Leopoldo-RS, v. 43, n. 2, 2003, pp. 21-43.

CORNELLI, Gabriele. *"É um demônio!" O Jesus histórico e a religião popular.* São Paulo: Umesp, 1998.

CROSSAN, John Dominic. *O Jesus histórico*; a vida de um camponês judeu do Mediterrâneo. Rio de Janeiro: Imago, 1994.

DIETRICH, Luis J. *O grito de Jó.* São Paulo: Paulinas, 1996.

DOUGLAS, Mary. *Pureza e perigo.* São Paulo: Perspectiva, 1976.

FANTINATI, Marcelo Silva. *Cura, compaixão e conversão*; experiências na vida e na Bíblia. Goiânia: Universidade Católica de Goiás, 2002 (dissertação de mestrado).

FIGUEIREDO, Marcia Lima Zollner Paes de. *Doença e cura no Pentateuco e nos Livros Históricos*; uma leitura à luz do Oriente Médio antigo. São Paulo: Universidade de São Paulo/FFLCH, 2009 (dissertação de mestrado).

GUNNEWEG, Antonius H. J. *Teologia bíblica do Antigo Testamento*. São Paulo: Teológica/Loyola, 2005.

GUTIÉRREZ, Gustavo. *Falar de Deus a partir do sofrimento do inocente*; uma reflexão sobre o livro de Jó. Petrópolis: Vozes, 1987.

HORSLEY, Richard A.; HANSON, John S. *Bandidos, profetas e messias*; o movimento popular no tempo de Jesus. São Paulo: Paulus, 1995.

MACHADO, Erika Pereira; LEITE PINTO, Raimundo Nonato; VIEIRA, Sirle Maria dos Santos. Saúde e doença na perspectiva de Eclesiástico 38,1-15. *Fragmentos de Cultura*, v. 21, n. 1/3, Goiânia: UCG, jan./mar. 2011, pp. 135-148.

MEIER, John P. *Um judeu marginal*; repensando o Jesus histórico; volume dois, livro três. Rio de Janeiro: Imago, 1998.

MESTERS, Carlos. *Com Jesus na contramão*. São Paulo: Paulinas, 1995.

_____. *Os profetas e a saúde do povo*. Belo Horizonte: CEBI, 1985.

PEREIRA, Nancy Cardoso. Comida, sexo e saúde. Lendo o Levítico na América Latina. *Revista de Interpretação Bíblica Latino-Americana* 23, 1996, pp. 133-160.

_____. *Cotidiano sagrado e religião sem-nome*; religiosidade popular e resistência cultural no ciclo de milagres de Eliseu. São Bernardo do Campo-SP: Umesp, 1998. (Tese doutoral).

PIXLEY, Jorge. Jó ou o diálogo sobre a razão teológica. *Perspectiva Teológica* 16, Belo Horizonte, 1984, pp. 333-343.

RICHTER REIMER, Ivoni. Doença e cura a partir do Novo Testamento: tradições de libertação e de construção de dignidade. In: UETI, Paulo (org.). *A terapêutica de Jesus. Corpo, poder e fé*. São Leopoldo: CEBI, 2010. pp. 12-13. (Coleção Saúde e Bíblia).

RODRIGUES, Maria Paula. "Deus escreve certo por linhas tortas" – e outras interpretações teológicas do escândalo da exclusão. *Vida Pastoral*, ano XLIII, n. 227, nov./dez. 2002, pp. 3-11.

ROSSI, Luiz Alexandre Solano. Os caminhos da teologia e da antiteologia no livro de Jó. *Revista de Interpretação Bíblica Latino-Americana* 50, Petrópolis: Vozes, 2005, pp. 78-79.

SCHIAVO, Luís; SILVA, Valmor da. *Jesus milagreiro e exorcista*. São Paulo: Paulinas, 2000.

SCHMIDT, Werner H. *Introdução ao Antigo Testamento*. São Leopoldo: Sinodal, 1994.

SCLIAR, Moacyr J. *Da Bíblia à Psicanálise*; saúde, doença e medicina na cultura judaica. Rio de Janeiro: Escola Nacional de Saúde Pública/Departamento de Ciências, 1999. (Tese doutoral).

SILVA, Rafael Rodrigues da. Jesus e os portadores de deficiência. O evangelho da inclusão: cura do paralítico. *Vida Pastoral*, ano XLIII, n. 227, nov./dez. 2002, p. 12-16.

STORNIOLO, Ivo. *Como ler o livro de Jó*; o desafio da verdadeira religião. São Paulo: Paulus, 1992.

Tempo e Presença. *Doenças da nossa saúde*. Rio de Janeiro: Cedi, outubro de 1986.

TERNAY, Henri. *O livro de Jó*; da provação à conversão, um longo processo. Petrópolis: Vozes, 2001.

TERRIEN, Samuel. *Jó*. São Paulo: Paulus, 1994.

UETI, Paulo (org.). *A vida é o que interessa*; Bíblia, saúde e outros ingredientes. São Leopoldo: Cebi, 2009. (Coleção Saúde e Bíblia, 1).

_____. (org.). *A terapêutica de Jesus*; corpo, poder e fé. São Leopoldo: Cebi, 2010. (Coleção Saúde e Bíblia, 2).

VAN WOLDE, Ellen (ed.). O Deus de Jó. *Concilium* 307, Petrópolis: Vozes, 2004.

VASCONCELLOS, Pedro Lima. *A Boa Notícia segundo a Comunidade de Lucas*; "o espírito me ungiu para evangelizar os pobres". São Leopoldo: CEBI, 1998. (A Palavra na Vida, 123/124).

_____. Entre águas e anjos: curas em Jerusalém. *Diálogo. Revista de Ensino Religioso*, ano XVI, n. 64, São Paulo: Paulinas, out./dez. 2011, pp. 24-28.

VENDRAME, Calisto. *A cura dos doentes na Bíblia*. São Paulo: Editora Centro Universitário São Camilo/Loyola, 2001.

VÍLCHEZ LÍNDEZ, José. *Sabedoria e sábios em Israel*. São Paulo: Loyola, 1999.

ZWETSCH, Robert E. Saúde holística e métodos indígenas de cura em perspectiva teológica. *Estudos Teológicos*, v. 43, n. 2, São Leopoldo-RS, 2003, pp. 44-59.

CAPÍTULO VI

Igreja a serviço da saúde

Júlio Serafim Munaro

A Pastoral da Saúde fundamenta-se no modo de proceder de Jesus, nos seus ensinamentos e nas orientações que deu aos apóstolos para a sua missão.

Na sua vida pública Jesus revelou o rosto do Pai, sua bondade, sua ternura, sua misericórdia para com todas as pessoas que sofrem. Os pobres, os pequenos, os doentes foram os seus prediletos: "Uma multidão de coxos, cegos, paralíticos, leprosos corria ao seu encontro e ele curava a todos".

Mais que ideias, dogmas, concílios, códigos, foram os santos, homens e mulheres apaixonados por Cristo, que fizeram com que Jesus, ao longo da história, continuasse vivo e atuante na vida de cada ser humano. A caridade é a expressão da presença de Cristo na história e a Igreja que torna viva essa presença. Sem a vivência da caridade, a Igreja pouco ou nada significaria.

As curas de Jesus não são obra de curandeiro, taumaturgo, terapeuta ou médico. Tem características que não se encontram em nenhuma obra humana.

O evangelista Mateus apresenta Jesus percorrendo "toda a Galileia, ensinando em suas sinagogas, pregando o Evangelho do Reino e curando toda e qualquer doença ou enfermidade do povo" (Mt 4,23).

O evangelista Lucas, por sua vez, afirma que as multidões "tinham vindo para ouvi-lo e serem curados de suas doenças [...]. E toda a multidão procurava tocá-lo, porque dele saía uma força que a todos curava" (Lc 6,18-19). "Todos quantos o tocavam ficavam curados" (Mc 6,56).

O evangelista Marcos acrescenta que Jesus não pôde "realizar ali nenhum milagre, a não ser algumas curas de enfermos, impondo-lhes as mãos. E admirou-se da incredulidade deles" (Mc 6,5-6).

O meio que Jesus usava para curar era a fé: "Minha filha, a tua fé te curou; vai e fica curada desse teu mal" (Mc 5,34). "Seja feito como creste."

As curas de Jesus eram sinais do Reino e de seu poder divino. "'Para que saibais que o Filho do Homem tem poder de perdoar pecados na terra – disse ao paralítico –, levanta-te, toma teu leito e vai para a tua casa'. E o paralítico levantou-se. Todos ficaram admirados e glorificavam a Deus dizendo: 'Nunca vimos coisa assim'" (Mc 2,11-12).

Jesus confiou aos apóstolos as duas missões próprias dele, isto é, curar e evangelizar. "Dirigindo-se às ovelhas perdidas da casa de Israel, proclamai que o Reino dos Céus está próximo. Curai os doentes, ressuscitai os mortos, purificai os leprosos, expulsai os demônios" (Mt 10,6-8).

"Convocando os Doze, deu-lhes poder e autoridade sobre todos os demônios, bem como para curar doenças, e enviou-os a proclamar o Reino de Deus e a curar" (Lc 9,1-2).

O mesmo poder confiou aos setenta e dois discípulos. "Em qualquer cidade em que entrardes e fordes recebidos, comei o que vos servirem; curai os enfermos que nela houver e dizei ao povo: o Reino de Deus está próximo de vós" (Lc 10,8-9).

Os apóstolos demonstraram que o poder de curar que Jesus lhes havia confiado era "para valer". Pedro curou o coxo de nascença que pedia esmola à porta do Templo, dizendo-lhe: "Não tenho prata nem ouro, mas o que tenho, isto te dou: em nome de Jesus Nazareno, anda [...]. No mesmo instante, os pés e os calcanhares se lhe consolidaram; de um salto ficou de pé e começou a andar" (At 3,6-7). Pedro também curou um paralítico em Lida e ressuscitou Tabita em Jope (cf. At 9,32-42).

Além disso, o poder que Pedro herdou de Jesus foi tão amplo quanto o do próprio Jesus, "a ponto de serem os doentes transportados para as praças e depostos em leitos e catres, a fim de que, ao passar Pedro, ao menos sua sombra cobrisse alguns deles. A multidão acorria mesmo das cidades vizinhas de Jerusalém, trazendo doentes e atormentados de espíritos impuros, e todos eram curados" (At 5,15-16).

Também Paulo mostrou possuir o mesmo poder de curar prometido por Cristo. "Havia ali um homem aleijado dos pés desde a nascença, coxo e incapaz de andar. Ele escutava Paulo a discursar. Este, detendo nele o olhar e vendo que tinha fé para ser curado, disse com voz forte: 'Levanta-se direito sobre os teus pés!' Ele deu um salto e começou a andar" (At 14,8-10).

Mas não foi só. Cristo na parábola do Bom Samaritano, quando o legista perguntou: "E quem é o meu próximo?" Jesus contou a parábola. "Um viajante" caiu nas mãos de assaltantes, bateram nele e o deixaram semimorto à margem do caminho. Passou um sacerdote, viu e seguiu adiante sem nada fazer. Passou um levita e também nada fez. Finalmente, um samaritano "chegou junto dele, viu e moveu-se de compaixão. Aproximou-se, cuidou de suas feridas, derramando óleo e vinho, depois o colocou em seu próprio animal, conduziu-o à hospedaria e dispensou-lhe cuidados.

No dia seguinte, tirou dois denários e deu-os ao hospedeiro, dizendo: 'Cuida dele, e o que gastares a mais, em meu regresso te pagarei'. Qual dos três, em tua opinião, foi próximo do homem que caiu nas mãos dos assaltantes? Ele respondeu: 'Aquele que usou de misericórdia para com ele'. Jesus então lhe disse: 'Vai, e também tu faze o mesmo'" (Lc 10,29-37).

A atitude do samaritano diante do infeliz e a resposta que Jesus deu ao legista marcaram profundamente a comunidade cristã e a atenção que dispensaram aos doentes, isto é, uma atitude de bondade e generosidade, sem distinção de pessoas, seguindo a proposta de Jesus: "Sede perfeitos como vosso Pai do céu é perfeito. Ele faz nascer o sol sobre bons e maus, faz chover sobre justos e injustos" (Mt 5,45-48). A atitude do cristão no serviço ao doente é uma atitude de bondade, não de competência técnica, embora necessária, sobretudo hoje que são tantos recursos técnicos para cuidar do doente e restabelecer sua saúde.

À parábola do Bom Samaritano pode-se acrescentar a recomendação que o apóstolo João faz em sua primeira carta: "Filhinhos, não amemos de palavras e de língua, mas com ações e em verdade" (1Jo 3,18).

Outro ponto de essencial importância para os cristãos foi o que Cristo ensinou em Mateus 25, sobre o juízo final, quando dirá aos que serão salvos: "Vinde, benditos de meu Pai, recebei por herança o Reino preparado para vós desde a fundação do mundo. Pois tive fome e me destes de comer, tive sede e me destes de beber. Era forasteiro e me acolhestes […]; estive doente e me visitastes […]. Então os justos lhe responderão: Senhor, quando foi que te vimos com fome, com sede, doente […]. E ele responderá: Em verdade vos digo: cada vez que o fizestes a um desses meus irmãos mais pequeninos, a mim o fizestes" (Mt 25,31-46).

Cristo se identifica com os necessitados de toda sorte e promete a salvação a quem os socorre. Esta mística orientou toda a ação caritativa dos discípulos de Jesus ao longo da história e continua orientando e o fará até o fim dos tempos.

Partindo da parábola do Bom Samaritano – "vai e faze tu o mesmo" – e da identificação do próprio Cristo com os necessitados – "estava com fome, com sede, nu, sem casa, doente" –, os cristãos dedicaram especial atenção a toda sorte de carentes e introduziram no mundo a novidade das obras assistenciais, instituindo obras para acolhê-los e assisti-los, obras que se revestiram de um cunho de santidade, quase como se fossem templos de culto a Deus, que os bispos dotaram de indulgências para todas as pessoas que visitassem os internados e contribuíssem de alguma forma para mantê-los. Não se trata de curar como Cristo havia curado tantos doentes, cegos, coxos, mas de assumir a atitude do Bom Samaritano que, "movido de compaixão", socorreu a vítima dos assaltantes, sem valer-se da fé para curá-lo e sem nenhum interesse em atraí-lo para qualquer crença que fosse.

Nas curas realizadas por Jesus, a fé da pessoa curada revestia-se de fundamental importância. Na assistência prestada pelo Bom Samaritano, conta a fé que move, suscita compaixão, essa força extraordinária que desencadeia a ação que vai ao encontro do necessitado e o atende como se fosse o próprio Cristo, certo de que alcançará a promessa de ganhar o Reino dos Céus prometido a todos aqueles que "usam de misericórdia" com quem passa necessidade ou sofre de doenças.

Dessa mística do serviço prestado ao pobre e ao doente surge a ideia de sacralidade do lugar onde pobres e doentes são assistidos. Compreende-se, nesse sentido, que houve tempos em que se exigia que o doente, antes de ser acolhido no hospital, se purificasse mediante o sacramento da confissão, como também se dava por descontado que quem estivesse a seu serviço se mantivesse imune de qualquer pecado. São Camilo Lellis, que dedicou toda a sua vida ao serviço dos doentes, recomendava a quem quisesse trabalhar com doentes que procurasse o sacramento do perdão para que "assim renovado se torna[sse] mais apto para servir os doentes", pois as coisas santas devem ser tratadas com santidade.

A doença, na época, como no Antigo Testamento, era tida como decorrência direta do pecado e, daí, a necessidade de purificar-se do pecado para conseguir a cura.

O Concílio IV de Latrão (1215) impôs aos médicos a obrigação de não prestar assistência a doentes que se recusassem a aceitar a confissão de seus pecados com o sacerdote "para que após ter procurado a saúde da alma se aplique com mais eficácia o remédio para o corpo" (Com. de Latrão, Decreto 22). Quem não leva a sério a saúde da alma não merece que se cuide da saúde de seu corpo.

Camilo lembrava ainda que a preciosa pedra da caridade para com os doentes "transforma em Deus e nos purifica de toda mancha de pecado" e lembra o que São Pedro escreve em sua primeira carta: "A caridade cobre uma multidão de pecados" (1Pd 4,8).

Camilo lembrava que, embora o cristão tenha a obrigação de participar da missa aos domingos e dias santos, contudo, se tiver um doente que necessite de sua assistência recomendava: "Deixe a missa e cuide do doente, pois você deixa Deus por Deus". Se se deixa a missa, Deus não reclama. Se se deixa de cuidar do doente, este, sim, reclama.

Camilo atendia os doentes com tanta fé que chegava a cair em êxtase enquanto os servia. Pedia que perdoassem seus pecados, como Jesus perdoava.

Mais ainda: mandava a quem desejasse trabalhar com doentes: "Peça a Deus que lhe dê um afeto materno para com o próximo, a fim de podermos servi-lo com todo o amor, tanto na alma quanto no corpo, pois com a graça de Deus desejamos servir a todos os doentes com o mesmo carinho que uma extremosa mãe dedica ao seu filho doente". Esta é a força que alimenta os cristãos para atender os doentes e pobres.

Camilo tinha certeza absoluta da recompensa que Deus dá a quem cuida dos doentes: "Se chegar ao céu e encontrar uma lágrima ou um gemido de doente intercedendo por mim, tenho certeza que serei salvo".

1. A comunidade cristã e os doentes

No Império Romano, desde o reconhecimento da liberdade religiosa (todo cidadão era livre para professar a fé que mais lhe conviesse) pelos imperadores Constantino e Maxêncio, por meio do chamado *Edito de Milão*, no ano 313, surgiram as grandes obras de assistência aos doentes e aos necessitados de toda sorte, que se chamaram hospitais. Prestavam assistência não só aos doentes, como acontece hoje, mas a todos os necessitados, desde órfãos até leprosos, peregrinos e pessoas que não tinham onde se refugiar.

Essa foi a característica dos hospitais cristãos, característica que perdurou até os tempos modernos, mesmo nas colônias portuguesas e espanholas. Modelo disso foram as Santas Casas, conhecidas como Misericórdias, em memória da parábola do Bom Samaritano (cf. Lc 10,29-37), criadas em 1498 pela Rainha Leonor, viúva de D. João II, rei de Portugal, e pelo mercedário Frei Miguel Contreras. A primeira Santa Casa que se estabeleceu no Brasil foi a de Santos, em 1540, e se espalhou por todo o país. Esta foi a única modalidade assistencial que existiu até a proclamação da República e perdura até hoje. Não acolhia doentes apenas, mas crianças abandonadas, órfãos, viúvas, aleijados...

Foi graças a essa modalidade assistencial que "já não se apresenta aos nossos olhos o terrível e doloroso espetáculo de cadáveres ambulantes que arrastam o resto de seus membros, enxotados da cidade, das casas e até mesmo de seus parentes e amigos; já não são encontrados dois a dois, ou em grupos, às portas das igrejas ou dos tribunais".

Pode-se afirmar que foi o cristianismo que introduziu a assistência aos pobres e doentes. Antes dele não existia nem mesmo no judaísmo e nas grandes civilizações antigas, inclusive a grega e a romana. Na Bíblia não se menciona a existência de casas de acolhida, hospitais, asilos ou coisa parecida. O Evangelho de São João lembra apenas a Piscina de Betesda, onde, "deitados no chão, numerosos doentes, cegos, coxos e paralíticos ficavam esperando o movimento da água" (Jo 5,1-4).

Desde os tempos apostólicos até hoje, a Igreja sempre demonstrou a preocupação de garantir assistência a todo tipo de deserdados e doentes, com momentos de maior ou menor ênfase.

Na Renascença (séc. XV e XVI), quando o Ocidente se voltou mais para as realidades terrestres, as artes e o gozo dos bens terrenos, houve um relaxamento no cuidado aos doentes, mesmo nos grandes hospitais do Papa, em Roma e em toda a

Europa. Mas foi nessa época que surgiram homens que renovaram o espírito cristão de serviço aos doentes como João de Deus, Camilo de Lellis, Vicente de Paulo, Luísa de Marillac, Carlos Borromeu, Francisca Romana, Catarina de Gênova e uma infinidade de outros, todos imbuídos "da firme decisão de consagrar sua vida, por amor de Cristo e dos irmãos, ao serviço dos pobres".

Em 1586 o Papa Sisto V reconheceu que, "de todas as obras de caridade que se fazem na Igreja, nenhuma agrada tanto a Deus como cuidar dos doentes em suas necessidades corporais e espirituais". Foi nesta época que a mística da assistência aos doentes e desvalidos atingiu seu ponto mais alto na história do cristianismo e se lutou para que os doentes, mesmo acometidos de peste ou psicopatas, tivessem "a mesma assistência que as mães dão a seus filhos gravemente enfermos". Foi a época da gratuidade do serviço aos doentes e da doação levada até o martírio.

2. A Igreja, os doentes e a cura científica

Também foi nessa época que o Ocidente entrou numa ebulição de busca de mudanças e de pesquisas que, aos poucos, transformaram o modo de viver, de enfrentar as realidades terrestres e os problemas que angustiam a humanidade.

Foi o tempo das viagens marítimas, da descoberta de novas terras, de novos povos, culturas, possibilidades.

Com Galileu teve início a ciência moderna. Revolucionou a visão do mundo. Deslocou a terra do centro do universo. O telescópio levou o homem a ver mais longe do que jamais tinha visto. O microscópio fê-lo perceber o que nunca tinha imaginado ver, descobriu os microrganismos, as vacinas, chegou à anestesia, tomou consciência de que não há uma só doença, mas uma infinidade, e que cada uma delas tem causa própria e se localiza em diferentes partes do corpo, doenças transmissíveis e infecciosas, aprendeu a fazer diagnósticos e descobriu meios para controlar a doença e fazer curas. Descobriu a eletricidade, inventou o motor a vapor e a explosão, descobriu o Raios X, a transfusão do sangue, os antibióticos, os transplantes. Descobriu e dominou o processo da transmissão da vida, diminuiu a mortalidade infantil, incrementou a longevidade. E quantas possibilidades os conhecimentos químicos abriram para penetrar os segredos do corpo e a produção de medicamentos! E quantas outras novidades e possibilidades a ciência trouxe e continua trazendo!

Graças a tudo isso, a vida do ser humano foi-se transformando profundamente. O hospital e o médico passaram a ter função que imaginavam ter, mas que não tinham: diagnosticar, curar, reabilitar.

No mundo da doença, a ciência sucedeu a fé, a caridade foi substituída pela técnica, o santo pelo profissional, a gratuidade pelo pagamento, a missão da Igreja pelo dever do Estado. A doença foi secularizada. O doente perdeu sua sacralidade. Foi desligada da religião. A doença deixou de ser fatalidade. Pode e deve ser prevenida. Pode e deve ser tratada. A saúde já não é dádiva, mas valor a ser promovido e cultivado. É tarefa do homem.

A partir de então, a Igreja deu novo valor às palavras de Cristo: "Eu vim para que todos tenham vida e a tenham em abundância" (Jo 10,10). Retomou as palavras do Eclesiástico: "A saúde e uma boa constituição física valem mais do que todo o ouro, um corpo vigoroso é melhor do que uma enorme fortuna. Não existe riqueza que valha mais do que um corpo sadio, nem maior satisfação do que a alegria do coração" (Eclo 30,15-16).

A vida e a saúde passaram a ter mais atenção que a doença. "Que dará o homem em troca da sua vida?" (Mt 16,25).

Não só a Igreja deslocou seu enfoque da doença para a saúde. A criação pela ONU, em 1948, da Organização Mundial da Saúde (OMS) foi um sinal evidente da mudança de enfoque que a sociedade civil assumiu. Basta considerar como definiu a saúde: "Estado de completo bem-estar físico, psíquico e social, não ausência de doença".

Deixem-se de lado os reparos a esta definição de saúde e tenha-se presente a ideia nova que trouxe e as mudanças sociais que introduziu e a deslocação da responsabilidade de quem deve cuidar socialmente da saúde. Não é mais a Igreja, mas o Estado. A saúde não é um bem sobrenatural, mas natural, de responsabilidade do homem, não da divindade. Responsabilidade do poder civil, não da Igreja. Os governos que não assumem a saúde de seus povos passaram a ser malvistos.

3. A Igreja perde espaço na saúde?

Graças a essa mudança do enfoque da saúde, a Igreja vem perdendo o espaço que teve durante quase dois milênios. Na antiguidade cristã introduziu e incrementou a assistência a todo tipo de pobres, desvalidos e doentes. Na Idade Média manteve o monopólio da assistência de doentes, vítimas de epidemias, feridos de guerras e vítimas de todas as calamidades. No século XIX multiplicou as congregações, sobretudo femininas, que fundaram hospitais e dedicaram suas atividades aos cuidados de doentes, tanto no mundo desenvolvido quanto no mundo pobre. Mas, desde a Revolução Francesa, a Igreja veio perdendo terreno na assistência hospitalar e aos doentes em geral, como também perdeu espaço nas instituições voltadas para a educação. Mas se perdeu campo no hospital, se diminuiu a participação de frades e freiras dedicados profissionalmente aos doentes, foi ganhando espaço no mundo da saúde.

O Papa Pio XII (1939-1958) interessou-se profundamente pelos problemas científicos e técnicos da área da saúde, deu importantes orientações éticas aos profissionais de saúde, tanto que nenhum outro Papa da história deu tamanha atenção ao mundo da saúde. Foi considerado "o Papa dos médicos".

Mas, a partir do Concílio Vaticano II, a Igreja Católica e outras igrejas cristãs assumiram um lugar diferente no campo dos doentes e da saúde. Merece destaque, em primeiro lugar, a mudança de enfoque quanto ao sacramento da Unção dos Enfermos, que deixou de ser "extrema-unção", ou sacramento dos que estão no fim da vida, para se tornar sacramento dos doentes, de quem busca a cura, com a recomendação de não "descambar no péssimo costume de protelar sacramento".

O novo ritual do Sacramento da Unção foi apresentado como "verdadeiro Manual de Pastoral dos Enfermos". Merece destaque o que se afirma na introdução: "Por disposição da divina providência, o homem deve lutar ardentemente contra toda doença e procurar com empenho o tesouro da saúde para que possa desempenhar seu papel na sociedade e na Igreja" (n. 5). A preocupação com a saúde prevalece sobre a doença.

As mudanças de enfoque na saúde prosseguiram com a criação do Pontifício Conselho *Cor Unum*, em 1971, pelo Papa Paulo VI, para "tentar coordenar as energias e iniciativas de todos os organismos católicos [...] com o oportuno intercâmbio de informações e no desenvolvimento crescente do espírito de cooperação, de modo que, sem interrupção e de forma orgânica, seja favorecido o progresso humano integral, através da utilização sempre mais racional dos meios adaptados para consegui-lo, com o encargo de seguir e coordenar as atividades médicas católicas de maneira que o futuro organismo [...] possa substituir também o interlocutor com a Comissão Médica Cristã do Conselho Mundial das Igrejas", a fim de tornar mais eficaz a presença da Igreja no mundo da saúde e evitar o desperdício dos recursos disponíveis.

O Papa João Paulo II instituiu a Pontifícia Comissão para a Pastoral dos Profissionais de Saúde, transformada, em 1988, em Pontifício Conselho de Pastoral para os Profissionais de Saúde, para acompanhar todas as pessoas que na Igreja se dedicam à saúde desde médicos até voluntários.

Também criou a Pontifícia Academia para a Vida, para orientar os profissionais da saúde "de que a ciência e a arte médica existem exclusivamente em função da promoção e da defesa da vida".

Mas antes disso, em 1984, João Paulo II publicou a Carta Apostólica *Salvifici Doloris* sobre o sentido cristão do sofrimento humano, reconhecendo que a atividade da Igreja no mundo dos doentes e da saúde é "parte integrante de sua missão".

O Pontifício Conselho para os Profissionais da Saúde tem por objetivo "acompanhar com atenção e estudar as orientações e iniciativas concretas de políticas de saúde em nível nacional e internacional com a finalidade de aproveitar a sua relevância e implicações para a pastoral da Igreja".

Igreja a serviço da saúde

Entre outras atividades, o Pontifício Conselho promove todos os anos congressos internacionais, com especialistas de fama mundial; publica, de quatro em quatro meses, a revista *Dolentium Hominum*, em cinco línguas; mantém contatos e intercâmbios com as organizações cristãs não católicas, pois considera "que a saúde é um campo privilegiado para uma ação comum".

Acompanha atentamente as novidades científicas e legislativas ligadas à saúde a fim de utilizá-las para a Pastoral da Saúde da Igreja. Participa da Organização Mundial da Saúde, da Unesco, e de outros organismos mundiais e nacionais ligados à saúde.

Outra iniciativa da Santa Sé foi a criação do "Dia Mundial do Doente", que se celebra todos os anos em 11 de fevereiro, festa de Nossa Senhora de Lourdes, com a finalidade de "sensibilizar o povo de Deus e as múltiplas instituições de saúde católicas e a sociedade civil para a necessidade de melhorar a assistência aos doentes; envolver de maneira especial as dioceses, as comunidades cristãs e as famílias religiosas na Pastoral da Saúde" etc. O Papa envia, todos os anos, uma mensagem especial para esta celebração.

Graças a tantas iniciativas da Santa Sé, as dioceses do mundo vêm dando ênfase à Pastoral da Saúde, com organizações específicas para cuidar da saúde e dos doentes. As Conferências Episcopais têm departamentos próprios encarregados de cuidar desta pastoral.

O Sínodo dos Bispos de 1994 sobre a Vida Religiosa Consagrada reconheceu que "um grande número de pessoas consagradas [...] exerce o seu apostolado nos meios hospitalares [...] Ao longo dos séculos muitas foram as pessoas consagradas que sacrificaram suas vidas a serviço das vítimas das doenças contagiosas".

O documento alarga a missão dos religiosos que se dedicam aos doentes: "Nas suas opções, privilegiem os doentes mais pobres, bem como os idosos, os inválidos, os marginalizados, os doentes em fase final, as vítimas da droga e as novas doenças contagiosas".

O Celam (Conselho Episcopal Latino-Americano) vem dedicando especial atenção à Pastoral da Saúde. A V Conferência da entidade, realizada em Aparecida, em 2007, em seu documento final, deu destaque à Pastoral da Saúde e à bioética. Considerou a Pastoral da Saúde como "resposta às grandes interrogações da vida, como o sofrimento e a morte, à luz da morte e ressurreição do Senhor" (Documento de Aparecida, 418), devendo-se "estimular nas Igrejas particulares a Pastoral da Saúde que inclua diferentes aspectos de atenção" (DA, 421), com especial atenção para a Aids.

Quanto à bioética, propõe promover e planejar cursos "para os agentes de pastoral que podem ajudar a fundamentar com solidez os diálogos sobre os problemas e as situações particulares da vida"; facilitar o acesso a estes estudos aos sacerdotes,

99

diáconos, religiosos e leigos; promover fóruns, painéis, seminários e congressos que estudem, reflitam e analisem temas concretos da atualidade sobre a vida; convocar as universidades católicas a que organizem programas de bioética; criar em âmbito nacional comitê de bioética; oferecer aos casais e noivos programas de formação em paternidade responsável (cf. DA, 469).

O Celam, para o ano de 2012, preparou um guia, chamado: "Discípulos Missionários no Mundo da Saúde: Guia para a Pastoral da Saúde na América Latina e Caribe".

Algumas Conferências Episcopais recomendam preparação específica dos candidatos ao sacerdócio para a Pastoral da Saúde.

No Brasil, a Igreja Católica promove todos os anos, na Quaresma, a chamada Campanha da Fraternidade, com um tema de interesse social para cada ano. A Campanha de 1981 foi sobre "Saúde para todos", inspirada na Conferência de Alma Ata, com o destaque: "Educar para a saúde é garantir saúde". Já está sendo preparada a Campanha de 2012, com o tema: "Fraternidade e Saúde Pública".

Mas não é só na Igreja Católica que a Pastoral da Saúde vem se renovando. O Conselho Mundial das Igrejas, surgido em 1948, que une as igrejas cristãs separadas do catolicismo, instituiu, antes que a Santa Sé criasse o Pontifício Conselho para os Profissionais da Saúde, a "Comissão Médica Cristã", instituição voltada "à reativação do ministério das igrejas e a definição de seu papel no campo da assistência à saúde, como uma igreja para o próximo", que deve "estar no mundo, sem ser do mundo".

A Comissão lembra que o trabalho das igrejas no campo da saúde "deveria ter como objetivo primordial ajudar a comunidade a se tornar consciente de suas necessidades básicas e participar ativamente na tomada de medidas eficientes para atender a estas necessidades". E acrescenta: "Se o trabalho de uma instituição médica cristã se limitar efetivamente só ao hospital, perderá todo o direito de ser considerado um trabalho cristão específico".

Esta última colocação reveste-se de especial importância, pois desloca a atenção pastoral do hospital para a comunidade, onde, tantas e tantas vezes, está a verdadeira causa das doenças que afetam a população. O hospital só atende as pessoas que o procuram e não atende mais que 20% ou 30% dos habitantes do lugar. E os outros 70% ou 80%? O hospital atende às necessidades das pessoas que o procuram, sem dar atenção às necessidades da família e da comunidade.

Valiosa contribuição para a Pastoral da Saúde foi dada pelo protestantismo com a criação da CPE (*Clinical Pastoral Education*), que se tornou de grande valia para a pastoral, absorvida também pelos católicos, e que atende à exigência de uma preparação prática para a pastoral. O tirocínio destina-se a sacerdotes, religiosos e leigos que queiram aprofundar sua formação pastoral, sobretudo no trabalho com doentes.

Outra contribuição das igrejas protestantes foi o desenvolvimento da relação de ajuda, isto é, de como o agente de pastoral deve proceder com pessoas que procuram ajuda. Foi nos ambientes protestantes dos Estados Unidos que surgiu esta nova forma de acompanhamento pastoral e que se difundiu rapidamente. Nos Estados Unidos existem faculdades de teologia que conferem graus acadêmicos em "Relação de Pastoral de Ajuda".

A relação de ajuda trata-se de um conjunto de atitudes que permite ao conselheiro pastoral ir ao encontro de quem tem necessidade de ajuda ou de se tornar disponível a ele. Observando o comportamento das pessoas, visitando-as nas famílias, nos hospitais, nos lugares de trabalho, torna-se possível perceber o momento oportuno para uma ajuda que poderá ser fundamental para o seu bem-estar. Esta capacidade de observar e de ir ao encontro pode transformar um encontro casual num encontro verdadeiramente humano.

Entre os católicos nem sempre se leva em conta isso e não se preparam profundamente os agentes para tanto. O tradicional sacramentalismo detém-se no poder próprio do sacramento e esquece a atenção humana, fraterna, simpática que o agente deve dar à pessoa que precisa de ajuda. O encontro de Jesus com a Samaritana ou com Nicodemos testemunha a importância da atitude de acolhida, atenção, empatia que o agente de pastoral deve ter com as pessoas a quem pretende servir.

4. Referências bibliográficas

CELAM (Conselho Episcopal Latino-Americano). *Documento de Aparecida (DA)*. São Paulo/Brasília: Paulus/Paulinas/Edições da CNBB, 2007.

_____. *Discípulos missionários no mundo da saúde*; guia para a Pastoral da Saúde na América Latina e no Caribe. São Paulo: Centro Universitário São Camilo, 2010.

DENZINGER, Heinrich. *Compêndio dos símbolos, definições e declarações de fé e moral*. São Paulo: Paulinas/Loyola, 2007.

CAPÍTULO VII

Elementos para uma teologia do mistério pascal

Afonso Maria Ligorio Soares

1. Vulnerabilidade e finitude

Os demais capítulos deste livro procuram desdobrar a contento as intensas relações entre doença, sofrimento, saúde e religião. Este capítulo pretende destacar um caso particular deste tema: a perspectiva cristã de abordá-lo, em termos de celebração do mistério pascal. A palavra "celebração" é propositalmente privilegiada aqui, pois, embora se queira falar de teologia, não se trata propriamente de uma "explicação" do mal e do sofrimento. Em primeiro lugar, porque nada irá, de fato, suplantar o mistério que ronda essa espinhosa realidade. Explicar é, em certa medida, mostrar o sentido (escondido) do objeto estudado. Se o mal, por princípio, é o *sem sentido*, aquilo que escapa a nossas tentativas de racionalização, o fato de pretender elucidar seu sentido mais profundo pode nos jogar em um beco sem saída.

Não é o caso de nos distrairmos com disputas terminológicas nem com jogos de palavras. A "tremenda realidade do sofrimento"[1] dispensa permissões e coerência lógica para ser abordada. O mal é escandaloso e inadmissível sob quaisquer circunstâncias, venha de onde e de quem vier. Nossa intuição mais profunda é de que nem mesmo Deus [o Deus cristão, ao menos] teria o direito de nos fazer sofrer. E, por mais que pareça a alguns ociosa (ou blasfema) a pergunta pelo sentido de nossas desgraças – já que o decisivo é assumir na história a luta contra os poderes malignos –, um mínimo de razoabilidade se faz indispensável a toda e qualquer práxis antimal. Por isso, em assunto tão intricado, quanto menos disquisições estéreis, tanto melhor.

---

[1] QUEIRUGA, *Creio em Deus Pai; o Deus de Jesus como afirmação plena do humano*, p. 112.

Elementos para uma teologia do mistério pascal

Este capítulo tem por pressuposta outra discussão que não faremos aqui,[2] mas que merece menção, a saber: que sentido tem o sofrimento num mundo que proveio de um Deus amoroso? E, por conseguinte, como viver da maneira mais humana e razoável possível a inexorabilidade do mal e do sofrimento sem apequenar a sugestão bíblica de que o Deus cristão odeia o mal e a maldade? A apresentação do problema parece não estar longe da formulação clássica dos ensaios de teodiceia, que partem da aparente impossibilidade de afirmar simultânea e coerentemente que *Deus é onipotente, é todo amoroso, mas o mal existe.* A concepção cristã do mal e da divindade possui uma incômoda originalidade que influenciou a vida e o pensamento ocidentais justamente pelo seu potencial de quebrar a lógica racional das teodiceias. Nesse sentido, a teologia cristã tem por obrigação compreender essa dimensão diabólica (*dia-bolos*) presente no mundo e procurar relacioná-la com a revelação de Deus. De outro modo, não será propriamente teologia nem especificamente cristã, mas simulacro de ambas.

Também merece ênfase a novidade trazida à baila pela teologia da libertação, quando enfatizou a cilada de uma espiritualidade cristã que não desse voz aos clamores dos Jós e Lázaros de ontem e de hoje – estas continuam sendo as urgências que de fato contam. Só isso basta para manter a novidade da teologia da libertação, que segue relevante, com ou sem mídia, com ou sem apoio de alguns setores eclesiásticos.

Enfim, que fique claro que a busca teológica cristã não se faz no vácuo. Ela só terá a ganhar se souber nutrir-se da pluralidade de narrativas míticas – que, a seu modo, ajudam as sociedades a forjarem verdadeiras ecologias sociais (J. L. Segundo) –, pois as religiões populares são conduzidas por uma autêntica epistemologia do sofrimento (O. Espín), tecendo consistentes redes epistemológicas, cujos nodos abrigam quatro categorias – crenças, expectativas éticas, ritos e experiências, por sua vez moldadas na experiência social e histórica das comunidades.[3] A fiação dessas redes são os relatos míticos, cujo papel consiste em pontuar ou nortear os acontecimentos da vida de modo a que façam sentido e nos ajudem a nos localizar ao longo da existência.

De posse dessa sensibilidade de fundo, a teologia nada perderia se levasse em consideração três constatações:

a) As elucubrações filosóficas jamais saciarão a angústia e a ansiedade humanas, que só poderão repousar numa experiência transcendental que nos escapa à razão, mas, ao mesmo tempo, tem na razão um poderoso antídoto antifideísmo.

---

[2] Até porque já a tratamos exaustivamente em outras ocasiões. Cf. SOARES, Entre o absoluto-menos e o absoluto-mais: teodiceia e escatologia. In: *Dialogando com Juan Luis Segundo*, pp. 175-214; SOARES, O mal existe. Que bom!?, pp. 2-11; SOARES, *De volta ao mistério da iniquidade* (no prelo); SOARES; VILHENA, *O mal; como explicá-lo?.*

[3] ESPÍN, *A fé do povo; reflexões teológicas sobre o catolicismo popular*, pp. 237-267.

b) A modernidade força o espírito humano a descrer de ilusões arcaicas e onipotências divinas abstratas para recolocá-lo em contato consigo mesmo e com suas impossibilidades estruturais. Só assim se poderá chegar a um cristianismo efetivamente moderno, adulto, responsável, que não fica mais paralisado à espera de um "deus" capaz de enquadrar nossos círculos. Torres Queiruga vem fazendo um vigoroso esforço nas últimas décadas para defender que, no cômputo geral, não cabe outra atitude de nossa parte senão otimismo e, principalmente, esperança. Os pressupostos de sua teologia da revelação, a saber, a intensa vontade divina de se aproximar e a opacidade de nossa condição humana resolvem-se na sua concepção maiêutica, que aposta no caminho de suor e sangue com que acontece a revelação. No entanto, resta a pergunta: que lugar ocuparão na teologia as epistemologias de sofrimento que vêm sendo elaboradas e narradas por nossos povos?

c) Por fim, o cristão adulto é simplesmente o ser humano agora consciente do processo evolutivo que, numa combinação de ordem e acaso, o trouxe até onde está: uma criatura espiritualizada, dotada de inteligência e liberdade, que já pode assumir o comando da evolução daqui para frente (Chardin; J. L. Segundo). O mal é tudo aquilo que ainda escapa de nossas mãos criativas, é tudo o que está à disposição de nossa argúcia para as sínteses cada vez mais complexas e amorosas que construiremos juntos quais *sinergoi* da Trindade. A teologia cristã é uma impressionante afirmação da graça de estarmos vivos nesse imenso universo, por mais breve que seja nossa estada por aqui.

2. Espiritualidade cristã

O termo "espiritualidade" caiu no gosto popular (fala-se até de QS, ou quociente de espiritualidade) e tem quebrado muitas resistências, quer nos meios científicos mais ortodoxos, quer nas elites mais agnósticas ou até anticlericais, sempre reticentes quando o assunto vai além de meras avaliações noéticas de proposições. Mesmo um filósofo ateu como o francês André Comte-Sponville defende o direito de viver uma "espiritualidade sem Deus".[4] Para ele, espiritualidade é a vida do espírito; o espírito é nossa abertura, como seres finitos e relativos, para o infinito e absoluto (que, para um ateu, não precisa ser transcendente nem divino). Já o filósofo inglês John Cottingham afirma que "o conhecimento de Deus [ou de seus equivalentes nas várias religiões] [...] é a meta da vida humana"; ele é "encontrado por meio da senda

---

[4] Para Comte-Sponville, o mais importante "não é Deus [...] nem a religião, nem o ateísmo, mas a vida espiritual". E explica: "O fato de eu não crer em Deus não me impede de ter um espírito, nem me dispensa de utilizá-lo". Ver COMTE-SPONVILLE, *O espírito do ateísmo; introdução a uma espiritualidade sem Deus*, p. 127. Para as objeções a esse tipo de proposta, ver também WALTERS, *Atheism; a guide for the perplexed*, pp. 157-177.

da práxis espiritual – práxis que produz uma transformação interior, uma receptividade que são a precondição essencial para a operação da graça".[5]

Um cristão afirmará, por sua vez, que espiritualidade, mais que vida do espírito, é vida no Espírito, ou seja, é viver em Deus (que é mais do que viver para Deus ou com Ele). Segundo o místico e teólogo católico Raimon Panikkar (1918-2010), Deus não é uma "coisa em si", senão "em nós" e para nossa mente. "Este mistério que chamamos 'Deus' não tem 'em si'. É pura relacionalidade, como dirá a concepção trinitária da Divindade".[6] Nesse ponto, a posição cristã é nitidamente uma herança judaica. De acordo com Pinchas Lapide:

> Se existisse um Deus que não fosse comunicável, ele não seria um Deus judeu [nem cristão], pois nós judeus vemos este mundo somente de modo teocêntrico, mas nosso Deus, nós o experimentamos somente de modo antropocêntrico. Não conhecemos nenhum deus-em-si, ou seja, um deus dos filósofos gregos. Nós apenas podemos experimentar um Deus que se nos dá a conhecer de modo antropocêntrico. Por tal motivo, todos os atributos judaicos de Deus estão orientados para o ser humano. Que outra coisa são bondade, graça, misericórdia e amor senão atributos antropocêntricos? Assim, e somente assim, podemos experimentar a Deus, sem pretender esgotar, Deus nos livre!, sua essência. Seria uma blasfêmia! Mas somente assim podemos experimentá-lo, através de seus modos de revelação, como, por exemplo, a bondade, a misericórdia e o amor.[7]

Para a teologia cristã, a espiritualidade é vivida no contexto da fé trinitária, a saber, na fé em um Deus Trino, simbolicamente invocado como Pai, Filho e Espírito Santo. Santo Ireneu chamava o Filho e o Espírito Santo de "as duas mãos do Pai". O Espírito é compreendido como Senhor e vivificador. É Senhor no sentido radical da palavra, como *Kyrios*, tanto quanto o Pai e Jesus Cristo. A palavra *Kyrios*/Senhor significa aquele que existe por si próprio, sustentando com poder a existência de todas as demais realidades. A reivindicação cristã sempre foi a de que esse senhorio pertence não a um Deus isolado, mas sim ao Pai com o Filho no Espírito.

O Espírito, sendo Senhor, é doador de vida (*zoopoion*). As escolas paulina e joanina já haviam afirmado que a letra mata, enquanto o Espírito vivifica/*zoopoiei* (2Cor 3,6), ou, ainda, que o Espírito é que dá a vida, a carne não serve para nada (Jo 6,63). Em sentido estrito, vivificar significa ressuscitar, como sugerem vários textos neotestamentários (Jo 5,21; Rm 4,17; 8,11; 1Cor 15,22.36.45; 1Pd 3,18.), que representam o Espírito de Deus como poder de vida, que ressuscita os mortos em e com Cristo.

---

[5] COTTINGHAM, *A dimensão espiritual*, p. 31.

[6] PANIKKAR, *Ícones do mistério; a experiência de Deus*, p. 243.

[7] LAPIDE, *Monoteismo ebraico; dottrina trinitaria cristiana*, pp. 54-55.

Contudo, a linguagem do Espírito transborda o nível discursivo e racional: mais do que definir, importa venerar este transbordamento de alegria e de mistério. Se arriscamos falar um pouco mais, é por pura teimosia. Em primeiro lugar, o Espírito é, simplesmente, o amor intradivino. Deus se apresenta como um processo vital em dois momentos: um de conhecimento, outro de amor. Ao se conhecer, Deus Pai gera em si o conhecido (Logos-Filho) e, ao se amar, suscita em si o amado (Amor-Espírito). O Espírito é amor personificado ou, talvez, amor pessoal: Deus culmina seu processo intradivino de autoconhecimento (no Filho) quando se expressa totalmente como amor (o Espírito).

Outra tentativa é apresentar o Espírito como amor dual. Não é amor do Pai para si, é o amor mútuo do Pai ao Filho e do Filho ao Pai. Daí ser "espaço de encontro", comunhão intradivina. Distingue-se claramente: Filho e Pai são pessoas diferentes; o Espírito, em compensação, aparece como amor mútuo; ele é o "nós" de Deus.

Por fim, o Espírito é fruto do amor comum. O Espírito não é apenas amor mútuo, é coamado, aquele a quem o Pai e o Filho suscitam com seu amor como terceiro do mistério trinitário. O Pai que ama o Filho e o Filho que ama o Pai fazem surgir, nesse encontro, o Espírito Santo, isto é, a pessoa em que culmina todo o amor. Mais do que isso os discursos racionais não podem dizer.

3. O Santo Espírito de Deus

É surpreendente o pouco que a revelação cristã revela da Trindade.[8] E tão somente da Trindade econômica (revelada), uma vez que, da Trindade imanente (Deus-para-dentro-de-si), as Escrituras praticamente evitam menção.[9] O máximo que se pode dizer "economicamente" é que Deus se ocupou de nós e conosco de três maneiras diferentes: Deus "antes de nós", como Criador e Pai; Deus "conosco", que se fez humano dentro dos limites e condicionamentos da história; Deus "para nós", que continua a revelação do Filho, desdobrando novos significados – é o Espírito.

Uma profunda unidade enlaça tais maneiras de Deus agir: cada uma dessas funções, afirma Segundo, pode ser atribuída à outra. Não são forças diferentes, têm o mesmo valor. A mesma decisão do Pai toma o Filho, só que em diferentes condições.

Estamos nas bordas do mistério. E a categoria-chave para demarcá-lo é justamente a de pessoa. Se prestarmos atenção às narrações bíblicas, veremos que as três

---

[8] Para o que segue nesta seção, ver SEGUNDO, *Teologia aberta para o leigo adulto; a nossa ideia de Deus.* Ver também SOARES, *Dialogando com Juan Luis Segundo.*

[9] É uma distinção clássica na teologia cristã: Trindade imanente equivale ao mistério incompreensível da vida intradivina e da inter-relação entre as pessoas divinas (pericorese trinitária); Trindade econômica corresponde àquilo que de Deus podemos saber, através da revelação (Bíblia), e, de certa forma, compreender por meio da linguagem analógica.

Elementos para uma teologia do mistério pascal

formas econômicas (históricas) mencionadas entram em diálogo com pronomes diferentes (Eu, Tu, Ele). O Novo Testamento sugere um acordo entre Jesus e o Pai ("Faça-se a tua vontade"). Os pronomes expressam relação entre pessoas. Um dos vocábulos gregos para pessoa, *prosopon* (que equivale ao *persona* do latim), indica a habilidade que alguém possui de dar sentido às coisas. Pessoa não é uma coisa (*res*) ou substância, mas uma qualidade ativa.[10]

Ao considerar, portanto, a pessoa de Jesus, a teologia infere que não é cabível perguntar se ele é uma pessoa divina ou humana. Isso é perguntar-se pela natureza (a *physis*, dos gregos)! A pessoa, em vez, é sempre a mesma. A mesma liberdade tomando a mesma decisão em dois planos, divino e humano.

O que significa falar de "pessoa" na Trindade e, de modo especial, em Jesus? Aplicada a Jesus, a categoria pessoa serve para indicar que Deus está experimentando os seus valores na condição humana. Quanto ao que se "passa" no interior da Trindade, o que dizer da relação entre as "três" pessoas? Deus nada nos falou disso, responde Juan Luis Segundo. O único expediente que pode nos ajudar é pensar que não se deve aplicar o número três a Deus. Deus é uno. Falar de pessoas nele é falar do salto máximo de uma síntese de centros: não há um ser à parte para cada centro pessoal. É a Comunidade perfeita, na total unidade que brota de um amor pleno.

É claro que, para muitos cristãos, aí incluído um amplo espectro de filósofos, de Kant a Hegel, e de teólogos como González Faus e Schillebeeckx, entre outros, permanece a singela dificuldade: três pessoas é igual a três deuses. Talvez a única (e humilde) saída seja aquela soprada por González Faus: a pressuposição de que "três pessoas equivalham a três deuses" vale somente *para nós*, humanos (três pessoas é igual a três seres humanos), mas *não vale absolutamente para Deus*.[11] No fundo, admite-o o próprio Faus, a palavra "pessoa" é sempre analógica quando aplicada aos modos de ser de Deus.

Por fim, o que muda em nossa vida é a consciência de que Deus é Aquele a quem nunca chegamos com nosso amor limitado. Nós só podemos adorar o Amor. Falar de Trindade imanente é falar de algo fora da história. Só se pode mencioná-la com a função de dar sentido último ao Ágape (o amor oblativo entre os seres humanos). Por isso, não é estritamente apropriada uma "teologia" do Espírito Santo, porque

---

[10] Na verdade, os cristãos tiraram a palavra *pessoa* de seu contexto grego original e dela se serviram para explicar uma qualidade única de seu Deus: sua infinita liberdade. Por ser totalmente livre, Deus pode até contradizer sua própria natureza (divina): embora infinito, eterno, imutável, felicíssimo de si e para si (como sabiam os gregos), Deus pode também nascer, sofrer, ignorar coisas, amar, morrer e ressuscitar (é a fé cristã na encarnação divina). Sendo Deus, ele pode "livremente" (pessoalmente) fazer o que a antiga metafísica grega deduzia que ele não poderia fazer. Séculos mais tarde, graças principalmente a Santo Agostinho, a palavra passou a ser usada no sentido em que é entendida até hoje, para se referir a nós, humanos.

[11] Ou seja, como Deus não é uma coisa (*res*), esse "três" não é um numeral; é um símbolo. Ver GONZÁLEZ FAUS, *Las siete palabras de José Ignacio González Faus*, pp. 45-46.

ele é, por essência, o Deus misterioso que, na história, surpreende sempre, agindo em qualquer pessoa, época ou lugar. Para que, então, teologizar (isto é, prever) a surpresa?

E quanto a orar ao Espírito Santo? Nem mesmo Jesus pediu-nos orações para si. Se o quisermos, rezemos diretamente ao Pai. Na verdade, um cristão compreende que Deus é sóbrio ao falar-nos de si mesmo. Apenas percebemos que os textos bíblicos falam de Eu-Tu-Ele. Nossa preocupação não deve ser com os três. Nem invocar os três. Nem uma teologia para cada um dos três. O que nos interessa é o Deus-para-nós, que nos impele a enfrentar os desafios da história. Seria inútil que Deus se pusesse a discorrer conosco acerca do seu "de-dentro". Para dizê-lo com São Bernardo: "Sei bem o que Deus é para mim; quanto ao que ele é para si, somente ele o sabe".[12]

Já o filósofo russo Nikolái Berdiäeff insistia que a teologia apofática (que vê Deus como Mistério) devia ser estendida a tudo quanto fosse pessoal: antropologia, ética, sociologia. E isso porque o Mistério de Deus não decorre de que seja ele infinito, mas, antes, de sua qualidade pessoal. Qualidade, aliás, que qualquer um de nós possui.

Em suma, para enfatizar a criatividade, o acaso na criação e na evolução, e sua novidade, é suficiente que falemos do Pai Criador e do projeto de Jesus. Para um cristão, falar de Deus implica falar daquele lugar onde Deus se revelou: a pessoa e a história de Jesus. Implica se referir à palavra, exigência de vida e esperança, que Jesus oferece ao mundo, isto é, seu Espírito. Ou ainda, na expressão de González Faus, "o Espírito é a novidade do passado de Jesus".[13]

A experiência e o discernimento do Espírito é a resposta àquela milenar questão: Deus ainda se encontra no meio de nós? O cristão sabe que Deus está conosco em Jesus, na força que provém do Senhor ressuscitado, e que nos leva ao encontro com o Pai. Esse movimento, para nós inapelavelmente histórico, só o fazemos no Espírito-Sopro-Vento. A *ruah* (ou o Espírito) pode se definir, portanto, como graça, isto é, aquele encontro em que Deus e o ser humano se unem.

4. Celebrando com símbolos o mistério pascal

Todo cristão reconhece em Jesus de Nazaré a encarnação e a visibilização do mistério divino. Essa novidade provoca um estremecimento tão grande no monoteísmo tradicional que será preciso tomar emprestada a palavra grega *prosopon* (*persona*, em latim) para dar conta conceitualmente desta revelação: Deus, sem deixar de ser uno, é trino. Para a espiritualidade cristã, isso significa que, para atingirmos o máximo de nossa plenitude existencial, o método é seguir Jesus (*sequela Christi*): Jesus

---

[12]   *De Consideratione* V, 11. 24, cit. por NOGUEIRA, *O Espírito e o Verbo; as duas mãos do Pai*, p. 28.

[13]   GONZÁLEZ FAUS, *Las siete palabras de José Ignacio González Faus*, p. 46.

é o Caminho, a Verdade e a Vida (Jo 14,6). Ou seja, só Jesus é o Caminho para a Verdade que é a Vida. Esse caminho espiritual garante-nos a saúde integral, a saber, a santidade, apesar de nossas inevitáveis imperfeições e limites, sem os quais, aliás, nem humanos seríamos.

Portanto, a espiritualidade cristã não é uma espiritualidade de desprezo do mundo, do corpo, da matéria, como poderia ser uma espiritualidade de sabor mais platônico ou oriunda de algumas correntes helênicas (estoicismo, orfismo etc.). Nem, ao contrário, estamos aqui num materialismo ou sensualismo radical de busca do bem-estar individual a todo custo. Entre um extremo e outro, o critério é o seguimento de Jesus e, para tanto, é preciso conhecer muito bem como Jesus vivia, quem eram seus amigos e seus adversários, o que ele condenava, o que combatia, por que foi condenado à morte e por que assumiu pagar com a própria vida o preço de sua pregação.

Aí temos o norte da espiritualidade cristã, o cerne de sua mística. As orações, liturgias, sacramentos e demais práticas de piedade só fazem sentido enquanto giram em torno desse eixo cristológico. Se o perdem de vista, são apenas fideísmo, beatice, rubricismo, simonia e até mesmo charlatanismo. O núcleo da espiritualidade cristã é a Eucaristia. Essa palavra, de origem grega, esconde duas ideias e palavras nossas: dar graças, agradecer (*eu-caristein*), e caridade (no melhor sentido da *charitas*: dar de graça o que de graça recebemos – o supremo dom da vida).

Isso posto, o catolicismo não inventa nada do vazio. Sua tradição espiritual é fruto de um indisfarçável diálogo com tradições ancestrais e com os povos com os quais, aos poucos, foi fazendo contato. Já se disse no passado que o cristianismo é um fabuloso sincretismo.[14] Portanto, em diálogo com símbolos (arquétipos) e sinais facilmente reconhecíveis pelas pessoas, ele foi procurando traduzir e celebrar suas mais profundas convicções de fé. Como no ritmo da respiração, agimos e celebramos, celebramos e agimos, práxis e festa, liturgia e caridade, *ora et labora*.

Há aí um plano de evangelização (anúncio da Boa Notícia a todos) e de catequese (ensinar, com tempo e paciência, a quem quiser conhecer melhor a fé cristã). O próprio ritmo é uma pedagogia.[15] A própria vivência da espiritualidade, aliada a uma paulatina catequese, é Mistagogia (arte de iniciar alguém nos mistérios da fé). No entanto, o mistagogo não faz distinção de pessoas; qualquer um pode, se quiser, conhecer esse mistério. Por isso, o catolicismo é uma variável religiosa exotérica (para

---

[14] Não uso o termo "sincretismo" em sentido pejorativo. Outros termos ou metáforas são sugeridos por diversos autores, tais como: síntese, inculturação, inreligionação, *melting pot*, tradução, hibridismo, enxerto, osmose etc. Para mim, o que interessa afirmar é a constante inter-relação entre as diversas culturas e religiões, no ritmo e na dosagem que as comunidades podem ou querem seguir. Ver, a esse respeito, SOARES, *Interfaces da revelação; pressupostos para uma teologia do sincretismo religioso* e SOARES, *No espírito do Abbá; fé, revelação e vivências plurais*.

[15] Um importante documento aprovado em 1965 durante o Concílio Vaticano II, conhecido como *Dei Verbum* (*Constituição dogmática sobre a revelação divina*), menciona, em seu § 15, que Deus serviu-se de uma pedagogia divina ao decidir se comunicar conosco. Ver *Constituição dogmática Dei Verbum sobre a revelação divina*.

fora), e não esotérica (para dentro). Seus ritos nada têm de secretos; são públicos, comunitários e de eficácia comunitária (não beneficiam uns poucos iluminados). O principal deles é a Celebração Eucarística.

5. Os sete sacramentos: Deus-conosco nas situações mais marcantes da vida

A Missa tem seu eixo na Eucaristia, e esta é um dos sete sacramentos do catolicismo. Por isso, para entendermos sua relação com os demais sacramentos e com o chamado Mistério Pascal, temos de explicar primeiramente a noção de sacramento.

"Sacramento" e "mistério". Duas palavras para falar da mesma realidade. Vinda do antigo sânscrito, passando pelo grego, *mysterion* significava, ao pé da letra, "olhos e boca fechados". A ideia era a seguinte: algo tão real e profundo que vai além do que podemos ver e tocar, e que não se esgota em nenhuma palavra conhecida. Foi por isso que os primeiros cristãos passaram a chamar de "mistério pascal" a revelação--encontro de Jesus de Nazaré em suas vidas.

Mais tarde, o teólogo Tertuliano (século II) tomou emprestado de uma cerimônia militar romana o termo *sacramentum* – uma espécie de bastão recebido pelo soldado como símbolo de seu juramento de sagrada fidelidade a César. Apesar de associar algo tão rico como o "plano-de-Deus-para-nós" com a linguagem militar de "leis e obrigações", o que Tertuliano queria indicar era que sacramento é coisa séria. Tomar o partido de Cristo exige consciência e compromisso responsável em todos os momentos da vida.

Na verdade, a comunidade cristã inteira é um sinal. Sua "convivência" é o grande sinal-testemunho que ela pode dar ao mundo. Ao longo da história, duas experiências serviram de base para o cristianismo melhor sinalizar o sonho de Deus para o ser humano: de um lado, a memória das ações libertadoras de Jesus; de outro, aquelas situações mais críticas pelas quais todos passamos e que põem em jogo nossa felicidade. O Concílio de Trento, no século XVI, fixou em sete estes momentos-chave, ou "sacramentos": batismo, confirmação (crisma), eucaristia, reconciliação, unção dos enfermos, ordem e matrimônio.

O primeiro é justamente o instante do nascimento. Num momento cercado de tanta apreensão, esperança e fragilidade, é muito bom sentir a acolhida amorosa, segura e feliz da comunidade dos que "sonham os mesmos sonhos de Jesus" (batismo). Em seguida, vem a dolorosa emergência da liberdade na adolescência. Adeus cumprimento mecânico de regras e estruturas. O que importa é assumir o significado mais profundo da mensagem de Jesus, inventando novos jeitos de traduzi-la hoje (crisma – confirmação). Para falar do grande desafio da vida comunitária e

Elementos para uma teologia do mistério pascal

de como evitar a rotina e o individualismo, os cristãos foram buscar, como sinal da incessante ressurreição do amor que liga a comunidade, o símbolo da mesa familiar. O alimentar-se em comum simboliza-realiza-potencializa nossa identidade humana (Eucaristia).

O contrário da Eucaristia é justamente a ruptura com a comunidade. Querendo ou não, cedo ou tarde deparamo-nos com o fracasso, o limite, a ofensa. As forças de desunião podem ser lentas e até imperceptíveis, mas estão sempre às voltas. A Comunidade Cristã quer ser sinal de que não existe amor que avance sem morte e ressurreição, nem sem pecado e reintegração (reconciliação).

A doença é o momento ou situação que talvez deixe mais clara nossa fragilidade humana. Além do risco de morte, uma pergunta que machuca é: que valor tenho eu, agora que não estou mais produzindo para a comunidade? A resposta cristã nos diz que mesmo a dor e a morte não pretendidas podem ser ocasião de autêntico amor, isto é, podem nos tornar mais pessoas na medida em que nos sintonizam com "as coisas que não passam" (unção dos enfermos).

Finalmente, a experiência humana do amor tem sua expressão em duas possibilidades de testemunho radical no mundo. O ágape (dom de si) pode ser celebrado tanto na especial convivência homem-mulher (matrimônio) quanto na dedicação a tempo pleno pela comunidade (ordem: diáconos, presbíteros e bispos).

E, assim, a comunidade cristã (católica) pretende se fazer presente no inteiro arco da vida de seus adeptos, mostrando que, desde o início, Deus os amou até o fim.

6. Igreja: a comunidade-família dos batizados é sacramento de Cristo

Quem contempla e aprende de Jesus está, na verdade, entrando em contato (de uma forma misteriosa, é verdade) com o próprio Deus. "Quem me vê, vê também o Pai" (Jo 14,9). O batismo de Jesus é um aperitivo do que será toda a sua vida terrena: Jesus é, de fato, sacramento de Deus. O cristão sabe pelos Evangelhos que Deus é amor, é perdão, não nutre por nós desejo de vingança, fica feliz quando usamos de nossa liberdade, é solidário de nossas lutas por mais vida e maior dignidade, vibra com nossas vitórias, festeja conosco o encontro da pessoa amada, chora quando a perdemos.

A essência da mensagem de Jesus de Nazaré não se perdeu: o segredo da divindade está dentro de nós mesmos. Ser humano é divino. Aqueles que captaram essa mensagem e que sonharam os mesmos sonhos de Jesus de Nazaré formaram comunidades de amor e partilha que, com o tempo, foram chamadas de Igreja. Se quem vê

111

Cristo vê o Pai, quem vê a Igreja deveria ver Cristo. Porque esta é a missão da Igreja: ser sacramento de Cristo para todos.

E como alguém pode tornar-se Igreja? O Catecismo da Igreja Católica afirma que "o santo batismo é o fundamento de toda a vida cristã, [pois] [...] pelo batismo somos libertados do pecado e regenerados como filhos de Deus, tornamo-nos membros de Cristo, e somos incorporados à Igreja e feitos participantes de sua missão".[16] Portanto, a Igreja é a comunidade dos batizados.

O batismo é o primeiro sacramento, e a teologia cristã sempre o entendeu como um dos atos do Cristo, um dos gestos através dos quais o Cristo morto e ressuscitado reúne todo ser humano em seu Corpo.[17] Os gestos do Cristo na Igreja não são diferentes daqueles que Jesus realizava durante sua vida terrena. Conforme o Catecismo, "o 'mergulho' na água simboliza o sepultamento do catecúmeno na morte de Cristo, da qual com Ele ressuscita, como 'nova criatura' [...]",[18] pois "é um banho de água no qual 'a semente incorruptível' da Palavra de Deus produz o seu efeito vivificante".[19]

A mesma carga simbólica estava no ato de testemunhar Cristo até a morte. Por isso, nos primórdios da fé cristã, os catecúmenos martirizados eram reconhecidos como plenamente cristãos, pois haviam recebido o batismo de sangue. E mais, quando alguns deles sobreviviam à pena capital (degola, crucifixão, arena dos leões), eram imediatamente conduzidos ao grau máximo do episcopado. Quem passava pela *martyria* (testemunho radical da mensagem de Jesus) atingia a plenitude da vida sacramental!

7. O Mistério Pascal e a Eucaristia[20]

A Eucaristia é um dos sete sacramentos católicos. Entretanto, todos os sacramentos são eucarísticos, pois tendem para a comunhão e a ação de graças. Se o batismo é o sacramento primordial, a pedra fundamental de toda a construção da vida cristã, também ele sinaliza o que é mais característico da vida eclesial: o compromisso de viver em comunhão, ou seja, a Eucaristia. Por isso, a doutrina católica vê no batismo a base da vida cristã e na Eucaristia, sua plenitude.

---

[16] Catecismo da Igreja Católica, "O sacramento do batismo", § 1213, disponível em <http://angelgireh.tripod.com/sp03.html>.

[17] *Constituição dogmática Lumen Gentium sobre a Igreja*, capítulo 1, artigo 7: A Igreja, Corpo místico de Cristo.

[18] Catecismo da Igreja Católica, "O sacramento do batismo", § 1214.

[19] Catecismo da Igreja Católica, § 1228.

[20] Seria importante aprofundar mais o significado do batismo, porque ele compõe, juntamente com Crisma e Eucaristia, os sacramentos da iniciação cristã. Mas como não temos espaço aqui, contentamo-nos em recomendar o livro MIRANDA, *Água, sopro e luz; alquimia do batismo*. Para esta seção, cf. principalmente GENTILI, *As razões do corpo; os centros de energia vital na experiência mística cristã*.

Elementos para uma teologia do mistério pascal

A celebração da Eucaristia é a Santa Missa ou Ação de Graças Eucarística. O que chamamos de Missa Católica é uma liturgia (ritual comunitário em que o povo fiel, reunido fraternalmente no Espírito Santo, coloca-se em adoração ao mesmo Pai, por intermédio de Jesus Cristo). O sinal da cruz abre e encerra esta e qualquer outra ação/oração do cristão. Mas o que há por trás desse simples gesto, quase corriqueiro?

Vejamos. O próprio sinal da cruz é uma catequese resumida. Ele é um caminho de iniciação ao mistério. Quando o cristão repete esse sinal, está se comprometendo a fazer tudo em nome de Deus, ou seja: em nome do Pai, pelo Filho, no Espírito Santo. Ao pronunciar o Pai, o fiel cristão toca sua própria fronte (o lugar do terceiro olho, o olho espiritual). A leve pressão sobre a fronte é um despertador, uma chacoalhada para que fiquemos alertas.

Ao invocar o Filho, o fiel bate no peito (somos filhos no Filho) e abre o chacra cardíaco. O coração é o centro da pessoa na Bíblia; ele preside a emoção, o afeto e o amor oblativo. Diz o livro de Provérbios que "o coração do homem planeja o seu caminho" (Pr 16,9). E a autêntica cura espiritual começa do coração. O rito penitencial do início da Missa Católica reafirma a necessidade da cura do coração: o fiel bate no peito três vezes enquanto intercede: "Senhor, tende piedade nós".[21]

Finalmente, o fiel conclui o sinal da cruz invocando o Espírito Santo com um movimento delicado: toca levemente a mão sobre o ombro esquerdo e a conduz até o ombro direito, passando sobre a cabeça com um gesto que simula o de alguém se cobrindo com um véu. É a sombra luminosa do Espírito a nos envolver ("o Espírito Santo desceu sobre eles..." (At 10,44; 11,15) "Cubra-nos com teu Espírito"). Que o Espírito nos proteja e nos acompanhe em todos os momentos desta ação que se inicia.

Essa mesma lógica simbólico-curativa atravessa toda a celebração da Missa Católica. Após os ritos iniciais, a Liturgia da Palavra é o momento em que todos ouvem trechos da Bíblia, do chamado Antigo Testamento e do Novo Testamento. É um momento importante em que o fiel se sente cuidado e protegido por Deus, mas também convocado a fazer a diferença no dia a dia. Deus vem pelo ouvido (*audire*, audição), e o povo responde, obedecendo (*ob-audire*, obediência).

Em seguida, a liturgia eucarística prepara a comunhão profunda com o Deus vivo: a procissão das oferendas leva ao altar o fruto de nosso trabalho e toda a nossa vida; o Ofertório entrega ao Pai tudo o que somos para que seja transformado no Pão que dá a vida (a cura não vem do nada, ela vem do que começamos a fazer com nossos próprios recursos, da pobreza do que temos). O momento da Comunhão é simbolicamente muito forte: o fiel recebe em seu ser Aquele que sempre esteve lá: o próprio Deus. O que mudou, então? O rito sugere que, ao longo da missa, o fiel foi

---

[21] Bater três vezes simboliza convicção, autenticidade. "Santo, santo, santo é o Senhor Deus do universo" significa que Deus é verdadeiramente Santo. "Jesus ressuscitou no terceiro dia" quer dizer que ele ressuscitou de verdade!

abrindo seus poros espirituais entupidos (seus chacras) e foi deixando espaço para que o Espírito agisse em seu coração e em todo o seu ser. No final da celebração eucarística, o antigo rito em latim dizia: *Ite missa est*. Significa "Ide, a missa acabou", mas também: "A missa é/começa (*est*) agora!"

A lógica curativa e libertadora da Eucaristia percorre também os sete sacramentos, acionando constantemente o que alguns místicos chamam de centros interiores "sutis" (a fronte, os lábios, o peito) e os demais órgãos do corpo.[22] Eles são ativados, por exemplo, na proclamação do Evangelho durante a missa, nas unções do rito do batismo e na unção dos enfermos. Mas é particularmente instrutiva a respeito a lógica que preside o Pai-Nosso, conhecido como a oração do Senhor.

Como dizia Tertuliano nos primórdios da fé cristã, o Pai-Nosso é "*breviarium totius evangelii*",[23] uma apresentação sucinta do cerne do Evangelho em forma de oração. Pois bem, quando recitada pausadamente, essa prece – que a tradição sempre atribuiu a Jesus de Nazaré –, além de ser uma profunda catequese sobre o que significa ser cristão (ser testemunha do Reino de Deus), consiste numa autêntica terapia de ativação de nossos centros vitais.

Vejamos como isso se dá. Recordemos por um instante o Pai-Nosso e depois acompanhemos nas linhas seguintes os passos dessa oração, conforme a sugestão de interpretação de suas invocações que nos oferece o monge Antonio Gentili:

- *Topo da cabeça*: Pai nosso, que estais no céu ["Deus fez pousar sobre a cabeça [...] a bênção" (Eclo 44,25)].[24]

- *Fronte (olho espiritual)*: Santificado seja o vosso nome ["Seu nome estará sobre suas frontes" (Ap 22,4)].

- *Boca/garganta*: Venha a nós o vosso Reino ["É confessando com a boca que se chega à salvação" (Rm 10,10)].

- *Coração*: Seja feita a vossa vontade, assim na terra como no céu ["Colocarei minha lei no seu seio e a escreverei em seu coração" (Jr 31,33)].

- *Plexo solar*: O pão nosso de cada dia nos dai hoje ["Dá-nos sempre desse pão" (Jo 6,34)].

---

[22] Ver GENTILI, *As razões do corpo; os centros de energia vital na experiência mística cristã*, pp. 10-19.

[23] Tertuliano apud GENTILI; CAMICI, *Padre nostro; mistagogia della preghiera del Signore*, pp. 91-104.

[24] Entre colchetes estão citações de distintas partes da Bíblia, para mostrar como essa oração dialoga com toda a trajetória espiritual judeu-cristã e a sintetiza nessas frases lapidares que funcionam como uma série progressiva de mantras. Ver GENTILI, *As razões do corpo; os centros de energia vital na experiência mística cristã*, pp. 152-155. A segunda edição italiana do livro de Gentili traz dicas muito mais pormenorizadas sobre como fixar a oração nos centros vitais. Ver Gentili, *Le ragioni del corpo; i centri di energia vitale nell'esperienza cristiana*, pp. 151-165.

Elementos para uma teologia do mistério pascal

- *Centro visceral*: Perdoai as nossas ofensas, assim como nós perdoamos a quem nos tem ofendido ["Renova em minhas vísceras um espírito firme" (Sl 51,12-13)].

- *Centro gravitacional*: E não nos deixeis cair na tentação, mas livrai-nos do mal ["Se alguém não nascer de novo, não poderá ver o Reino de Deus" (Jo 3,3)].

O Pai-Nosso é, na verdade, um aperitivo da riquíssima sabedoria cristã. Ele consegue sintetizar o que há de mais erudito (o chamado magistério hierárquico) e o que há de mais popular (o tradicional *sensus fidei fidelium*, ou sentido da fé vivida pelos fiéis) na milenar tradição cristã.

O importante, porém, é reafirmar que a resposta cristã ao drama da dor e do sofrimento humano é uma combinação de prática da caridade, seguimento de Jesus e celebração da esperança de vitória do reinado que ele pregou e testemunhou até a morte. Crer e celebrar sua ressurreição é antecipar a alegria de toda a humanidade ao experimentar que a vida, enfim, faz sentido. Mas enquanto estivermos *a caminho* o sofrimento é nosso companheiro cotidiano.

8. Referências bibliográficas

ALVES, Rubem. *Creio na ressurreição do corpo*; meditações. 2. ed. São Paulo: Sagarana, 1984.

BELLEI, Ricardo José. *A questão da interioridade no Itinerarium Mentis in Deum de são Boaventura*. Porto Alegre: PUC, 2006. Dissertação de mestrado. Disponível em <http://tede.pucrs.br/tde_busca/arquivo.php?codArquivo=184>.

BOFF, Leonardo. *Os sacramentos da vida e a vida dos sacramentos*. Petrópolis: Vozes, 1976.

COMTE-SPONVILLE, André. *O espírito do ateísmo*; introdução a uma espiritualidade sem Deus. São Paulo: WMF/Martins Fontes, 2007.

CONSTITUIÇÃO DOGMÁTICA DEI VERBUM sobre a revelação divina. Promulgada no Concílio Vaticano II. Roma, 18.11.1965. Disponível em: <http://www.vatican.va/archive/hist_councils/ii_vatican_council/documents/vat-ii_const_19651118_dei-verbum_po.html>.

CONSTITUIÇÃO DOGMÁTICA LUMEN GENTIUM sobre a Igreja. Promulgada no Concílio Vaticano II. Roma, 21.11.1964. Disponível em: <http://www.vatican.va/archive/hist_councils/ii_vatican_council/documents/vat-ii_const_19641121_lumen-gentium_po.html>.

COTTINGHAM, John. *A dimensão espiritual*; religião, filosofia e valores humanos. São Paulo: Loyola, 2008.

ESPÍN. Orlando. *A fé do povo*; reflexões teológicas sobre o catolicismo popular. São Paulo: Paulinas, 2000.

GENTILI, Antonio. *As razões do corpo*; os centros de energia vital na experiência mística cristã. São Paulo: Paulinas, 2001. Edição italiana: *Le ragioni del corpo*; i centri di energia vitale nell'esperienza cristiana. 2. ed. Milano: Ancora, 2007.

_____; CAMICI, Alberto. *Padre nostro*; mistagogia della preghiera del Signore. Milano: Ancora, 1994.

GONZÁLEZ FAUS, José I. *Las siete palabras de José Ignacio González Faus*. Madrid: PPC, 1997.

LAFONT, Ghislain. *História teológica da Igreja Católica*. São Paulo: Paulinas, 2000.

LAPIDE, Pinchas. *Monoteismo ebraico*; dottrina trinitaria cristiana. Brescia: Queriniana, 1980.

MIRANDA, Evaristo E. de. *Água, sopro e luz*; alquimia do batismo. 2. ed. São Paulo: Loyola, 1998.

NOGUEIRA, Luiz E. dos Santos. *O Espírito e o Verbo*; as duas mãos do Pai. São Paulo: Paulinas, 1995.

PANIKKAR, Raimon. *Ícones do mistério*; a experiência de Deus. São Paulo: Paulinas, 2007.

QUEIRUGA, Andrés Torres. *Creio em Deus Pai*; o Deus de Jesus como afirmação plena do humano. São Paulo: Paulus, 1993.

RYAN, William. *Saúde mental, direção espiritual e oração contemplativa*. Disponível em: <http://www.oracaocentrante.org/saudem.htm>.

SEGUNDO, Juan Luis. *Teologia aberta para o leigo adulto*; a nossa ideia de Deus. São Paulo: Loyola, 1976.

SOARES, Afonso Maria L. *Dialogando com Juan Luis Segundo*. São Paulo: Paulinas, 2005.

_____. *Interfaces da revelação*; pressupostos para uma teologia do sincretismo religioso. São Paulo: Paulinas, 2003.

_____. *No espírito do Abbá*; fé, revelação e vivências plurais. São Paulo: Paulinas, 2008.

_____. O mal existe. Que bom!? *Vida Pastoral* 189, 1996, pp. 2-11.

_____; VILHENA, Maria Angela. *O mal*; como explicá-lo? São Paulo: Paulus, 2003.

WALTERS, Kerry. *Atheism*; a guide for the perplexed. New York: Continuum, 2010.

CAPÍTULO VIII

Morte e morrer como experiência existencial de plenificação do ser humano

Renold Blank

1. Descobrir as múltiplas dimensões do fenômeno da morte e do morrer

A grande maioria das pessoas, quando confrontada com a questão da morte ou com o ato de morrer, reage de maneira receosa. A morte, fenômeno geral e inevitável para todo ser humano, envolve angústias, tendências à fuga e tabus.

Diante deste quadro, é urgente que conheçamos os resultados muito interessantes das pesquisas tanatológicas feitas nas últimas décadas, além de recuperar o conteúdo das reflexões teológicas sobre este assunto. Só a partir desta dupla perspectiva é possível recuperar as duas dimensões-chave de um fenômeno que diz respeito a todo e qualquer ser humano: a morte.

A reflexão sobre a morte baseia-se, por um lado, em fatos e pesquisas empíricas. Por outro lado, porém, existe uma reflexão teológica sobre esta mesma temática. Esta tem a ousadia de ultrapassar as fronteiras do empirismo, afirmando que além delas existem outras dimensões maiores, por enquanto inacessíveis aos nossos instrumentos científicos, mas apesar disso existentes.

Hoje, não são poucos aqueles que negam estas dimensões, fixando-se na constatação empírico-fenomenológica do fim da existência terrena de uma pessoa e compreendendo este fim dentro da tradição existencialista do século XX, como confirmação e última prova da absurdidade da existência humana.

Contra tal redução unilateral, as reflexões aqui apresentadas tentarão abrir o enfoque para aquelas dimensões do ser que ultrapassam o empírico. A partir desta perspectiva, a morte não se apresenta unicamente como fim, mas muito mais como abertura para novas e fascinantes descobertas.

2. Enfoques tanatológicos do processo de morrer

a) As cinco fases do morrer

Muitas pessoas imaginam o morrer dentro de um enfoque totalmente estático, como acontecimento momentâneo, comparável ao desligar de uma luz. As pesquisas tanatológicas dos últimos trinta anos, em contraposição, conscientizaram-nos sobre o caráter profundamente processual daquela experiência existencial de todo ser humano que chamamos de morte. Com exceção das muitas possibilidades de morte súbita, o processo do morrer começa de fato já muito antes desta experiência tornar-se consciente. Uma doença terminal pode iniciar-se anos ou meses antes de ser detectada. Mais cedo ou mais tarde, todavia, o decurso latente se torna manifesto. A partir deste momento, a pessoa vê-se confrontada com o fato de ela inevitavelmente estar envolvida num processo terminal. Esta tomada de consciência desencadeia em escala mais ou menos acentuada aquela dinâmica específica que, a partir da grande pesquisadora Elisabeth Kübler Ross, se denomina "as fases do morrer". Conhecê-las pode ser muito proveitoso não só para a pessoa que morre, mas também para aquelas que acompanham este processo, sejam eles familiares, amigos, profissionais da saúde etc.

Por causa disso, parece fazer sentido mencionar pelo menos alguns dos elementos-chave do processo em questão:[1]

Primeira fase: choque e negação. Recebendo o diagnóstico de uma doença terminal, a pessoa primeiro leva um choque. A sua reação é de negar a veracidade daquilo de que está sendo informada. Por causa disso, geralmente nega os fatos. Ela faz de tudo para convencer a si mesma e até aos seus cuidadores de que o diagnóstico deve ser falso e de que os médicos se enganaram. Para a equipe de saúde que trata do caso, às vezes é muito difícil aceitar esta atitude. Para a pessoa doente, porém, trata-se de um tipo inconsciente de proteção diante de uma situação que ela ainda não é capaz de suportar, sendo de extrema importância um bom acompanhamento. São

---

[1] Cf. KÜBLER-ROSS, *On death and dying*; KÜBLER-ROSS, *Sobre a morte e o morrer*. Em termos de referência, cf. também: ESSLINGER, *De quem é a vida, afinal?*; FONSECA, *Luto antecipatório*; KOVÁCS, *Morte e desenvolvimento humano*; BROMBERG, *A psicoterapia em situações de perdas e luto*.

essenciais as manifestações de solidariedade e de compreensão, mas não se pode mentir para o paciente, nem enganá-lo sobre o seu verdadeiro quadro.

Segunda fase: ira, raiva, revolta. À medida que inevitavelmente vem à tona o verdadeiro diagnóstico do paciente, ele entra na fase mais difícil de todo o processo: a fase da ira e da revolta. Esta se manifesta por meio de atitudes agressivas, dirigidas sobretudo às pessoas à sua volta: os familiares, a equipe hospitalar e, às vezes, até o sacerdote. Pode ser também que a pessoa doente não manifeste esta agressividade abertamente, podendo manifestar isto ao reclamar de tudo e de todos, de tal maneira que irrita até os seus familiares e amigos, muito mais ainda os integrantes da equipe de saúde. Para todos os cuidadores ou familiares atingidos por tais comportamentos, é essencial estar ciente de que nada disso, no fundo, diz respeito a eles ou elas em termos pessoais. É muito mais expressão de uma profunda crise. No centro desta crise encontram-se normalmente questionamentos de angústia profunda, como, por exemplo: "Por que isso acontece comigo?" ou: "Por que agora?" Independentemente do fato de esta situação ser difícil e não obstante o próprio paciente às vezes rejeitar qualquer ajuda, é essencial, principalmente nesta fase, que os cuidadores e familiares insistam com suas atitudes de solidariedade, apoio e de benevolência.

Terceira fase: negociação e esperança. Depois de um período de agressividade relativamente prolongado, o paciente entra na terceira fase do processo de morrer, que é a fase da negociação. O paciente terminal parece aceitar a situação, mas tenta através de todos os meios adiar o inevitável. Por isso, tenta novas terapias ou recorre a sessões de cura em cultos, começa a rezar e a fazer promessas, quer consultar outros médicos ou recorre a benzedeiras e curandeiros. Para a assistência médica, que considera estas tentativas em sua maioria absurdas, é importante compreender este comportamento por parte do paciente. Nesta situação difícil, os cuidadores estão diante do desafio de não destruir ou frustrar a esperança do paciente. No entanto, é essencial que os cuidadores busquem acompanhá-lo e tentem evitar que ele se fixe em falsas expectativas.

Quarta fase: tristeza, depressão. A partir de certo momento, o paciente passa a compreender que todas as tentativas não ajudam e que a morte de fato é inevitável. Diante desta tomada de consciência, o paciente terminal agora se confronta com a necessidade de desprender-se de todos os laços afetivos de seu mundo, aos quais esteve ligado até então e, sobretudo, deverá despedir-se de todos aqueles que ama. Esta despedida é dolorosa. Por causa disso, é totalmente normal que a pessoa sinta uma profunda tristeza ou talvez até entre em depressão. Para cuidadores e familiares, a atitude adequada nesta fase é a do bom ouvinte. É importante que o paciente possa expressar a sua tristeza e que seja ouvido. No entanto, não será uma ajuda para o paciente nesta fase tentar amenizar a situação através de consolos ou atitudes e conselhos paliativos.

Quinta fase: entrega e aceitação. À medida que o paciente terminal vai conseguindo despedir-se, estará desfazendo passo a passo todos aqueles laços que ainda o ligam às pessoas, às atividades anteriores, aos familiares ou simplesmente ao mundo no qual viveu. Assim, torna-se capaz de entregar-se. Caso a pessoa consiga chegar a esta fase, geralmente estará tranquila e apta para aceitar a morte. Muitas vezes, neste período, o problema está mais presente entre os familiares ou entre as pessoas ligadas ao paciente terminal. São eles que não conseguem deixar partir aquele que está para morrer. Precisam por sua vez de assistência, para que se tornem capazes de aceitar a morte da pessoa querida. Esta assistência, novamente, não precisa ser muito eloquente; frequentemente basta apenas deixar a pessoa expressar as suas preocupações e angústias. Além disso, é essencial mostrar ao paciente terminal e aos familiares que esta morte, apesar de naquele momento parecer algo absurdo e revoltante, também traz uma perspectiva transcendente, podendo ter um profundo sentido.

É óbvio que a passagem pelas cinco fases descritas não acontece necessariamente de maneira linear, passando automaticamente da primeira à última. Pode haver muitas oscilações. Além disso, o processo biológico do morrer não anda forçosamente paralelo com o processo psíquico. Isso significa que a morte biológica pode acontecer independentemente da fase do processo psíquico em que o paciente terminal se encontra.

b) Morte clínica e situação "na morte"

Dentro da perspectiva aqui tratada, parece importante lembrar o fato de a morte encefálica, na verdade, não ser a morte do organismo como um todo. Ela, em vez disso, é por definição a morte de um órgão ou de partes vitais dele. Com a morte deste órgão, do cérebro, desaparece a base biológica da consciência de uma pessoa, e consequentemente ela pode ser declarada morta. É esta em sua essência a definição da morte proposta no final da década de 1960 pela Universidade de Harvard e, apesar de inúmeras discussões, está em vigor até hoje.

A partir da consumação da morte encefálica, a medicina declara a pessoa morta. Esta declaração traz à filosofia o desafio urgente de buscar explicações para a morte. Já a teologia se vê diante da necessidade de harmonizar o fato inegável e empírico deste fim biológico com sua convicção fundamental de que a vida continua além da morte.

Para responder a partir deste pressuposto às indagações a respeito e para explicar o que dentro da perspectiva teológica acontece com a pessoa declarada morta pela medicina, a teologia diz que esta pessoa, após a morte clínica, se encontra num estado chamado de "na morte". Com este termo se compreende a situação existencial do ser humano após o limite a partir do qual a medicina declarou a pessoa morta. Diante desta declaração, a teologia se vê diante da necessidade de explicar, com base em seus pressupostos, que esta morte biológica não significa o fim definitivo do ser humano.

As reflexões a seguir tratarão de maneira sintética os elementos-chave desta explicação. Ela começa a partir daquele momento no qual as ciências empíricas declaram haver chegado o seu limite.

3. A morte como experiência de encontro

Ultrapassando a fronteira do puramente empírico e admitindo que a morte não significa a aniquilação de tudo aquilo que o ser humano é, pode-se afirmar primeiramente que a experiência existencial da morte inclui uma abrangente dimensão de "encontro".

Este "encontro", por um lado, é o da pessoa consigo mesma e com todas as múltiplas facetas da sua personalidade. Muitas delas, durante toda a vida, permaneceram desconhecidas, inconscientes ou reprimidas. Na morte, todavia, a pessoa pela primeira vez as conhecerá; ela de fato só agora se encontra plenamente consigo mesma.[2]

Mas esta mesma morte – e é esta a ousadia que a teologia tem a coragem de assumir – se apresenta também como encontro com dimensões transcendentes que ultrapassam toda a perspectiva empírica. O seu cume é o contato pessoal com aquela realidade fascinante que chamamos Deus.

Por uma história secular, estes enfoques "transcendentes" foram frequentemente deturpados por um discurso ameaçador. Assim, até o pós-morte tornou-se na consciência de muitas pessoas experiência nefasta e fatal em todos os seus aspectos.

Para mudar esta situação, as presentes reflexões apresentam alguns dos elementos daquilo que hoje se sabe a partir das recentes pesquisas tanatológico-empíricas. Além disso, é importante ressaltar que estas pesquisas mostrarão sobretudo novas perspectivas apresentadas pela reflexão teológica. Recuperando o profundo significado esperançoso destas, a morte pode perder o seu caráter aterrador e tornar-se novamente uma fonte de esperança, porque no seu cerne está o encontro com um Deus que não quer a aniquilação da pessoa humana, mas a sua vida em plenitude.

4. A ousadia de crer em uma vida após a morte

Com a declaração da morte clínica de um ser humano, as ciências empíricas dão a questão por encerrada. Para elas, a pessoa morreu e tudo acabou. Em termos empíricos não se pode mais dizer nada sobre a pessoa em si.

---

[2] Sobre os elementos deste encontro e as suas implicações, veja o item 7 deste artigo. Uma abordagem mais ampla se encontra em: BLANK, *Escatologia da pessoa*, pp. 149-151.158-164.

É neste momento, todavia, que entra em discussão a dimensão religiosa, que é expressa pela fé. Esta fé tem a ousadia de ir além das dimensões empíricas. Contra todas as evidências aparentes, ela se atreve a acreditar que existem dimensões além daquelas acessíveis aos nossos sentidos. Por causa disso, declara que a vida de cada pessoa continua nas dimensões "além do empírico".

A base para esta ousadia é a fé num Deus capaz de transformar toda situação de morte em uma nova maneira de viver. Este viver, no entanto, não é uma nova vida terrena, mas um modo de ser totalmente transfigurado e em dimensões diferentes das até agora conhecidas por nós.

Esta convicção, apesar de ir além dos fatos empíricos, não é simplesmente fantasia e sonho de um grupo de sonhadores.

Ela, pelo contrário, está calcada em pressupostos concretos e inegáveis. Estes consistem no fato histórico daquilo que se chama a Ressurreição de Jesus de Nazaré. Aquele Jesus com certeza estava morto, uma vez que foi crucificado pelo exército romano, conhecido como extremamente disciplinado na execução das suas tarefas. Isso dá a garantia de que também nesta crucificação se seguiu o regulamento até o fim, e o fim previsto era a morte do delinquente. Dentro do contexto judaico, por outro lado, era absolutamente impossível voltar a falar de um crucificado. Um crucificado era considerado um "maldito por Deus" (Dt 21,23). Ter sido crucificado significava que aquela pessoa havia sido rejeitada pelo próprio Deus e que por causa disso sequer o nome dela poderia ser pronunciado. Esta pessoa tinha sido excluída da memória de Deus e da memória dos homens.

Entretanto, é exatamente de uma tal pessoa que se volta a falar e se fala até hoje: de Jesus de Nazaré. Este fato, totalmente contrário aos tabus em torno de uma crucificação, só foi possível porque depois da morte escandalosa daquele Jesus aconteceu algo totalmente novo. Algo tão inesperado, tão chocante e absolutamente inédito, que até de um crucificado se podia voltar a falar, mesmo ele tendo sido pregado numa cruz.

O que aconteceu, no entanto, foi o seguinte: aquele crucificado voltou a se manifestar. Ele ressuscitou da morte; e esta ressuscitação foi compreendida por todos como obra de um Deus, capaz de ressuscitar aqueles que haviam morrido. A experiência deste fato superou todos os tabus da proibição que impedia as pessoas de falarem de um crucificado. Voltaram a falar de Jesus ressuscitado *apesar* da cruz, e se fala dele até hoje. O fato de isso ter acontecido é a maior prova sociológico-indireta de que aquele Jesus realmente ressuscitou. Caso Jesus não tivesse ressuscitado, jamais, em hipótese alguma, alguém teria voltado a falar dele.

Mas, se Jesus de Nazaré ressuscitou, temos a prova de que a morte não significa o fim definitivo de tudo aquilo que é a pessoa humana.

Sobre o fato experimentado da ressurreição de Jesus, desenvolve-se a convicção de que este agir de Deus não se restringe a um único ser humano, mas que Deus ressuscita de fato toda pessoa após a morte. Ele ressuscita os seres humanos para uma nova maneira de ser em dimensões que ultrapassam tudo aquilo que possamos imaginar.

O primeiro grande intelectual da era cristã, Paulo, formula esta convicção em termos muito claros: "Se Deus ressuscitou Jesus da morte, ele vai ressuscitar também a nós pelo seu poder" (cf. 1Cor 6,14; Rm 8,11). É com base nesta certeza que a teologia continua a falar de uma pessoa como pessoa existente, mesmo após a sua morte clínica diagnosticada.

A partir deste pressuposto chega-se a uma primeira declaração sobre a situação desta pessoa "na morte". Com base em reflexões psicológicas e filosóficas, afirma-se que, com esta morte, a pessoa, vista a partir da perspectiva temporal, agora se tornou definitiva.

5. A morte como única situação em que a pessoa se torna definitiva

O ser humano em nada é ser estático e definido uma vez por todas. Uma das suas características-chave é estar "em processo". Não só a constituição do corpo físico, mas também a formação da personalidade permanecem a vida toda marcadas por uma constante dinâmica processual. Isso significa que jamais alguém pode declarar que está completo. Em vez disso, é assim que toda pessoa, no decorrer da sua vida, experimenta um processo de constituição progressiva daquilo que se chama caráter, estrutura psicofísica e personalidade concreta. Qualquer experiência vivida no decorrer da vida, seja ela boa ou ruim, acrescenta elementos a esta personalidade, e toda ação ou reação, por sua vez, contribui através de um processo de *feedback* dinâmico para uma complexidade sempre maior. Assim, qualquer elemento vivido, seja ele positivo ou negativo, ajuda na formação de um caráter cada vez mais definido.

Dentro desta dinâmica, a personalidade se constrói e se desenvolve, chegando assim, experiência após experiência, a formar esta ou aquela pessoa específica, distinta e inconfundível.

Este processo de construção e complexificação da personalidade durante a vida da pessoa é contínuo. Mas o processo finda com a morte. No momento da morte pode-se afirmar, pela primeira vez, que a pessoa chegou a um estágio definitivo. Somente na morte é que o ser humano se torna definitivamente o resultado de sua vida vivida.

Consciente da multidimensionalidade e da plasticidade daquilo que chamamos de personalidade humana, podemos de modo simplificado descrever a situação da pessoa na morte assim: todo ser humano, nas múltiplas facetas da sua personalidade e levando em consideração todos os pressupostos biológicos, genéticos, psíquicos e sociais, é no momento de sua morte aquilo que fez de si mesmo no decorrer da sua vida.

Quem, por exemplo, nas suas ações e reações aos impulsos intrínsecos e extrínsecos fez de si mesmo uma personalidade orgulhosa, agora na morte é uma pessoa orgulhosa. Quem no decorrer da vida se fez pessoa humilde, na morte será uma pessoa humilde. Sendo assim, é essencial ter bem claro que, na morte, a pessoa humana em nada se torna um ser despersonalizado. Também não é personalidade totalmente diferente de tudo aquilo que foi durante a vida. A morte em nada significa despersonalização. Em vez disso, é somente na morte que o ser humano se torna de maneira global e total aquela pessoa que se fez no decorrer da sua vida.

É com esta personalidade e com este caráter formado que a pessoa, na morte, irá encontrar-se com Deus. Também neste primeiro encontro com Deus o ser humano é exatamente aquele ser que fez de si mesmo durante a vida, com o seu caráter específico, com sua personalidade construída e com suas opções fundamentais que marcaram sua personalidade.

Deus aceita esta pessoa e lhe propõe uma nova maneira de ser, uma maneira de ser que mantém a personalidade, mas que a amplia e abre para dimensões, das quais, no entanto, não temos ideia (cf. Paulo em 1Cor 2,9: "Nenhum olho viu e nenhum ouvido ouviu aquilo que Deus preparou...").

Esta ampliação plena da maneira de ser é considerada pela teologia um dos elementos daquilo que se chama de "ressurreição".

Sendo o ser humano uma unidade indivisível, esta ressurreição abrange todas as dimensões da pessoa, a dimensão psíquico-pessoal, material, social (com todas as relações e tudo aquilo que a pessoa fez no decorrer da sua vida), histórica e estrutural, inclusive a sua dimensão cósmica.

6. Morrer ressuscitada por Deus como ampliação e plenificação da pessoa na sua totalidade

Os novos conhecimentos antropológicos, psicológicos e neurobiológicos já demonstraram claramente que o modelo antropológico, segundo o qual a alma se separa do corpo na morte, não mais pode ser mantido. Tampouco este modelo corresponde à concepção bíblica do ser humano, que acentua sempre a unidade deste ser.

O magistério da Igreja nunca declarou como dogma que, na morte, a alma se separa do corpo e nos últimos anos tem acentuado cada vez menos este modelo. Quando a Bíblia fala de "alma" ou de "corpo", compreende sob esses termos sempre "a pessoa humana inteira". Essa pessoa, também na morte, permanece uma unidade indivisível. Ela é aquela personalidade e aquele caráter que formou de si mesma no decorrer da sua vida. E, como tal pessoa, Deus a ressuscita na sua totalidade.[3] Por causa disso, diz-se hoje que a ressurreição do ser humano inteiro e global acontece "na morte".

O apóstolo Paulo, em 1Cor 15, explica a ressurreição, recorrendo à metáfora de uma semente que, como um todo, passa por uma transformação. Nessa transformação, cujo autor é Deus, a aparência da pessoa muda, mas a sua essência e sua identidade pessoal permanecem; a pessoa como tal não muda. Deus ressuscita a pessoa inteira e global; a forma exterior dela, no entanto, não está mais ligada às dimensões materiais, às quais esteve ligada na vida terrena. Todavia, não é só o espírito da pessoa que permanece vivo após a morte, mas sim tudo aquilo que constitui esta pessoa na sua integridade. Mas a maneira como tal pessoa existe é totalmente distinta daquela que conhecemos agora.

7. A cognição plena da pessoa ressuscitada sobre si mesma e sobre a sua vida vivida

a) A cognição sobre si mesma

No decorrer da sua vida, nenhuma pessoa humana realmente conhece plenamente a si mesma. Morrer e ser ressuscitado, no entanto, significa chegar a uma ampliação da cognição, de tal maneira que somente na morte a pessoa tem a possibilidade de conhecer sua vida vivida em todas as suas dimensões e aspectos. Isso significa que, na morte, a pessoa percebe com clareza absoluta o significado e as consequências da vida vivida em todos os seus níveis, no individual, socioestrutural, histórico e cósmico. Assim, alcança-se pela primeira vez na vida uma resposta absolutamente clara e abrangente à indagação "quem sou eu?" Indagação esta para a qual no decorrer da vida nunca se encontra resposta plena e extensa. Entretanto, por ocasião do seu primeiro encontro frente a frente com Deus, todo ser humano terá pela primeira vez uma visão plena e global de si mesmo.

---

[3] Cf. RATZINGER, *Introdução ao cristianismo*, pp. 299-309. "Já não faz nenhum sentido discutir a ideia da *anima separata* ("alma separada") de que fala a teologia escolástica" (p. 258). SCHMID, *Sacramentum mundi*, p. 384. "Conforme a antropologia veterotestamentária, o homem não é um ser composto de corpo e alma. Ele é um corpo vivificado pelo Espírito de Deus. O homem não tem 'uma alma, mas, ele é 'alma'; isto é, *nefesh*: um ser vivo, um corpo animado. É nisso que a concepção do homem no Antigo Testamento se distingue fundamentalmente da antropologia grega".

Esta visão não implica somente a conscientização das dimensões e das consequências estruturais, históricas e até cósmicas da vida vivida pela pessoa. Ela, além disso, é também conscientização diante de Deus quanto ao "valor" ou "desvalor" da vida vivida. Os critérios, porém, pelos quais se define este valor ou desvalor não serão mais aqueles definidos por nós, humanos, mas aqueles estabelecidos por Deus. A indagação-chave será a seguinte: "Em que medida a vida vivida correspondeu aos critérios e parâmetros de Deus – e em que medida não correspondeu?". A tomada de consciência diante desta indagação existencial é a experiência daquilo que na linguagem teológica tradicional é chamado de "juízo particular".

Deste "juízo" se declara hoje claramente que não é Deus que julgará a pessoa.[4] Em vez disso, é a pessoa humana mesma que, junto com Deus e a partir dos parâmetros dele, julga a sua vida. Ela se conscientiza da medida em que a vida vivida correspondeu ou não aos parâmetros de Deus.

b) A cognição sobre o valor ou desvalor das estruturas surgidas no decorrer da história

Dessa tomada de consciência por ocasião do primeiro encontro com Deus na morte, fazem parte não só as dimensões pessoais, socioestruturais e históricas da própria vida vivida. Ela abrange, além disso, todas as consequências históricas desta vida, consequências estas que continuam muito além da existência temporal da pessoa.

Soma-se a isso o fato de que, na morte, a percepção do ser humano se ampliará para além da dimensão individual. Num único momento atemporal, a pessoa que morreu toma conhecimento também do total da história do mundo, com todas as suas estruturas políticas, sociais, econômicas, religiosas e financeiras. Ela, junto com todas as pessoas que viveram, compreenderá diante de Deus em que medida estas estruturas que em algum momento no decorrer da história deste mundo foram estabelecidas correspondiam ou não aos critérios de Deus. São estes alguns dos elementos-chave daquilo que o cristianismo chama de "juízo final".

---

[4]   Sobre a fundamentação dessa afirmação, cf.: BLANK, *Escatologia da pessoa*, pp. 167-191. BLANK; VILHENA, *Esperança além da esperança*, pp. 114-117.

8. A morte como oportunidade oferecida por Deus a cada pessoa para a última conversão e evolução

Diante do fato de a vida de praticamente todas as pessoas estar repleta de decisões erradas, falhas, culpas, ocasiões perdidas ou desperdiçadas, as experiências existenciais conduzem inevitavelmente à seguinte indagação:

- Como uma pessoa, que na sua vida não alcançou o nível de evolução plena da sua personalidade, ainda pode alcançá-lo após a morte?

- Como uma pessoa ainda poderá evoluir, se na vida ela não conseguiu desenvolver a sua personalidade até o fim?

- O que uma pessoa faz perante as suas falhas, perante a sua culpa e perante as suas omissões?

Para responder a estas perguntas, formulou-se na teologia a chamada doutrina do "purgatório". Esta doutrina, tantas vezes mal interpretada, mal apresentada e mal compreendida, é na realidade uma das concepções mais interessantes do discurso escatológico. Ela apresenta resposta lógica e muito convincente às indagações antes formuladas.

A sua ideia-chave é a seguinte: na morte, Deus oferece a cada pessoa uma última e definitiva oportunidade de conversão. Através desta oportunidade, a pessoa, junto com Deus e com sua ajuda, pode transmutar todos aqueles elementos da sua própria personalidade que não correspondem aos critérios de Deus. Desta maneira, esta pessoa conseguirá evoluir na morte, até corresponder plenamente aos parâmetros de Deus, tornando-se assim uma pessoa plena. Dependendo da personalidade que a pessoa formou de si mesma no decorrer da vida, este processo de adaptação aos critérios de Deus poderá ser mais ou menos difícil ou dolorido. Isso porque implica a transmutação e conversão de todos aqueles elementos psicopessoais que ainda não correspondem aos parâmetros de Deus. Tal transmutação existencial pode causar profunda aflição, amargura e dor. Este sofrimento psíquico da última e definitiva conversão é denominado numa linguagem tradicional de "dor do Purgatório". Todavia, deve ser acentuado que o essencial daquilo que se chama "Purgatório" não é a questão do sofrimento, apesar de ter sido destacado demais no decorrer da história.

O elemento-chave e esperançoso da doutrina é a convicção de que, inclusive na morte, toda pessoa receba mais uma vez a oportunidade para poder evoluir até a plenitude de seu ser. Esta oferta gratuita da graça de Deus pode ser aceita ou rejeitada pela pessoa humana. Mas, como oferta, ela se mantém. Aceitando e realizando o processo atemporal de conversão, o ser humano, ainda na morte, pode alcançar aquilo que na vida não conseguiu em termos de realização de uma personalidade conforme os parâmetros de Deus.

9. A morte como possibilidade de o ser humano rejeitar aquilo que Deus lhe oferece

A pessoa, na morte, mantém plenamente a sua liberdade de escolha, seu livre-arbítrio. Isso significa que também poderá negar-se a passar por esta conversão e evolução, assim como ela foi descrita antes.

Rejeitar os critérios e os parâmetros de Deus é também uma possibilidade da liberdade de escolha do ser humano, inclusive na morte. Se uma pessoa, até diante da última oferta de Deus, reagir de maneira negativa, rejeitando-a e fechando-se em si mesma, ela criaria para si aquela situação que na linguagem tradicional se chama de "Inferno". "Inferno", dizia o Papa João Paulo II na sua homilia do dia 28 de julho de 1999, "não significa um lugar definido, mas a situação existencial daquele que de maneira livre e definitiva se afastou para sempre de Deus".

Não se pode negar que a possibilidade de uma pessoa agir assim, de fato, faz parte da liberdade de todo ser humano. Deus respeita esta liberdade, ele não força ninguém. Mas, ao mesmo tempo, é explícita a vontade dele de "que todos sejam salvos" (cf. 1Tm 2,3-4).

Baseado na esperança de que Deus finalmente consiga alcançar aquilo que almeja e levando a sério aquilo que Paulo formula na sua Carta aos Romanos (Rm 11,32) e em várias outras ocasiões,[5] a teologia católica dos últimos trinta anos trabalhou muito a ideia de que não sabemos de ninguém que tenha condenado a si próprio para esta situação de Inferno. Em vez disso, formula-se a esperança de que Deus, no seu amor, seja capaz de convencer até o último daqueles que na morte querem se afastar dele, para que não o façam e em vez disso se convertam de maneira positiva. Esta esperança já foi formulada pelo grande teólogo Karl Rahner. Conforme ele, "as palavras escatológicas de Jesus não proíbem ter esperança para todos".[6]

10. Vida plena sem fim: a realização daquilo que Deus quer para todos os seres humanos

Deus quer para todas as pessoas uma situação de vida em plenitude. Essa situação é chamada de "céu". Ela significa comunhão íntima e plena com Deus, em cuja

---

[5]   Rm 11,32: "Deus encerrou a todos na desobediência, para usar com todos de misericórdia".

[6]   Cf. VORGRIMLER, *Geschichte der Hölle (História do Inferno)*, p. 337.

infinidade o ser humano fica amparado e aceito, sem perder nenhum elemento da sua própria individualidade. É este, aliás, o desejo de Deus: Que todo ser humano fique para sempre resguardado no amor dele, participando deste amor numa felicidade plena e total.

Céu, além disso, significa uma situação existencial, na qual a pessoa, em todos os níveis, alcançou a plenitude daquilo que chamamos de "vida". Faz parte desta plenitude a ausência de toda solidão, de todo isolamento e de toda morte. Em vez disso, cada pessoa vive em comunhão e participação plena com todos os seus irmãos e irmãs e em comunhão plena com Deus. No entanto, em tudo isso, mantém totalmente a sua individualidade com as suas características desenvolvidas até o último limite da sua própria personalidade, assim como Deus a imaginou. Neste sentido, toda pessoa vive uma existência plenamente evoluída em todos os níveis. Desta forma, é capaz de descobrir dimensões totalmente novas do ser e do existir. Nestas novas dimensões, não há mais negatividade alguma; é vida, felicidade e realização plena. O ser humano fica amparado no amor de Deus, existindo em comunhão e participação total com o cosmo inteiro, com Deus e com todos os seres que Deus jamais criou. São estes alguns poucos elementos daquilo que a linguagem tradicional chama de céu. E esta experiência eterna de "céu", Deus deseja sem exceção para todos os seres humanos.

11. Referências bibliográficas

BLANK, R. *Escatologia da pessoa*. São Paulo: Paulus, 2010.

_____. *Creio na ressurreição dos mortos*. São Paulo: Paulus, 2007.

_____. *Creio na vida eterna*. São Paulo: Paulus, 2007.

_____. *Qual é o nosso destino final?* São Paulo: Paulus, 2007.

_____. *Consolo para quem está de luto*. São Paulo: Paulinas, 2006.

_____; VILHENA, M. A. *Esperança além da esperança*. São Paulo: Paulinas, 2003.

BROMBERG, M. H. *A psicoterapia em situações de perdas e luto*. Campinas: Livro Pleno, 2000.

ESSLINGER, I. *De quem é a vida, afinal?* São Paulo: Casa do Psicólogo, 2004.

FONSECA. J. P. *Luto antecipatório*. Campinas: Livro Pleno, 2004.

KOVÁCS, M. J. *Morte e desenvolvimento humano*. São Paulo: Casa do Psicólogo, 2002.

KÜBLER-ROSS, E. *On death and dying*. New York: Macmillan, 1969.

_____. *Sobre a morte e o morrer*. São Paulo: Martins Fontes, 1985.

RATZINGER, J. *Introdução ao cristianismo*. São Paulo: Loyola, 2005.

SCHMID, J. *Sacramentum mundi, Vol. I*. Freiburg/Basel/Wien: Herder, 1967.

VORGRIMLER, H. *Geschichte der Hölle (História do Inferno)*. München: Wilhelm Fink, 1993.

CAPÍTULO IX

Espiritualidade e comportamento em saúde

Maria Inês de Castro Millen

1. Espiritualidade cristã

Falar de espiritualidade é entrar num universo muito rico, tanto do ponto de vista conceitual, como do experiencial, mas, talvez por isso, não isento de conflitos. A verdadeira espiritualidade nos remete à Fonte originária da vida, à nossa memória ancestral, reencantando, ao mesmo tempo, o nosso presente e nos possibilitando vislumbrar um futuro benfazejo.

Mas o que é espiritualidade? Espiritualidade pode ser definida como "a vida segundo o Espírito de Cristo", "a experiência de Deus no seguimento de Jesus Cristo" ou ainda como "um estilo ou forma de viver a vida cristã" ou "uma forma concreta, movida pelo Espírito, de viver o evangelho, uma maneira precisa de viver 'ante o Senhor' em solidariedade com todos os homens".[1]

Estas definições apontam para a espiritualidade cristã, que, por natureza, é sempre trinitária. Em primeiro lugar nos sintoniza com Deus Pai, Criador de todas as coisas, que nos chama à experiência de viver na corresponsabilidade criativa, livre e fiel. Um Pai que caminha conosco e pedagogicamente nos aponta as melhores trilhas que conduzirão à felicidade e à vida verdadeira, plena de sentido e de paz. Em seguida, apresenta Jesus Cristo, o Filho amado, como o real Caminho a ser seguido, e o Espírito, enviado por ele, como força capaz de nos mover e sustentar neste Caminho. Pela força do Espírito aprendemos "como viveu Jesus sua história, para aprendermos a viver não sua história, mas sim a nossa".[2]

---

[1] REJÓN, *Teologia moral a partir dos pobres; a moral na reflexão teológica da América Latina*, p. 186.

[2] SOBRINO, *Cristologia a partir da América Latina*, p. 42.

Espiritualidade e comportamento em saúde

É deste modo que podemos compreender por que a espiritualidade cristã converge sempre para um mesmo ponto: o seguimento de Jesus Cristo.

Um conceito pode ainda ser retomado, para nos ajudar a perceber o que queremos dizer quando falamos de espiritualidade cristã: "Espiritualidade é aquela atitude que coloca a vida no centro, que defende e promove a vida contra todos os mecanismos de morte, de diminuição, ou de estancamento".[3] Esta atitude é própria de Jesus e deve caracterizar o modo de ser e de viver de todo aquele que se diz seu seguidor, seu discípulo(a).

Hoje, talvez mais do que em todas as épocas, precisamos de uma espiritualidade esclarecida pelo Espírito de Jesus. E quem pode esclarecer a nossa espiritualidade, a nossa experiência de Deus, a não ser o próprio Deus? Assim sendo, nossa espiritualidade precisa deixar-se iluminar pelo Evangelho, pela Boa Notícia do Reino de Deus.

Nós, cristãos, cremos que somente Jesus, o Deus encarnado na história, o Emanuel, o Deus conosco, pode nos possibilitar a verdadeira experiência de Deus, o real encontro com o Deus que é amor e liberdade, pois só ele é o Caminho, a Verdade e a Vida.

A tendência atual, conectada com a tendência mais antiga – das origens –, é a de dispensarmos a iluminação de Deus na nossa busca por Deus. Queremos ser como Deus, sem Deus. Nisto reside nosso pecado desde sempre, a arrogância humana, a origem do mal que se converte em pecado quando Caim, num gesto vazio de Deus, mata seu irmão, o frágil Abel.

Uma espiritualidade sem este esclarecimento ficará sempre presa às tentações de manter o que é velho, o que está esgotado, o que precisa ser restaurado.

Os evangelhos nos ensinam que Jesus, o anti-Caim, coloca o cuidado para com o irmão como o centro da vida cristã, como o mandamento-meta que nos conduzirá à vida plena. A pergunta sobre a atitude que garantiria a vida para todos tem em Jesus uma resposta singular: "Amar a Deus e amar o próximo". Isto resume tudo, a Lei e os Profetas (Lc 10,25-28). O evangelista João nos esclarece um pouco mais sobre este ponto: "Se alguém disser que ama a Deus mas odeia seu irmão, é mentiroso, pois quem não ama a seu irmão, a quem vê, não poderá amar a Deus, a quem não vê" (1Jo 20). O irmão, o próximo, é, pois, referencial ético e caminho na busca da vida eterna. Uma espiritualidade cristã que não leve a sério esta exortação de Jesus não pode se configurar como tal, pois o mesmo Jesus que coloca o outro, o irmão indefeso, o necessitado, o vitimado, o pobre, o doente, como centro de toda a sua atenção e cuidado nos chama constantemente a fazer o mesmo.

---

[3] BOFF, *Ecologia, mundialização, espiritualidade*, p. 40.

É, portanto, assim, que Jesus Cristo, o Filho de Deus, o Homem de Nazaré, precisa ser experienciado, como aquele que, com sua encarnação, vida, paixão, morte e ressurreição, nos faz duas revelações fundamentais para a nossa experiência cristã de Deus: Deus é nosso Pai, e o Espírito Santo, enviado a nós por Ele, é Paráclito.

O fato de sermos filhos de um mesmo e único Pai nos irmana e isto, se considerado, tem fortíssimas consequências na nossa experiência de viver.

Nossa irmandade nos impulsiona para a necessidade de assumirmos um compromisso solidário com todo o criado, compromisso que deve ser compreendido sob esta luz. A palavra solidariedade é cara à Doutrina Social da Igreja e está ao lado, como um dos princípios permanentes desta doutrina, da dignidade da pessoa humana, do bem comum e da subsidiariedade.[4] Embora não pertencente ao universo bíblico, por ser palavra reconhecidamente moderna, o que compreendemos hoje por solidariedade aparece nas Escrituras como determinadas atitudes humanas, que estão presentes tanto no Antigo Testamento como nos relatos da vida de Jesus.[5]

Eis, portanto, o que deveríamos garantir como mensagem essencial da revelação cristã: tenho que me responsabilizar sempre pelo outro, e por qualquer outro, não só porque ele é meu semelhante em humanidade, mas porque ele é meu irmão. Aqui reside uma questão fundamental para a espiritualidade cristã a ser experienciada na vida concreta de todas as pessoas: baseados na revelação de que Deus é o Pai de todos, não podemos nos distanciar da palavra "fraternidade".

A fraternidade é a marca cristã da solidariedade e não pode ser esquecida. Ela é o fundamento do nosso compromisso solidário, da nossa palavra profética, enquanto anúncio e denúncia, do nosso agir no mundo. Fraternidade é, pois, o sinal da perfeição da espiritualidade cristã, é a alavanca da nossa profecia e a base do paradigma do cuidado. Podemos dizer, portanto, que há uma urgência, para um mundo que vive a crise dos fundamentos, dos princípios e dos valores fundantes, em retomar balizas que realmente nos possibilitem dar as razões da nossa fé e da nossa esperança.

A segunda revelação de Jesus é a de que o Espírito Santo é Paráclito, é o iluminador da nossa espiritualidade. O evangelista João é quem nos apresenta as esclarecedoras palavras de Jesus: "O Paráclito, o Espírito Santo que o Pai enviará em meu nome, é que vos ensinará tudo e vos recordará tudo o que eu vos disse". E depois: "Tenho ainda muito a vos dizer, mas não podeis agora compreender. Quando vier o Espírito da Verdade ele vos conduzirá à verdade plena" (Jo 14,26; Jo 16,12).

---

[4]   PONTIFÍCIO CONSELHO JUSTIÇA E PAZ, *Compêndio da Doutrina Social da Igreja*, n. 160.

[5]   As "obras de caridade" como vestir os nus, visitar os doentes e prisioneiros, acolher os estrangeiros são o que hoje, popularmente, conhecemos como gestos de solidariedade (cf. ALMEIDA, *Teologia da solidariedade*, p. 138).

Espiritualidade e comportamento em saúde

Importante, aqui, compreendermos bem o que significa a palavra grega Paráclito, não traduzida em muitas edições da Sagrada Escritura, exatamente para que a força do seu significado não se perdesse. Paráclito procede de *Paraklêtos*, que é uma derivação de *parakaléo* (Jo 14,16.26; 15,26; 16,7) O termo *para*, em grego, significa "junto de", "ao lado", e *kaléo* significa "chamar", "convocar", "convidar", "apelar", mas também, "encorajar", "tentar consolar". Portanto, o Paráclito é aquele que chama as pessoas para junto de si para restaurá-las, para consolá-las, para encorajá-las. Isso significa que Ele quer sempre tirar a pessoa de uma situação de deslocamento, de isolamento, de abatimento, de impossibilidade, para colocá-la, amorosamente, no horizonte da criatividade confiante e responsável. A missão do Espírito é, pois, a de colocar a pessoa de pé, em condições de caminhar por si só, com a força incomensurável de Deus.

É assim que o Espírito Santo nos é apresentado por Jesus: o consolador que, na sua leveza e liberdade – Espírito é Vento –, esclarece, conforta, consola, encoraja, habilita, atrai. A luz emanada do Espírito é que preenche nossos corações, acendendo neles o fogo do amor que procede de Deus e que, ardendo em nós, nos capacita a sermos, com Deus, cocriadores, movendo-nos na direção da renovação da face da terra.

Deste modo, ter espiritualidade é saber orientar a vida pela dinâmica da paráclese, compreendida como linguagem encorajadora, consoladora, terapêutica e ao mesmo tempo vinculante, aquela que corresponde ao fato de que somos espirituais quando nos deixamos instruir pela graça que nos habita.

Paráclese é ainda convite a nos unirmos a Cristo e a nos deixarmos mover pela docilidade do seu Espírito, que nos faz "produzir frutos de caridade para a vida do mundo".[6]

Paráclese é também memória agradecida diante da estupenda novidade da vida em Cristo e no Espírito, é alegre anúncio e convite ao banquete de fraternidade, paz e justiça, de modo que, apesar de todas as vicissitudes, possamos encontrar um fundamento sólido para a esperança. Paráclese é, por fim, pedagogia divina não violenta que liberta e cura.

Quem sabe comunicar e viver a paráclese acolhe no coração a lei do Espírito que dá a vida em Cristo Jesus. Lei que nos desperta para a experiência da liberdade, para a qual Cristo nos libertou, fazendo com que produzamos em nossa vida, individual e comunitária, os frutos do "amor, da alegria, da paz, da compreensão, da cordialidade, da bondade, da fidelidade, da não violência" (Gl 5,22).

É assim que espiritualidade e profecia sempre se encontram e se interpelam. Todo profeta anuncia uma experiência espiritual vivida e toda real experiência espiritual gesta profetas. Profetas que, pela força do Espírito, se encontram de pé, prontos para

---

[6] COMPÊNDIO DO VATICANO II, Decreto *Optatam totius*, n. 16.

fazer o caminho necessário do anúncio e da denúncia, por palavras e por ações, prontos para, criativamente, cuidar da vida, prontos para plantar, regar, replantar e cultivar muitos jardins, apesar dos espinhos, das pedras, das ervas daninhas, da aridez do solo. Só a fé, dada pelo Espírito de Deus, nos permite reconhecer e admirar a força criativa e surpreendente da vida, força esta que nos mobiliza, na esperança, para a busca do "inédito viável", do impossível que ainda não aconteceu.

O que pretendemos dizer é que somente uma vida vivida e configurada pela dinâmica da profecia vinculada a uma espiritualidade esclarecida por Jesus e por seu Evangelho pode ser paraclética e terapêutica, por trazer o diálogo entre realidade e revelação como eixo fundante de suas indicações.[7]

2. Comportamento em saúde

Após uma primeira reflexão sobre a espiritualidade cristã, nos deteremos agora na questão do comportamento em saúde, para depois estabelecermos uma relação entre estes dois campos do conhecimento.

A compreensão do que é saúde se faz oportuna neste momento. A Organização Mundial de Saúde nos oferece a seguinte definição: "Saúde não é somente ausência de doença ou enfermidade, mas estado de completo bem-estar físico, mental e social". Esta conceituação pode ser esclarecida por outra, proposta pela VIII Conferência Nacional de Saúde de 1986: "Saúde é a resultante das condições de alimentação, habitação, educação, renda, meio ambiente, trabalho, transporte, lazer, liberdade, acesso e posse da terra e acesso aos serviços de saúde".[8]

Saúde, portanto, não é uma questão que diz respeito apenas aos profissionais da saúde, mas a todos aqueles que se encontram implicados na vida das pessoas, da coletividade e do mundo. Saúde é responsabilidade de todos e pode ser ainda pensada como um processo que gera uma atitude capaz de harmonização e de construção de sentido, nas situações de dor, de sofrimento e de morte. Pode-se dizer ainda que "saúde é a capacidade de, na doença, vencer as mortes".[9] Assim, a ânsia de saúde não é só o desejo de sobrevivência na doença, mas a procura ativa da percepção da vida, ainda que nas experiências de morte.

Deste modo, mesmo compreendendo que a saúde está relacionada a todas as dimensões do viver, uma grande parcela de responsabilidade sobre a garantia da saúde possível e da vida das pessoas, está relacionada aos profissionais da área da saúde, ao Estado e às empresas que, muitas vezes, os gerenciam.

---

[7]   Cf. MILLEN, *Os acordes de uma sinfonia; a moral do diálogo na teologia de Bernhard Häring*, pp. 317-322.

[8]   PESSINI; BARCHIFONTAINE, *Problemas atuais de bioética*, p. 145.

[9]   GALLEGO, *II Fórum de Saúde Social*.

Aqui temos uma série de questões que precisam ser refletidas. A formação do profissional de saúde corresponde às necessidades do ser humano de hoje? Sua prática corresponde aos ideais humanitários da medicina de todos os tempos? As empresas que gerenciam a saúde e seus cuidadores cumprem um papel relevante, ajudando a minorar as dificuldades da vida dos que necessitam de cuidados e de assistência médica? O Estado cumpre seu papel, respeitando a Constituição da República Federativa do Brasil que diz no seu artigo 196: "A saúde é direito de todos e dever do Estado, garantido mediante políticas sociais e econômicas que visem à redução do risco de doença e de outros agravos e ao acesso universal e igualitário às ações e serviços para sua promoção, proteção e recuperação"?

As respostas a estas questões não podem ser oferecidas sem uma profunda reflexão que aproxime o comportamento na saúde da realidade atual, com suas complexas e intrincadas relações. Assim sendo, não podemos nos esquecer de que estamos submetidos, queiramos ou não, à mentalidade contemporânea, que traz a subjetividade como marca de suas mais valiosas conquistas. Este modo de nos experimentarmos na história, não mais como plateia passiva, mas sim como protagonistas e autores da mesma, é extremamente relevante, mas também nos coloca diante de sérios desafios. Um subjetivismo exacerbado nos aproxima do individualismo, com todas as possíveis consequências nefastas: o egoísmo, a sensação ilusória de que os outros são dispensáveis e descartáveis, a falsa percepção de um poder que se coloca acima de tudo e de todos, o desprezo pelo coletivo e comunitário, a indiferença diante das alegrias e das dores dos outros.

Percebe-se, ainda, que os profissionais de todas as áreas, mas, sobretudo os da saúde, atualmente, nem sempre estão sendo formados para o exercício da experiência fundamental do relacionamento sincero, confiante e cuidadoso entre pessoas interdependentes, mas para o domínio da tecnologia necessária ao tratamento dos humanos. Isto faz toda a diferença no comportamento em saúde.

Neste contexto, a relação entre médico e paciente se deteriora a cada dia. A escuta, o diálogo, o toque, o interesse pelas questões das pessoas, tão importantes para um bom diagnóstico e consequentes tratamento e encaminhamento, são substituídos pelos frios resultados de exames, feitos por frias máquinas competentes. Não queremos afirmar que estes exames não sejam necessários e úteis, mas sim que eles não podem tomar o lugar da relação interpessoal, capaz de nos conectar ao íntimo da dor do outro. É oportuno relembrar aqui uma frase de Hans-Martin Sass, filósofo e bioeticista, que se apresenta como uma chamada de atenção para o modo como os profissionais da saúde lidam com seus assistidos: "A tábua de valores do paciente é tão importante quanto sua análise de sangue".[10] Se isto realmente fosse levado a sério, o comportamento em saúde seria muito diferente.

---

[10]   PESSINI; BARCHIFONTINE, *Problemas atuais de bioética*, p. 103.

A mentalidade atual é também regida pelo lucro, pelo sucesso, pelo bem-estar conquistado através do consumo de bens que só podem ser adquiridos pelo capital acumulado por cada um. A tecnologia, apesar de extremamente útil e necessária, invadiu nossas vidas e arrisca substituir nossa humanidade. A ciência, com todo o bem-vindo progresso, corre o risco de perder as rédeas do humanamente possível e desejável. Nosso estranho tempo se mostra, pois, extremamente arriscado. Vivemos em uma casa comum, nos comportando como desconhecidos desconfiados, trancando nossas portas imaginárias e nossos corações aos que nos rodeiam, e armando ciladas para nos defendermos de nós mesmos e dos outros. Parece que nos esquecemos de nossos sonhos e ideais que, no fundo, são os sonhos de todos, pelo fato mesmo de sermos criaturas constituídas do mesmo barro e do mesmo espírito.

Ao mesmo tempo, e talvez, em função desta mentalidade, encontramos em muitos indivíduos e sociedades um desânimo vital, um desalento, uma falta de sentido, uma sensação de fragmentação e de volatilização da vida. Estas características que nos desafiam estão muito presentes no modo como lidamos com os outros. Hoje, pode-se dizer, sem medo de errar, que as coisas valem mais que as pessoas. Gastamos tempo e dinheiro com muitas coisas, às vezes até excessivas e inúteis, mas achamos que, quando se trata de investir em pessoas não podemos "perder tempo", pois tempo é dinheiro e o dinheiro é o senhor. Assim sendo, estamos sempre apressados, correndo em direção a um futuro que não existe, deixando para trás, mesmo quando caídos no caminho, aqueles que de nós necessitam. Nosso tempo é, pois, utilizado na valoração excessiva das coisas em detrimento das carências e das infinitas necessidades das pessoas.

No horizonte da fragmentação da vida, uma reflexão mais pontual sobre as especializações e as superespecializações ainda se faz oportuna. Na perspectiva da profissionalização médica, as especializações são extremamente necessárias, pois refinam e aprofundam o conhecimento, mas é bom que reflitamos sobre o que nos diz o filósofo Hilton Japiassu:

> A especialização sem limites culminou numa fragmentação crescente do horizonte epistemológico. Chegamos a um ponto em que o especialista se reduziu ao indivíduo que, à custa de saber cada vez mais sobre cada vez menos, terminou por saber tudo (ou quase tudo) sobre o nada, em reação ao generalista que sabe quase nada sobre tudo.[11]

O fenômeno da especialização produz um saber em migalhas, dividido em territórios estanques, diz ainda ele, revelando-nos uma inteligência esfacelada, incapaz de ver o ser humano na sua globalidade, no conjunto de suas diferentes dimensões.

---

[11] JAPIASSU, O espírito interdisciplinar.

As pessoas costumam dizer que hoje estamos sendo tratados aos pedaços, às vezes sem que nunca se chegue à verdadeira causa dos males de cada um.

Percebemos também que a doença, a morte e o envelhecimento são vistos como fracasso e são negados ou desconfigurados do sentido que lhes é próprio. Nosso tempo valoriza sobremaneira o sucesso, a aparente eterna juventude, a beleza dos corpos magros e "sarados", os eficientes, os úteis, os produtivos, relegando a um segundo plano, às vezes de modo depreciativo, os idosos, os doentes, os que não produzem, os incapazes de modo geral. A morte é sempre vista como a grande inimiga, a vilã, a fora de contexto, como se aparecesse traiçoeiramente para atrapalhar a vida, como se nunca tivesse pertencido ao processo mesmo de viver. Não se fala e não se reflete seriamente sobre a morte, como se, agindo assim, pudéssemos afastá-la para sempre.

Por outro lado, ela aparece banalizada e entra, diariamente, nas casas das pessoas através dos jogos e das notícias cada vez mais frequentes de acidentes e de violências de todo tipo. Mas aqui é sempre a morte do outro, distante, virtual, que pode ser revertida, apagada, e que, aparentemente, não conta para nossos sentimentos e afetos, mas que, mais à frente, aparece, de forma consciente ou inconsciente, como traumas e pesadelos a serem resolvidos no divã do psicanalista.

Esta análise pode parecer demasiadamente pessimista, mas ela apenas quer nos despertar para uma realidade que se configura, ao lado da teimosa esperança que ainda viceja e nos faz buscar um outro jeito possível de estar no mundo, junto a todos os outros seres viventes. A busca pelo sentido de viver é fundamental e não pode ser relegada, em nome da realização provisória proporcionada por prazeres fugazes, ilusórios e fugidios.

3. Espiritualidade e saúde

A tentativa de unir espiritualidade e saúde nos aproxima da íntima ligação entre estas palavras, na configuração do mistério da pessoa e do seu existir. Na experiência espiritual, a busca do sentido nos remete ao Transcendente e clama por salvação, no sentido amplo do termo. Aqui é importante perceber que salvação e saúde são palavras derivadas de uma mesma raiz semântica, pois ambas procedem do latim *salus*. Por esta razão, são palavras que andam sempre juntas, ou que deveriam andar, pois apontam para o caminho que somos chamados a percorrer em busca da força vital que nos sustenta e que possibilita um equilíbrio – ainda que provisório – pessoal e coletivo.

Salus significa conservar a vida, manter o bem-estar. Mas será que poderemos conservá-la para sempre? Sabemos que no modo próprio e humano de vivermos na história, isto não é possível. Somos criaturas mortais, isto é, a morte pertence à nossa vida, é sua etapa final, sua consumação. Para muitos que não creem, a morte é o fim absoluto e depois dela nos depararemos com o nada, com o sono sem sonhos, com a destruição do que fomos. A morte assim pensada se configura como o absurdo e se identifica com a falta absoluta de sentido. Se não há sentido em morrer, também não há sentido em viver. Este é o pensamento de muitos autores que já discorreram sobre o tema.

A fé cristã nos ilumina com a luz da esperança, quando nos revela que a morte é apenas uma passagem para a vida plena e verdadeira. A ressurreição dos mortos, vivida por Jesus e experienciada pelos seus discípulos, nos abre um horizonte de possibilidades infinitas de encontro com o bem, com a verdadeira beleza, com a plena paz e com a tão desejada harmonização da vida.

Isto significa que a vida na história deve sempre sinalizar para a vida que conquistaremos para além da história. Por isso, aqui devemos tratar esta vida que temos agora, com respeito, com reverência, como um dom que recebemos e que merece muita atenção e grandes cuidados. A medicina e as religiões sempre lidaram com a vida como algo muito precioso e privilegiaram, no que diz respeito ao comportamento em saúde, os processos de cura. A busca incessante da cura dos males que afligem as pessoas faz parte da boa administração da vida, confiada por Deus ao ser humano.

No entanto, não nos é permitido esquecer que a natureza humana, criada à imagem e semelhança de Deus e, portanto, vocacionada à perfeição e à eternidade, não é de natureza divina, a única que, em si mesma, é perfeição absoluta. A fragilidade e a finitude fazem parte da nossa situação de pessoas criadas e não geradas por Deus. Somos, segundo a espiritualidade cristã, filhos e filhas adotivos(as) de Deus, filhos(as) no Filho, chamados à participação da vida divina, mas no modo mesmo como somos, com nossa humanidade que é feita de dificuldades, fragilidades, insucessos, mas também de bem-aventuranças e contentamento.

Assim sendo, a cura é uma busca plausível, mas nem sempre conquistada. Sua não possibilidade não pode ser vista como fracasso, nem dos homens nem de Deus. Um adágio bastante conhecido pode ser muito oportuno para nossa reflexão: o médico às vezes cura, muitas vezes alivia, mas é chamado a consolar e a cuidar sempre.[12]

Deste modo, ao considerarmos os temas "espiritualidade e saúde", gostaríamos de nos deter um pouco mais sobre a relevante questão do cuidado.

O cuidado revela a importância da razão cordial, que respeita e venera o mistério que se vela e se re-vela em cada ser humano e na terra. Assim, a vida e a trama das relações só sobrevivem se forem cercadas de cuidado, de desvelo e de atenção. O cuidado nasce do coração, suscita a responsabilidade, faz surgir sentimentos de compaixão, de fraternidade e solidariedade, e configura a verdadeira salvação. Deixar

---

[12] Cf. REZENDE E SILVA, *Phrases e curiosidades latinas*, p. 402.

de lado o cuidado é violar aquilo que fundamenta a atitude ética desejada por quem confiou a alguns o poder de zelar pela saúde de todos.

Normalmente, quando se fala em cuidado na saúde, atribui-se ao termo um sentido já consagrado no senso comum, qual seja, o de um conjunto de procedimentos tecnicamente orientados para o bom êxito de certo tratamento.[13]

Aqui, tentaremos outro percurso, para dizer que o cuidado na saúde está relacionado com o modo como facilitamos às pessoas, individualmente, em conjunto e entre si, o acesso ao necessário para uma vida digna, e também com o modo como as capacitamos para a organização de si mesmas, no encontro com o sentido essencial que as humaniza.

O cuidado está também relacionado com o modo de ser cristão. Nas Escrituras, Deus chama o ser humano à experiência de cuidar. Primeiramente cuidar da terra: "Iahweh Deus tomou o homem e o colocou no jardim do Éden para o cultivar e o guardar" (Gn 2,15). Depois, cuidar dos animais, dando-lhes nome, exercendo sobre eles o senhorio cuidadoso: "Iahweh Deus modelou então, do solo, todas as feras selvagens e todas as aves do céu e as conduziu ao homem para ver como ele as chamaria: cada qual devia levar o nome que o homem lhe desse" (Gn 2,19).

Por fim, o ser humano é chamado a cuidar dos outros humanos e, quando ele falha, as consequências são trágicas. Caim, o que "nasce pela força de Deus", vencido pelo pecado, mata seu irmão Abel, o frágil, o pequeno. A violência e o desprezo pelo cuidado do outro estão presentes na resposta de Caim a Deus quando este lhe pergunta: "Onde está teu irmão Abel?" E ele responde: "Não sei. Acaso sou eu guarda de meu irmão?" (Gn 4,9). Esta resposta mostra que o ser humano, em Caim, falha na sua vocação de cuidar e conhece o pecado, ao escutar de Deus as palavras que o colocam diante de sua culpa: "Ouço o sangue de teu irmão, do solo, clamar por mim" (Gn 4,10).

Quando o ser humano se exime da vocação de cuidar e guardar, a violência entra na história. Daí em diante a humanidade se encontra diante da urgência de reaprender a viver segundo sua vocação originária. E o percurso é longo e ainda está por fazer, embora já seja conhecido porque revelado. Jesus Cristo, o Deus que se encarna, que se faz frágil e pequeno, é o anti-Caim, o novo Adão, o novo Homem, aquele que cuida e assume que é, não por acaso, guarda dos seus irmãos.

Jesus Cristo revela à humanidade, na plenitude dos tempos, a plenitude da Lei: amar a Deus e amar ao próximo. Esta é a Lei de Cristo, aquela que aponta o amor, que é dom e tarefa, como o fundamento de todo cuidado, pois só quem ama é capaz de cuidar de verdade. Acolher esta lei e fazer dela a meta da vida vale mais do que todos os holocaustos e sacrifícios (Mc 12,28-31). Paulo sinaliza para este pressuposto

---

[13] Cf. AYRES, Care and reconstruction in healthcare practices.

máximo, que possibilita a excelência do cuidado, quando diz: "Carregai os fardos uns dos outros, assim cumprireis a Lei de Cristo" (Gl 6,2).

Deste modo, podemos dizer que espiritualidade e saúde se encontram no ato de cuidar, mesmo sabendo que assumir o Paradigma do Cuidado no âmbito da saúde traz, realmente, enormes desafios, pois supõe uma reorganização do que pensamos sobre o modo de ser pessoa e uma reorientação do nosso agir.

O primeiro grande desafio talvez seja o de despertar o cuidado adormecido no ser. Ele é um existencial básico, uma vocação humana, mas também uma atitude que precisa ser desenvolvida, aprendida, conservada e vivida.[14] O ser humano é chamado a cuidar de si, dos outros e do mundo, não só por causa de si, não só para sobreviver, mas para viver, porque viver, para si e para os outros, é muito mais do que apenas existir. Mas, para isto, é preciso saber ouvir o clamor da vida e se deixar afetar por ela.

Outro não menor desafio é saber compaginar cuidado e cura. Muitos estão tão preocupados com a cura – relacionada com o mundo atual do sucesso a qualquer preço, do imediatismo mágico e da morte escondida e adiada –, que, quando ela não se torna possível, abandonam o cuidado, esquecendo-se de que podemos curar, às vezes, mas cuidar sempre.

Um terceiro desafio é, também, saber compaginar *logos* e *pathos*.[15] Quando concebemos a razão como única fonte de conhecimento, há uma desumanização do mundo, e a cultura do descaso e da morte ganha poder e visibilidade. Se a unirmos ao conhecimento possibilitado pelo *pathos*, que nos aponta para o sentimento profundo do nosso ser, para o amor à pessoa e à vida, aí sim estaremos pensando no cuidado como parte integrante e não dispensável da atenção à saúde das pessoas. Um texto nos ajuda:

> O que faz um médico não são os seus conhecimentos de ciência médica. A ciência médica é algo que lhe é exterior e que ele leva consigo como se fosse uma valise. Os conhecimentos científicos, qualquer pessoa pode ter. Mas a alma do médico não se encontra no lugar do saber, mas no lugar do amor. O médico é movido pela compaixão.[16]

Por fim o desafio de nos considerarmos sempre, a exemplo de Jesus, o Servo de Iahweh, como "curadores feridos". Quem não acolhe suas próprias fragilidades, deficiências e feridas jamais compreenderá o que isto significa e, assim sendo, não

---

[14] Cf. BOFF, *Saber cuidar; ética do humano – compaixão pela terra.*

[15] ROCHETTA, *Teologia da ternura; um "evangelho" a descobrir*, p. 502.

[16] ALVES, *Ostra feliz não faz pérola*, p. 67.

adquirirá bagagem e sensibilidade suficientes para cuidar, consolar e aliviar a dor e a ferida de tantos outros que cruzarão, um dia, o seu caminho.

Podemos, assim, concluir que a espiritualidade cristã, se bem compreendida e experienciada, pode tornar o comportamento em saúde um caminho sinalizador dos melhores desejos de Deus para a nossa humanidade.

4. Referências bibliográficas

ALMEIDA, João Carlos. *Teologia da solidariedade*. São Paulo: Loyola, 2005.

ALVES, Rubem. *Ostra feliz não faz pérola*. São Paulo: Planeta, 2008.

AYRES, J. R. C. M. Care and reconstruction in healthcare practices. *Interface – Comunicação, Saúde, Educação*, v. 8, n. 14, set. 2003-fev. 2004, pp. 73-92.

BOFF, Leonardo. *Ecologia, mundialização, espiritualidade*. São Paulo: Ática, 1993.

_____. *Saber cuidar*; ética do humano – compaixão pela terra. Petrópolis: Vozes, 1999.

COMPÊNDIO DO VATICANO II. Decreto Optatam totires. Petrópolis: Vozes, 1968.

GALLEGO, Roberto de Almeida. *II Fórum de Saúde Social*. São Paulo: USP, 2005.

JAPIASSU, Hilton. O espírito interdisciplinar. *Cadernos Ebape.BR*, v. IV, n. 3, out. 2006. Disponível em: www.ebape.fgv.br/cadernosebape. Acesso: em 27 de julho de 2011.

MILLEN, Maria Inês de Castro. *Os acordes de uma sinfonia*; a moral do diálogo na teologia de Bernhard Häring. Juiz de Fora-MG: Editar, 2005.

PESSINI, Leocir; BARCHIFONTAINE, Christian de Paul. *Problemas atuais de bioética*. 7. ed. São Paulo: Loyola/São Camilo, 2005.

PONTIFÍCIO CONSELHO JUSTIÇA E PAZ. *Compêndio da Doutrina Social da Igreja*. São Paulo: Paulinas, 2005.

REJÓN, Francisco Moreno. *Teologia moral a partir dos pobres*; a moral na reflexão teológica da América Latina. Aparecida-SP: Santuário, 1987.

REZENDE E SILVA, Arthur Vieira. *Phrases e curiosidades latinas*. 5. ed. Rio de Janeiro: Est. Gráfico Apollo, 1955.

ROCHETTA, Carlo. *Teologia da ternura*; um "evangelho" a descobrir. São Paulo: Paulus, 2002.

SOBRINO, Jon. *Cristologia a partir da América Latina*. Petrópolis: Vozes, 1983.

PARTE III

Dimensão ética

CAPÍTULO X

Um grito ético por justiça e equidade no mundo da saúde

Leo Pessini

*Temos que ser iguais quando a diferença
nos inferioriza, mas temos que ser diferentes
quando a igualdade nos descaracteriza
(Boaventura Souza Santos).*

A saúde é um dos valores e das buscas mais básicos do coração humano, juntamente com o desejo de amar e ser amado e com a procura de uma longa vida ou mesmo de querer viver para sempre! É uma questão vital para construir um futuro para a humanidade com qualidade de vida, para além do nível da mera sobrevivência sofrida, garantindo possibilidade de futuro de vida para as novas e próximas gerações. O mundo da saúde se transformou hoje numa questão de salvação (possibilidade de viver mais e com qualidade de vida) ou condenação (morte prematura) para milhões de pessoas no mundo.

Para além da clássica definição da Organização Mundial da Saúde (1946) – "completo bem-estar físico, mental e social e não somente a ausência de enfermidades" –, a saúde é o resultado de alguns ingredientes muito simples da nossa realidade tais como educação, recursos econômicos, ocupação/trabalho, terra para cultivar, ambiente saudável, ar e água puros... entre outros ingredientes. A saúde é o pré--requisito para o desenvolvimento pessoal e comunitário e articula-se com nutrição, educação, emprego, remuneração, promoção da mulher, crianças, ecologia, meio ambiente, entre outros.

É necessário agir para promover e proteger a vida humana e a saúde, não somente cuidando das necessidades individuais imediatas e das relações interpessoais, mas também em vista da construção de políticas públicas e projetos de desenvolvimento de abrangência nacional, regional e local, dentro de uma estrutura marcada pelos valores e referenciais éticos de solidariedade, justiça e equidade. Essa concepção socioecológica da saúde nos ajuda a entender não somente as causas físicas, mentais e espirituais de doenças, mas também as causas político-sociais que provocam, além das doenças, injustiça nessa área. Os mais necessitados de cuidados com a saúde são simplesmente excluídos. Esta realidade iníqua não deixa de ser uma injustiça que clama aos céus!

A área da saúde transformou-se num gigantesco complexo industrial e tecnológico com investimentos astronômicos de recursos para pesquisas, equipamentos e treinamento de profissionais especializados. Os protagonistas nesta área de investimentos almejam ganhar dinheiro e aumentar seu capital, mais do que ser uma presença motivada por valores humanos de cuidado da saúde dos mais vulneráveis da sociedade. É muito preocupante a hegemonia dos "valores" de mercado, sem nenhuma referência a valores éticos de saúde, qualidade de vida e bem-estar social.

Os sistemas de saúde das nações mais desenvolvidas do mundo estão em crise. Os recursos econômicos não são suficientes para suprir todas as necessidades relacionadas à saúde que as pessoas possuem, somando-se a isso a chamada "medicina dos desejos" (cirurgias estéticas...)! Ultimamente, estamos presenciando ásperos debates políticos em busca de uma saída para este impasse estrutural governamental relacionado aos sistemas de saúde. Foi o que vimos recentemente nos Estados Unidos, com o governo Obama incluindo no sistema 30 milhões de americanos que estavam à margem de qualquer "direito a cuidados de saúde", sem falar do problema dos chamados imigrantes ilegais.

O mundo da saúde é hoje um campo de grandes injustiças, desigualdades e iniquidades! Hoje no Brasil cerca de quatro em cada cinco habitantes depende do SUS (Sistema Único de Saúde), e dos quase 200 milhões de brasileiros, somente 40 milhões têm planos de saúde. O sistema público de saúde brasileiro tem uma concepção filosófica humanista comunitária maravilhosa, perfeito na teoria, mas na prática um caos em termos de funcionamento. Deveria funcionar bem para atender com dignidade os brasileiros mais necessitados. O que ocorre frequentemente? Cenas de hospitais públicos sucateados e superlotados, gente no chão sujo de corredores de prontos-socorros gemendo de dor e sem atendimento, filas enormes para marcação de exames ou cirurgias, muitas mortes em razão da falta de atendimento, sendo as pessoas vítimas de discriminações absurdas que negam algo básico ao ser humano, o direito à vida saudável.

Neste contexto caótico, programas sensacionalistas de TV não perdem a oportunidade de ganhar audiência em cima da desgraça alheia. Os mais necessitados de cuidados, os pobres, são normalmente excluídos e esquecidos facilmente! É aqui que, para além do cultivo de uma "santa indignação", temos que ser propositivos e proativos. Uma importante pesquisa feita pelo IPEA (Instituto de Pesquisa Econômica Aplicada) entre 3 e 19 de novembro de 2010, em amostra de 2.773 pessoas residentes em todas as unidades da Federação, nos deu um interessante retrato de como a população vê o SUS. As qualidades são destacadas: 52,7% de acesso gratuito aos serviços de saúde, 48% de atendimento universal e 32% de distribuição gratuita de medicamentos. A falta de profissionais de medicina foi mencionada como problema por 58,1% dos entrevistados; o tempo de espera para conseguir atendimento em postos, centro de saúde ou hospitais, apontado por 35,4%; e a demora para conseguir consulta com médicos especialistas, por 33,8%. Urge priorizar ações para melhorias.

O Brasil tem uma longa história na área da saúde mundial. Em 1945, nosso país esteve representado na Conferência da ONU sobre Organizações Internacionais, realizada em São Francisco, Califórnia, que resultou na fundação da OMS. Nessa reunião, delegados do Brasil e da China propuseram "a convocação de uma conferência geral [...] com a finalidade de estabelecer uma organização internacional de saúde". Além disso, o Brasil foi uma das 61 nações signatárias da Constituição da OMS em 1946, e um brasileiro, Marcolino Candau, foi seu diretor-geral durante quase vinte anos (1953-1973).

Esta é a hora da esperança ética na busca por justiça e equidade. Sem melodrama ou mentalidade apocalíptica, lembramos que o século XXI ou será o século que colocará a ética no centro de tudo como prioridade, ou simplesmente não existiremos! Tendo presente este contexto, refletiremos eticamente sobre a questão da justiça e equidade no mundo da saúde em terras brasileiras.

1. Igualdade e equidade nos sistemas de saúde

Entendemos por sistema de saúde a resultante das condições econômicas e sociais do país, bem como da ideologia e dos valores éticos prevalentes na sociedade, que tenha como objetivos proporcionar ótimo nível de saúde às pessoas, distribuir de forma equitativa o nível de saúde, proteger as pessoas dos riscos de adoecer e satisfazer as necessidades de saúde individuais. A Organização Pan-americana de Saúde (2002) definiu saúde pública como sendo "o esforço organizado da sociedade, principalmente através de suas instituições de caráter público, para melhorar, promover, proteger e restaurar a saúde das populações por meio de atuações de alcance coletivo".

Neste contexto, a equidade se refere a questões de distribuição e acesso aos cuidados de saúde. No nível mais concreto, funciona na forma como os pacientes são tratados nas instituições de saúde. A medicina científica de alta tecnologia está mais preparada do que nunca para curar e prevenir doenças, mas a maioria das pessoas autônomas, indústrias e até mesmo o governo não pode arcar com os custos. Pacientes ricos podem experienciar o êxtase de se recuperarem de uma doença com risco de morte, mas um número cada vez maior de pacientes menos afortunados sente raiva e frustração ao não ser tratado quando necessita de cuidados e ao ser deixado à margem das benesses do dito progresso. A lacuna entre a riqueza e os pobres que não possuem acesso ao sistema de saúde é potencialmente uma questão explosiva tanto em países com sistema de saúde que são predominantemente particulares, quanto naqueles em que predomina o sistema estatal, controlado pelo governo. Valores éticos básicos do relacionamento médico e pacientes não podem ser violados sem sérias repercussões para a dignidade do ser humano vulnerabilizado pela doença e sofrimento. Qualquer solução proposta às questões de justiça e desigualdade no cuidado da saúde será cheia de ambiguidades e incertezas. A perspectiva cristã, mais do que qualquer outro sistema de crença, fornece uma sólida fundamentação para a construção de um sistema de saúde baseado na solidariedade, fraternidade, igualdade e justiça social: um sistema de saúde que abarque a todos, ricos e pobres.

Quando pessoas ricas, ou membros de certas etnias ou de certos lugares privilegiados, têm acesso aos mínimos cuidados de saúde necessários e vivem com boa qualidade de vida, enquanto as pessoas pobres ou de outras etnias ou lugares não possuem acesso e morrem, intuitivamente reconhecemos que os valores éticos básicos de justiça, solidariedade e equidade estão sendo violentados. Sempre que a equidade e a justiça são violadas, a vida do ser humano corre risco e falar em saúde é uma mera utopia.

A equidade exige que bens e serviços essenciais que são fornecidos a algumas pessoas em uma sociedade devem estar disponíveis para outras com necessidades similares e que compartilham da mesma dignidade. O cuidado essencial com a saúde não deve estar à disposição somente de alguns. Se mesmo bens e serviços essenciais são tão escassos ou tão caros que não podem ser oferecidos a todos, então, de acordo com a teoria, eles devem ser disponibilizados na forma de sorteio. O valor igual de cada pessoa é reivindicado e protegido.

A lógica de tal conceitualização é admirável, mas suprir as necessidades humanas essenciais de forma igualitária é tão complexo que a lógica não funciona na prática. A lógica é simples, mas as diferentes realidades são complexas. A equidade impõe obrigações, mas ela por si só não resolve os problemas da distribuição dos cuidados de saúde. Esquemas extremamente simples como este para viabilizar a equidade simplesmente não ajudam. Para a equidade funcionar na prática, a economia também deve funcionar, e muitos outros princípios e referenciais éticos devem ser praticados. A autonomia, por exemplo, não pode ser ignorada, bem como a dignidade do ser humano. Sem compaixão, a equidade não pode nem determinar a necessidade do cuidado de saúde nem oferecer os serviços necessários.

2. Conceito de equidade e sua mensuração

A equidade e a justiça estão estreitamente vinculadas. A justiça estabelece os padrões para a distribuição dos bens, e a equidade é um dos padrões. A justiça distributiva se refere à alocação de bens e serviços limitados. A distribuição dos bens e serviços para todos na mesma base é um dos significados tanto para a justiça quanto para a equidade. Idealmente, a justiça se esforçaria para tornar, na realidade concreta de suas vidas, todos os seres humanos o mais iguais possível. É John Rawls, um filósofo norte-americano, em sua magistral obra *Teoria da justiça*, publicada no início da década de 1970, que trabalha o conceito de justiça como equidade (*justice as fairness*) aplicada à distribuição dos bens sociais. Para este autor, a justiça "consiste em realizar uma sociedade como sistema equitativo entre cidadãos livres e iguais". As perguntas centrais da ética são estas: O que é uma sociedade justa? Como construí-la? A justiça é a virtude da cidadania.

A igualdade é a consequência buscada pela equidade. A igualdade não é mais o ponto de partida ideológico que tendenciosamente buscava anular as diferenças. É reconhecendo as diferenças e as necessidades diversas dos sujeitos sociais que podemos alcançar a igualdade. Esta é o ponto de chegada da justiça social, referencial dos direitos humanos abrindo caminho para o reconhecimento da cidadania. A equidade deve ser o referencial ético fundamental a guiar o processo decisório de priorização diante de alocação de recursos escassos. Associando a equidade com os valores éticos da responsabilidade (individual e pública) e da justiça garante-se o valor do direito à saúde. A equidade, ao reconhecer as diferentes necessidades, de sujeitos também diferentes, atinge direitos iguais e torna-se o caminho ético para garantir, no concreto, os direitos humanos universais, entre eles o direito à vida, concretizado na possibilidade de acesso aos cuidados necessários de saúde.

Embora o conceito de equidade tenha sido redescoberto e valorizado no âmbito da saúde na virada do milênio, Rui Barbosa, na Oração aos Moços em 1921, já intuía seu significado: "A regra da igualdade não consiste senão em quinhoar desigualmente aos desiguais, *à* medida que se desigualam. Nesta desigualdade social, proporcionada à desigualdade natural, é que se acha a verdadeira lei da igualdade. O mais são desvarios da inveja, do orgulho ou da loucura. Tratar com desigualdade a iguais, ou a desiguais com igualdade, seria desigualdade flagrante, e não igualdade real. Os apetites humanos conceberam inverter a norma universal da criação, pretendendo não dar a cada um na razão do que vale, mas atribuir o mesmo a todos, como se todos se equivalessem".

Em outras palavras, poderíamos dizer que a igualdade não pode e não deve ser o ponto de partida, mas sim o objetivo de chegada, pois a realidade é desigual e iníqua. Os desiguais devem ser tratados desigualmente, caso contrário estaríamos aumentando a desigualdade. Fazer acontecer a justiça na desigualdade é o que entendemos por equidade.

Qual a eficiência de um sistema de saúde em fornecer bens e serviços básicos para todos? A resposta para essa pergunta depende de como os bens e serviços básicos são identificados, mensurados, e também do entendimento das pessoas que estão operando esse instrumento. Cada sociedade organiza, financia e fornece serviços de saúde de maneira diferente. As organizações de saúde tentam fornecer esse benefício dentro dos limites e recursos disponíveis e perspectivas políticas predominantes. Comparar um sistema de saúde com outro é difícil, pois a própria definição de cuidados de saúde pode diferir consideravelmente de uma cultura para outra. Cuidados de saúde em algumas culturas como a nossa podem ser sinônimo de curar doenças específicas, e em outras culturas podem significar prevenir doenças, em vez de simplesmente curar as enfermidades. O julgamento de equidade e iniquidade não pode ser separado de todas as metáforas de base e crenças socioculturais reinantes nesta área.

As pessoas em geral concordam que o referencial ético da equidade é importante e que a equidade deve ser buscada e implementada. Mas também é verdade que elas têm outras crenças a respeito desta questão. Muitos norte-americanos, por exemplo, acreditam no mercado livre, em vez de no governo como fornecedor e distribuidor de bens, benefícios e serviços de saúde. Em outros países, as pessoas acreditam que o sistema de saúde é responsabilidade do governo. Dadas as diferentes crenças, a variedade de sistemas de saúde, a diversidade de valores culturais, os diferentes sistemas econômicos e níveis de cuidados, a equidade se torna um valor difícil de ser mensurado e mais ainda de ser implantado.

Uma teoria socialista de justiça mede a equidade nos cuidados de saúde de uma forma, e uma teoria libertária mede de forma diferente. A perspectiva socialista não leva em consideração a liberdade individual e o trabalho duro. A visão libertária não leva em consideração influências da genética e fatores ambientais entre outros. A teoria socialista maximiza o acesso. A teoria libertária maximiza a responsabilidade pessoal. Na teoria libertária, a intervenção do Estado para concretizar tratamento equitativo é considerada uma violação de propriedade pessoal e justiça. Na visão socialista, ambição e trabalho duro são desconsiderados. O "libertarianismo" tende a enfraquecer a comunidade e os benefícios compartilhados.

3. Equidade, igualdade e direitos humanos

Na história da evolução da proteção do "bem saúde", o seguro saúde foi inserido como forma de proteger trabalhadores assalariados que se tornam vulneráveis ao adoecerem. Os trabalhadores com uma apólice de plano básico de saúde alcançaram certo grau de igualdade em serviço de saúde. Mais tarde, os governos interferiram

Um grito ético por justiça e equidade no mundo da saúde

para expandir a cobertura básica para outros grupos mais vulneráveis, entre os quais idosos e pobres. O sistema de saúde amplamente estendido deu vida à ideia de equidade no sistema como um direito básico. O conceito de direitos humanos motivou os industriais e os políticos a implantarem programas de cuidados de saúde para os necessitados.

O conceito dos direitos humanos está conectado com equidade no sistema de saúde, tanto histórica quanto filosoficamente. Equidade é um conceito antigo, mas muito recentemente (final século XX e início do XXI) foi proposto como um direito humano universal. A equidade liga-se com as necessidades básicas para uma vida humana decente, como libertação da escravidão, tortura e prisão arbitrária. Está no mesmo nível que liberdade de expressão, reunião e religião. A equidade no sistema de saúde está inclusa no conceito geral do direito a tratamento igual perante a lei. A inclusão do referencial ético da equidade entre os direitos humanos mais básicos certamente coloca em terra firme nossa busca contínua pela igualdade no sistema de saúde.

Na tensão ou conflito entre liberdades individuais e interesses da coletividade, a bioética pode auxiliar a saúde pública ao dar critérios para ponderar e equilibrar, por meio de decisões razoáveis e prudentes, o respeito pelas liberdades e direitos individuais, os interesses da coletividade e a responsabilidade de proteger a saúde da coletividade. Assim sendo, nas situações de conflito entre o indivíduo e o coletivo, a saúde pública deve orientar eticamente suas ações e intervenções pela análise de alguns critérios: (1) riscos para a população: intensidade, magnitude, natureza, duração, iminência, severidade, presentes ou futuros, ação sobre seres humanos, animais, natureza; (2) probabilidade de eficácia da intervenção, pelos custos das ações; (3) razoabilidade dos custos para a sociedade; (4) maximização dos benefícios; (5) avaliação das restrições e/ou violações das liberdades fundamentais e direitos humanos; e (6) duração e intensidade da infração aos valores éticos e aos direitos humanos.[1]

4. Ameaças à equidade como um direito humano básico

Não importa o tamanho do esforço e quão limitados os recursos em investimentos para estender os cuidados de saúde a todos, o ideal de saúde para todos está ainda longe de ser alcançado. Consequentemente, alguns desistiram e substituíram autonomia por equidade. A autonomia individual aliada ao capitalismo do mercado livre cria uma visão que faz com que os cuidados de saúde sejam algo que cada pessoa pague do seu próprio bolso. Porém, segundo essa visão, ninguém deve pagar por

[1] GOSTIN, Public health ethics: traditions, professions and values.

outra pessoa. Se a equidade, no sentido de que cada pessoa tem o direito à proteção e cuidados de saúde, não pode ser alcançada, consequentemente qualquer tentativa de se aproximar do ideal está fadada ao fracasso. Aqui está um exemplo clássico de "um bebê sendo jogado fora junto com a água do banho".

Paradoxalmente, o mesmo conceito de "direito" que já ajudou a propulsar iniciativas de equidade de cuidados com a saúde desafia os avanços conseguidos com muito custo. As pessoas se preocupam com direitos, mas o conceito de "direito" ampliou-se. Para além de pacientes reivindicando um direito de acesso aos cuidados de saúde, temos os médicos que também reivindicam o direito de decidir a quem irão tratar. A empresa de planos de saúde e instituições de saúde também reivindicam o direito de satisfazer os interesses financeiros de seus acionistas. Industriais e empresários reivindicam o direito de competir mundo afora e não ficarem em desvantagem por terem que pagar por benefícios de saúde para seus funcionários. As empresas farmacêuticas reivindicam o direito de lucrar com os produtos de sua pesquisa e assim cobrar valores exorbitantes. Todas essas reivindicações estão no sentido contrário de se viabilizar o direito ao acesso igual à saúde básica para todos.

Superar o desafio das ameaças à equidade seria atenuar o conceito de direitos e focar num conceito de justiça que equilibra equidade e autonomia. Seria elaborar os detalhes concretos de um sistema de saúde que balanceie microdistribuição com macrodistribuição, cuidados primários com medicina curativa, intervenções cirúrgicas agudas com medidas de saúde pública, igualdade com autonomia. Um sistema de racionamento é uma maneira de tentar responder a este desafio. Mas o racionamento sozinho não cumpre o objetivo da equidade. Os custos dos cuidados de saúde sempre excedem às necessidades do paciente por benefícios de cuidado com saúde e serviços. No atual sistema de saúde inglês, por exemplo, o Estado não fornece mais hemodiálise para pessoas acima de 75 anos. Quem quiser se submeter a este procedimento que o faça por conta e risco próprios. Não importa a quantidade de racionamento decretada, benefícios de saúde para todos não são fornecidos de maneira igual. Os ricos, os que estão bem socialmente, as celebridades, os espertos politicamente falando sempre encontram uma maneira de burlar o racionamento, não importa a força com que o sistema tente promover a equidade.

Todo sistema de racionamento é baseado no conceito de necessidade. O racionamento tenta suprir as necessidades essenciais de saúde dos cidadãos. Mas como são definidas as "necessidades"? O benefício é uma necessidade? E os benefícios que restauram o funcionamento normal? A "necessidade" poderia estar correlacionada com o benefício de saúde "significante"? Mesmo se o conceito de necessidade for reduzido à necessidade básica, essencial ou mínima nos cuidados de saúde, fica difícil definir objetivamente o quanto suprir. Qual o significado de termos como "básico" ou "adequado" ou "essencial" ou "mínimo" nas necessidades individuais de saúde?

A máxima "a cada pessoa conforme suas necessidades", partindo do princípio da igualdade, como uma interpretação de justiça, exige que a sociedade organizada e o Estado forneçam meios para garantir as necessidades individuais (cada pessoa como sendo única e com diferentes necessidades). Esta perspectiva foi implementada na criação do National Health Service (Serviço Nacional de Saúde), após a Segunda Guerra Mundial na Inglaterra, e posteriormente em países como a Noruega, a Suécia, a Finlândia, a Austrália, a Nova Zelândia, bem como nos antigos países socialistas e Cuba. O problema é dar conta das necessidades de todas as pessoas. Estas são de ordem física, psíquica e social, e se modificam, se sofisticam e, mesmo em países avançados com situação econômica privilegiada, contrapõem-se à inexistência de recursos suficientes destinados a atender sua totalidade. E há outras necessidades que reivindicam os mesmos recursos limitados: comida, educação, proteção, transporte, segurança, prevenção contra as drogas, suprimento de água etc. Estes elementos não são considerados necessidades de saúde, mas têm um importante impacto na saúde. Aqui surge a necessidade imperiosa de *estabelecer prioridades* na distribuição dos recursos. É por isto que muitos bioeticistas reformulam a máxima "a cada pessoa conforme suas necessidades" para: "A cada pessoa conforme suas necessidades até o limite que permitam os bens disponíveis" (Diego Gracia).

Recursos escassos tornam os cuidados com a saúde algo que nunca pode ser suprido completamente. Mas um desafio pode ser enfrentado permanentemente ao gerar iniciativas novas e criativas e trazer melhorias graduais significativas na correção das iniquidades no sistema de saúde.

5. Desafios específicos para a equidade na área da saúde

Falamos anteriormente da equidade como um ideal a ser perseguido, mesmo se os cuidados de saúde forem restritos aos cuidados primários e preventivos. É possível imaginar que uma comunidade chegue a um consenso sobre cuidados primários, preventivos e agudos com a saúde? Se esse consenso for alcançado, o que mais os cuidados essenciais, básicos ou adequados cobrem? A que mais todas as pessoas deveriam ter acesso: plano odontológico, serviços de reabilitação para vício do álcool e drogas, cuidados em casa por enfermeira, pré-natal, serviços de planejamento familiar e medicamentos? Responder a estas interrogações depende basicamente da existência ou não de recursos.

Tornar os cuidados básicos, adequados ou essenciais iguais e acessíveis a todos não é impossível, mas requer um esforço contínuo. A equidade deve, porém, manter um objetivo moral que impulsiona os esforços para mudança. Vejamos rapidamente algumas circunstâncias que criam desafios para a equidade no sistema de saúde e que devem ser enfrentadas: (1) Manutenção da cobertura básica universal para todos em face dos crescimentos estáveis em populações imigrantes (muitos grupos humanos migram apenas por motivos de saúde). (2) Custos administrativos (burocráticos) que podem consumir rapidamente os parcos recursos destinados à saúde. (3) Microgerenciamento das decisões médicas, vistas como uma necessidade para os gestores e uma intrusão pelos médicos. (4) Despesas astronômicas relacionadas às práticas ilícitas e, como consequência, práticas médicas defensivas e devastadoras. (5) Política de saúde orçamentária limitadora dos recursos necessários à saúde diante dos custos crescentes. (6) Tratamento de pacientes de alto risco. (7) Pressão econômica dos fornecedores de equipamentos médicos e produtos farmacêuticos. (8) Expansão das categorias de doença mental e pagamento por um sistema de saúde sem diminuir a necessidade e a importância do cuidado com os que estão mentalmente doentes. (9) Combate à fraude e corrupção no âmbito da saúde com valores que chegam a 100 bilhões por ano nos Estados Unidos. (10) Eliminação, em nosso país, da distância entre o nível teórico (isto é, o que é constitucional e garantido por lei em termos de SUS, que não deixa de ser uma grande conquista pela Constituição de 1988) e a dramática realidade da vida concreta do povo, um verdadeiro caos, com recorrentes tragédias humanas que poderiam ser perfeitamente evitáveis.

A responsabilidade pública pela saúde, principalmente dos menos favorecidos, nos leva a pensar que quanto mais uma sociedade é baseada nos valores de justiça e equidade entre seres humanos, mais ela deve rejeitar desigualdades sociais injustas e evitáveis. Uma sociedade justa e igualitária deve continuamente estimular a solidariedade coletiva, que tem como objetivo promover o bem-estar de todos, sem distinção de origem, raça, sexo, cor, idade e outras formas de descriminação.

6. Olhando para o futuro: alguns desafios

Uma das notas críticas de nosso tempo alardeia com frequência a "morte das utopias". Mas aqui necessitamos urgentemente resgatar o significado simbólico deste conceito. Precisamos nutrir a "utopia", ou seja, construir em meio a este contexto social injusto e desigual, em que a doença e a pobreza falam mais alto do que o bem e a saúde, um horizonte de significado (o conceito evangélico de "Reino de Deus"). Em nossas terras, o SUS (Sistema Único de Saúde) tem que funcionar muito bem e devemos colaborar para isso. Esta é uma grande utopia a ser concretizada. Este horizonte deve ser o guia para todas as nossas ações, escolhas, investimentos, buscas e pesquisas, pensamentos e sonhos em busca do "Reino da Saúde". É preciso ousar profeticamente rumo à implementação de políticas sociais orientadas pelos referenciais éticos de justiça, equidade e solidariedade. Nosso grande objetivo é *construir uma sociedade justa e igualitária* que permanentemente estimule uma solidariedade coletiva voltada para a proteção do bem para todos sem preconceito algum.

Um grito ético por justiça e equidade no mundo da saúde

Houve uma mudança no conceito de "saúde": de "caridade" para "direito". Hoje em dia, esse direito está sendo transformado num "negócio", dentro de um mercado livre sem coração! A necessidade de empoderamento dos pobres em termos de reivindicação (cidadania) para fazer algo concreto e forçar o direito básico à saúde é garantida por constituições de muitos países (controle social do Estado pela sociedade civil). Mas ainda é um "direito teórico e meramente virtual" na maioria dos países da América Latina e na região do Caribe. Na teoria, tudo é perfeito. Mas tudo é perfeito em retórica legal, já que, na realidade, as coisas são injustas. A mudança que todos esperamos e estamos buscando não vem de cima para baixo, mas a partir da conscientização e educação para a cidadania e controle social.

Aqui o papel da Pastoral da Saúde é vital! Ela tem que fazer diferença pela sua presença e ser "o sal e a luz" neste contexto marcado pela escuridão de doença e mortes evitáveis. Além de cuidar dos doentes (*dimensão samaritana*), deve trabalhar para mudar estruturas político-sociais desiguais (*dimensão político-institucional*). Outro desafio é preservar a identidade cristã das instituições de saúde que são mantidas pela Igreja e congregações religiosas, cujo carisma as coloca no mundo da saúde a serviço dos pobres e doentes. Além disso, zelar pelos valores humanos e cristãos na formação dos futuros profissionais da área da saúde. Perguntamo-nos: que diferença faz hoje na realidade de saúde um médico, um enfermeiro ou um psicólogo entre outros profissionais da saúde formados por instituições universitárias de inspiração cristã e católicas? Somente ganhar dinheiro, ter uma carreira bem-sucedida na vida e até mesmo explorando o sofrimento do povo? E os que estudam "gratuitamente" numa instituição pública de saúde não deveriam "dar de graça", devolver à comunidade em termos de trabalho voluntário em regiões carentes onde não existem serviços e profissionais de saúde o que receberam em termos de conhecimento científico para o bem e a saúde do povo?

Na visão cristã, a saúde é vista como um "dom que Deus" confiou à responsabilidade humana. Esta responsabilidade se traduz no cuidado da própria saúde e na saúde dos mais vulneráveis, com competência tecnocientífica e humano-ética. Este cuidado competente é um imperativo ético que se traduz na prática numa prioridade de ação para os discípulos missionários no mundo da saúde. O que foi prioritário para Jesus há de ser também para os seus seguidores. A ação de Jesus, sua proximidade e solidariedade com os pobres e doentes, os liberta de toda espécie de sofrimento e enfermidade, devolvendo à pessoa a sua saúde integral. Teologicamente, podemos dizer que o ser humano neste início de século XXI, ao buscar saúde, está diante de uma busca nostálgica e às vezes inconsciente de salvação! Evidência disso é que, nas grandes romarias aos santuários, o povo pede e agradece pela saúde. No Santuário Nacional de Aparecida, na "sala das promessas", no linguajar erudito, mas "dos milagres" na linguagem do povo, o que vemos e tocamos nos milhares de objetos ali depositados são histórias de salvação de perigos, acidentes e doenças. Um coração agradecido deixa sua marca de "ação de graças"!

Neste âmbito da saúde, faz-se necessário desenvolver a chamada bioética dos "4 pês": *promoção* da saúde; *prevenção* de doenças; *proteção* dos vulneráveis presas fáceis de manipulação; e *precaução* diante do desenvolvimento biotecnológico da população. A responsabilidade pública pela saúde nos move a agir e refletir. Quanto mais uma sociedade se funda nos valores da justiça, equidade e solidariedade entre os seres humanos, menos deve aceitar as injustas, evitáveis e mutáveis desigualdades sociais, principalmente no âmbito da saúde. É mais do que hora de garantir a todos os brasileiros "o acesso universal, integral e equânime" aos cuidados necessários de saúde.

7. Referências bibliográficas

BARBOSA, R. *Escritos e discursos seletos*. Rio de Janeiro: Nova Aguiar, 1995.

CALAHAN, D. Equity, Quality and Patients Rights: Can They be Reconciled? In: STEPKE, F. L.; AGAR, L. (eds.). *Interfaces between Bioethics and Empirical Social Sciences*. Santiago: World Health Organization/American Health Organization, 1992.

CELAM (Conselho Episcopal Latino-Americano). *Discípulos Missionários no Mundo da Saúde*; guia para a Pastoral da Saúde na América Latina e Caribe. São Paulo: Centro Universitário São Camilo, 2010.

DRANE, J.; PESSINI, L. *Bioética, medicina e tecnologia*; desafios éticos na fronteira do conhecimento humano. São Paulo: Centro Universitário São Camilo/ Loyola, 2005.

_____. Bioética, equidade e políticas publicas. *O Mundo da Saúde*, v. 26, n. 1, São Paulo, pp. 143-147.

FORTES, P. A. C.; ZOBOLI, E. L. C. P. Z. (orgs.). *Bioética e saúde pública*. São Paulo: Centro Universitário São Camilo/ Loyola, 2003.

GOSTIN, L. O. Public health ethics: traditions, professions and values. *Acta Bioethica*, v. 9, n. 2, 2003, pp. 177-188.

KLEINERT, S.; HORTON, R. Brazil: towards sustainability and equity in health. *The Lancet*, v. 377, issue 9779, 21 May, pp. 1721-1722.

ORGANIZACIÓN PANAMERICANA DE SALUD. *La salud pública en las Américas*. Washington: OPS, 2002.

PEGORARO, O. A. *Ética e justiça*. Petrópolis: Vozes, 1995.

PESSINI, L.; BARCHIFONTAINE, C. P. *Problemas atuais de bioética*. 9. ed. São Paulo: Centro Universitário São Camilo/ Loyola, 2010.

RAWLS, J. *Uma teoria da justiça*. São Paulo: Martins Fontes, 1997.

CAPÍTULO XI

Bioética:
tensões e desafios nos limites da vida

Alexandre Andrade Martins

A sociedade contemporânea vive a era da tecnologia que afeta todas as dimensões da existência humana e sua relação com praticamente tudo que existe no planeta e até fora dele. O século XX ficou deslumbrado diante dos avanços grandiosos das ciências e sua capacidade de gerar benefícios e conforto. Porém, como quase tudo com grande poder, o uso indevido das novas descobertas também causou muito mal, a exemplo do mal gerado no processo para conquistar um novo conhecimento tecnológico, como a pesquisa envolvendo seres humanos de forma brutal. A Segunda Guerra Mundial foi a prova histórica e inegável do uso indevido das conquistas das ciências e do caminho percorrido para adquirir mais saber.

1. Bioética: um grito contra o reducionismo da pessoa humana

Os abusos no uso de seres humanos como objetos para obter conhecimento e os exageros na sua aplicação, bem como o surgimento de novos dilemas diante das descobertas de novas tecnologias no tratamento de patologias, fizeram com que, em meados do século XX, surgisse uma reflexão ética contra o reducionismo da pessoa humana decorrente do avanço técnico-científico, sobretudo, e é o que nos interessa aqui, no campo da biotecnologia. A partir da modernidade, as ciências foram se especializando, isto é, aconteceu uma fragmentação do conhecimento, no qual cada saber preocupou-se com o seu objeto utilizando um método para obter determinados resultados. "Dividir para melhor compreender", um dos passos fundamentais do método científico pensado por René Descartes, teria a ética como a copa de uma árvore que envolvesse todos os galhos, as ciências, para que pudesse chegar a ideias claras e distintas, o conhecimento científico, de forma ética. Contudo, as coisas não aconteceram tão "bonitinhas" assim no plano ético, pois ela acompanhou a fragmentação da razão em racionalidades[1] e se departamentalizou também. O resultado foi, e aqui estamos pensando no mundo das ciências da saúde, a especialização da ética nos "Códigos de Ética profissionais", fortemente presente nos nossos dias e onde percebemos um reducionismo da pessoa humana.

Ética, no sentido clássico de uma reflexão sobre os hábitos morais ou, como dizia Aristóteles, uma "ciência do *éthos*", não se tem mais. Ética e moral passaram a ser tidas como sinônimos. Independente dessa questão semântica, o que nos chama a atenção é a perda da reflexão sobre o agir na relação com o outro. Se os abusos das ciências colocaram pessoas mais vulneráveis como um objeto, retirando delas a autonomia de sujeito, a relação entre pessoas, num contexto voltado para a saúde, deixou de ser pautada numa interação de subjetividades para ser regida por uma lei positiva, isto é, por um código de ética, pois ele responde a três exigências do mundo moderno: é objetivo, corresponde às regras da especialização e não se fundamenta em princípios metafísicos. Tudo isso permite grande aplicabilidade concreta.[2] Os artigos dos códigos não são decorrentes de valores universais de uma "lei não escrita", que passaram pela reflexão e pelo aprendizado de um indivíduo na sua interação com a particularidade em busca de uma justa medida, tendo a prudência como base do pensar e do agir, como fala Aristóteles na *Ética a Nicômaco*. A formulação dos artigos parte da ação, das situações e dos casos concretos por meio de "imperativos categóricos", como desejou Kant, porém o que ele queria – ter o ser humano nunca como meio mas sempre como fim em si mesmo – não aconteceu no campo das ciências da saúde.

A capacidade de pensar eticamente a ação moral é suprimida pela objetividade dos códigos, consequentemente há uma redução da pessoa humana, que só foi percebida depois dos abusos cometidos pelas pesquisas científicas, mais especificamente depois da situação limite das atrocidades cometidas na Segunda Guerra, em cujo final se descobriram as barbaridades cometidas pelos médicos nazistas. Contudo, não foram apenas eles que reduziram o outro vulnerável à condição de objeto. Muitos casos de abusos de pesquisadores aconteceram também nos EUA e na Europa não nazista. Isso levou a um grito contra o reducionismo da pessoa humana, um grito quanto à exclusão do pensar eticamente as relações entre pessoas e um grito de indignação diante dos exageros e em prol da vida pessoal, autônoma e digna. Temos o surgimento da bioética, muito mais do que uma reflexão ética sobre as ciências da vida ou mais uma ética aplicada com destaque entre as outras, sendo uma reflexão que vai além do ser vivo compreendido biologicamente,[3] embora essa dimensão este-

---

[1]   Cf. VAZ, *Ética e razão moderna*.

[2]   Cf. LEOPOLDO E SILVA; SEGRE; SELLI, Da ética profissional para a bioética, pp. 57-68.

[3]   Cf. LEOPOLDO E SILVA; SEGRE; SELLI, Da ética profissional para a bioética, p. 62.

Bioética

ja junta, pois trata-se de uma reflexão sobre o existir humano nas suas relações com o mundo, com as coisas, com o outro e com o absoluto.

2. Conceito de pessoa e *valor-pessoa*

Numa sociedade pós-metafísica, na expressão de Habermas, para fundamentar o agir moral, não se aceitam valores estabelecidos em princípios universais abstratos ou metafísicos, que geralmente vêm da tradição, de maneira particular, estabelecidos a partir da relação com o absoluto dentro de uma experiência religiosa. Claro que sempre fica a interrogação sobre se é possível estabelecer fundamentos morais para todos sem esses princípios metafísicos, pois os elementos universais, se pensarmos bem e olharmos para a sua raiz, são metafísicos, embora provenientes de outro caminho que não os religiosos, e necessários para a convivência comum dos sujeitos humanos. Ser universal é o objetivo da Declaração Universal dos Direitos Humanos, mas não é metafísica. Pelo menos a maioria dos seus idealizadores e defensores acha que não é ou diz não ser, mas, se analisarmos na raiz, a dignidade da pessoa humana, alicerce dessa Declaração, é uma formulação metafísica, já que não encontramos base material para esse princípio, porém encontramos base universalizante na aceitação por todos por meio da razão.

Ser meio contraditória parece fazer parte dessa sociedade pós-metafísica. Contudo o interessante é percebermos que o movimento para chegar a valores universais é bem diferente do ocorrido no período medieval e antigo. O movimento agora é de acessão da razão por meio de um ponto comum: todos têm o direto de viver como pessoas. A vida humana tem uma dignidade de pessoa que precisa ser respeitada e promovida, pois na situação de pessoa encontram-se todos os indivíduos humanos. Dessa forma, na bioética, o valor universal que se impõe é o *valor-pessoa* contra a tentativa de fazer do outro, especialmente os vulneráveis, um objeto.

A bioética surge como reação à redutibilidade da pessoa; como protesto contra a transformação do ser humano em coisa e objeto; como tentativa de impedir que se repitam ações que façam desaparecer da existência pessoal e histórica a dignidade que lhe é inerente como valor diferencial.[4]

Pessoa se tornou o grande valor da bioética, pois responde às exigências da sociedade atual de ter uma fundamentação ética objetiva, especializada e não metafísica. Valor-pessoa corresponde a isso porque todos os humanos partilham da mesma condição de seres pessoais que precisam viver e sobreviver na relação com o outro, de tal forma que possam exercer sua condição de sujeitos autônomos e responsáveis. Por ser pessoa, o ser humano possui dignidade, a qual precisa ser respeitada e

---

[4]   LEOPOLDO E SILVA; SEGRE; SELLI, Da ética profissional para a bioética, p. 61.

promovida, e um valor universal que não vem do alto, mas do concreto da condição existencial do ser humano. Entretanto, a discussão não para aqui e os problemas continuam, agora não com base no valor primeiro que une a todos e, sim, no que consiste esse valor. Surge a problemática em torno do conceito de pessoa, pois o agir moral no campo das ciências da vida dependerá da conceituação básica do valor-pessoa.

As divergências sobre o conceito de pessoa são muito grandes e a sua definição está na base do que vem a ser, de quem tem direito e de como vem a ser respeitada e promovida a dignidade. Todo debate em torno das questões-limites da vida, para o seu início e para o seu fim, tem o conceito de pessoa como chave para compreendermos as diferentes posturas ao tratar do ser humano e seu organismo biológico, especialmente na relação com os vulneráveis. Há muitas definições para o conceito de pessoa, mas vamos aqui ficar apenas com duas, que possibilitam sintetizar toda a discussão e que Engelhardt chama de: *moral secular geral* e *moral religiosa*.[5]

a) Moral secular geral

Para a moral secular geral, nem todo ser humano é pessoa. Há uma diferenciação entre vida humana biológica e vida humana pessoal. A vida humana biológica precede a pessoa, pois é a vida do organismo fisiológico celular. Enquanto organismo, não se pode falar de utilização da racionalidade e vontade, mas sim de um processo de desenvolvimento animal comum a todos os seres vivos. Esse desenvolvimento se inicia a partir de uma célula e, se tudo correr dentro do previsto, caminhará ao ponto máximo do desenvolvimento, até começar a enfraquecer e chegar ao fim da vida biológica, entrando em outro processo, o de decomposição em meio aos micro-organismos presentes na natureza. Para uma vida humana biológica, ser pessoa é ter o poder de consentir algo e transmitir autoridade moral, isto é, poder participar de uma teia de relações com outros seres humanos, na qual todos têm uma participação ativa como sujeitos morais autônomos e conscientes de si, capazes de estabelecer vínculos, trabalhos conjuntos e limites, de tal forma que possam ser responsabilizados pela sua ação. Em uma frase, pessoa é "o indivíduo consciente, dotado de corpo, razão e vontade, autônomo e responsável",[6] agente moral que pode ser responsabilizado pelo seu agir.[7]

De acordo com tal definição de pessoa, muitos seres humanos ficam de fora, como bebês, deficientes mentais e senis. Embriões e fetos ainda estão longe de serem pessoas, e os indivíduos em coma também não o são, mas já foram e poderão vir a

---

[5]   Cf. ENGELHARDT, *Fundamentos da bioética*, passim.

[6]   LEPARGNEUR, *Bioética, novo conceito*, p. 44.

[7]   Cf. ENGELHARDT, *Fundamentos da bioética*, p. 291.

Bioética

ser novamente, mas os em EVP (estado vegetativo persistente) não são pessoas e certamente não voltarão a ser mais. Para a moral secular geral, esses não têm direitos de pessoa porque não o são e, pensando friamente, qualquer ação arbitrária ou invasiva sobre eles não seria uma ação imoral. A questão moral nem seria posta, pois a moralidade é para a relação entre pessoas. O fundamento para defender esses seres seria apenas afetivo ou solidário, o que é muito presente em alguns casos, como na relação de uma mãe com o feto, que não seria abortado não por questões morais e, sim, pela relação afetiva de amor e cuidado estabelecida com esse ser. Em situação oposta, a opção pelo abortamento dentro de uma situação de gravidez indesejada, que não estabeleceu vínculos afetivos, não seria uma ação imoral. Essa questão do vínculo afetivo e solidário também seria o que levaria a proteger os senis, deficientes mentais, e a manter vivo alguém em EVP. Em outras situações, a questão afetiva não é tão presente, como é no caso dos embriões, pois médicos e pesquisadores os veriam apenas como parte inicial de um processo biológico e todo tipo de manipulação seria aceitável.

O Direito resolveu essa questão de um ser humano biológico ter ou não direitos de pessoa de forma atributiva. Ele não entra na questão conceitual, por mais que reconheça a importância dessa problemática, sobretudo nos laboratórios de pesquisa e em situações clínicas. Sua definição norteia muitas das decisões de pesquisadores e médicos, e atribui a todo ser humano vivo e ao nascituro os direitos de pessoa, protegendo-os legalmente. No Direito brasileiro, todos são tidos como pessoas a fim de terem seus direitos resguardados. Porém, há legislações paralelas, como a Lei de Biossegurança, de 2 de março de 2005, que permite a utilização em pesquisas de embriões congelados a mais de três anos ou inviáveis para a implantação uterina. Não entra no mérito da questão se embrião é ou não pessoa, é ou não um ser humano. Legislou-se abrindo uma concessão ao uso para fins de pesquisa de embriões remanescentes das clínicas de fertilização *in vitro*, mas manteve-se a proibição da cultura de embriões exclusivamente para as pesquisas.

Dignidade, como vimos anteriormente, é dignidade da pessoa humana, logo a definição de pessoa para a moral secular geral condiciona a defesa e a promoção da dignidade, pois essa é algo apenas atribuído aos seres humanos pessoais. Uma coisa leva a outra e isso é muito importante, pois o único valor universal aceito sem grandes objeções para poder regular a relação entres os seres humanos é o valor-pessoa e sobre esse princípio está fundamentado o respeito à dignidade humana. Para a moral secular o valor-pessoa e a sua decorrente dignidade serve apenas para vida humana pessoal e não para vida humana biológica. Aqueles tidos como não pessoas só podem ser protegidos na sua existência por questões de vínculo afetivo e solidário ou por proposições positivas legais, não por fundamentação moral.

Somada a essa problemática, temos a questão da dignidade como um valor que se atribui a alguém. Ou seja, pessoas têm mais ou menos dignidade, o que irá depender de inúmeros fatores, tais como *status* social, situação econômica, poder e prestígio. A atribuição da dignidade é feita por alguém que tem mais e vai qualificando a dignidade do outro à medida que ele ascende social e economicamente, ou por um grupo que atribui grande dignidade para alguém ao lhe conferir uma autoridade. Dessa forma, dignidade não é inerente à vida humana pessoal, tal como ser pessoa não é inerente à vida humana biológica.

b) Moral religiosa

Na chamada moral religiosa, e aqui ficamos apenas com a conceituação da Igreja Católica como um paradigma moral, devido ao seu grande interesse por essas questões, não há uma separação entre vida humana biológica e vida humana pessoal. Há um único ser humano pessoa, com vida biológica, racional e moral. O ponto de partida é outro, não é de uma reflexão a partir da observação fenomenológica, mas de natureza ontológica do ser humano, fundamentada no dado da revelação bíblica. Para a Igreja, a pessoa humana tem uma única natureza querida por Deus desde a sua concepção, ou até mesmo antes, pois cada ser humano concebido já foi pensado e querido pelo Criador. O que faz o ser humano ser pessoa não é a sua capacidade de exercer racionalidade, autonomia e de estabelecer contado com outras pessoas dentro de uma teia de responsabilidade moral, mas é a sua natureza, proveniente da vontade de Deus e que é única e inalterada, isto é, a natureza ontológica do ser humano é a sua essência, e essa não evolui nem regride, permanece sempre a mesma. Ela não depende do desenvolvimento das suas potencialidades para que o ser humano biológico seja definido como pessoa. Estamos aqui dentro de uma reflexão metafísica de matriz clássica, muito difícil de ser aceita atualmente, sobretudo nos espaços onde imperam o pragmatismo pós-metafísico.

O ser humano é pessoal porque é a imagem e semelhança do Criador (cf. Gn 1,26). É nesse fundamento que está centrada a postura da Igreja na defesa da vida em toda e qualquer situação, pois sempre há uma pessoa e uma situação que exige responsabilidade moral. Se alguém não pode agir moralmente, como é o caso dos embriões, fetos, deficientes mentais e pessoas em EVP, ele não deixa de ser pessoa, pois a sua natureza ainda é a mesma querida por Deus. Como ele deu o *ser* para qualquer indivíduo capaz de agir moralmente, ele concedeu o *ser* para esses indivíduos ainda em estágios iniciais do seu desenvolvimento ou com limitações irreversíveis. Há uma relação de responsabilidade moral das pessoas com o uso normal da razão e da vontade para com essas pessoas em situação de vulnerabilidade e de dependência. Essa responsabilidade vem mais uma vez do dado da revelação, o qual exige que todos os "pequeninos" sejam protegidos e promovidos (cf. Mt 25,31-40), e também do valor-pessoa, que exige a defesa da vida e da dignidade da pessoa humana sempre, mesmo na relação entre estranhos morais.

Diferente da moral secular geral em que o fundamento para defender um feto ou alguém em EVP é a questão da afetividade e da solidariedade, na moral religiosa a relação entre esses dois seres humanos vai além do afetivo e do solidário, é uma relação entre subjetividades pessoais, com a mesma natureza e que exige comprometimento de maior responsabilidade moral da parte de quem tem mais potencialidade colocada em ato para resguardar a dignidade do vulnerável. Em uma expressão bíblica: a quem muito foi dado, muito será cobrado (cf. Lc 12–48).

Dignidade da pessoa humana deixa de ser algo atribuído para ser um elemento intrínseco à natureza humana, mais uma vez porque a dignidade faz parte do ser humano querido por Deus e feito à sua imagem e semelhança. Todos têm igual dignidade, mas cada um a vive de acordo com sua situação contingencial no mundo, isto é, o modo de promover uma vida digna para um deficiente mental é diferente de como se faz para uma pessoa com o uso normal e consciente da razão e da vontade, porém ambos têm direito a ter sua dignidade defendida e promovida por meio de ações, circunstâncias e condições de vida razoáveis. Pessoa alguma atribui dignidade a outrem. O que acontece são injustiças realizadas por quem tem mais poder que impede a vida digna dos mais vulneráveis, tanto por questões biológicas, como os exemplos utilizados até agora, como por fatores sociais, como a pobreza e a marginalização. Essas injustiças impedem o outro de viver dignamente, e a situação que vive, no limiar da existência, torna-se dramática no submundo das injustiças, da despersonalização e da condição de objeto, visto como um tecido biológico ou social.

3. Algumas problemáticas nos limites da vida

No conceito de pessoa, como apresentamos até aqui diferenciando duas correntes muito presentes no mundo ocidental, temos um dos pontos cruciais no campo da reflexão bioética em relação à biotecnologia ligada a situações-limites da vida humana. Todos que vêm acompanhando nosso texto até aqui e certamente já ouviram falar de problemas clássicos ligados à bioética provavelmente pensam na aplicação do conceito de pessoa em decisões morais relativas às questões do início da vida (aborto, fertilização artificial e pesquisa com células-tronco embrionárias) e às questões do fim da vida (as problemáticas em torno do "tanatos", isto é, da morte, como a eutanásia, distanásia, ortotanásia).

Início e fim da vida são os dois grandes limites contingenciais de qualquer ser vivo e, para o ser humano, se torna uma questão imensa à medida que ele começa a poder manipular em laboratório o desenvolvimento biológico desde o seu início, passando por todas as fases da existência temporal até chegar ao seu fim, quando é necessário determinar que a vida acabou. Uma decisão muito simples quando se está envolvido em meio a um ambiente técnico e clínico, mas um drama existencial quando esse espaço é ultrapassado e toca a finitude de cada ser racional e autônomo, especialmente em uma cultura de negação da morte.

Não temos a pretensão de abordar todos os problemas éticos sobre o início e o fim da vida. Apenas queremos esclarecer alguns termos e citar algumas problemáticas, para que, dessa forma, o leitor desse texto, depois da reflexão realizada até aqui em torno do conceito de pessoa, possa pensar sobre as tensões e os desafios envolvendo o início e o fim da vida humana.

Aborto e eutanásia são as duas problemáticas bioéticas que mais estão presentes na cabeça de todos nós. Elas não são as únicas, mas o interesse em torno delas faz com que passem despercebidos outros dilemas mais corriqueiros no mundo da saúde, presentes no dia a dia, mas com pouca divulgação, como é o caso da obstinação terapêutica e a distanásia.

Aborto é sempre um tema de primeira ordem nos debates brasileiros, pois há muitos grupos favoráveis à sua descriminalização e tem a forte militância da Igreja Católica contra. Há muitos argumentos para a descriminalização do aborto no Brasil, mas o principal deles é o argumento social, isto é, "aborto é uma questão de saúde pública", pois muitos são feitos clandestinamente, colocando em risco a integridade da mulher, que é vítima do grande "mercado negro" das clínicas ilegais de aborto e da venda de medicamentos abortivos. Descriminalizá-lo seria permitir a segurança da mulher e resguardar a sua integridade de poder fazer um abortamento em um ambiente mais seguro e zeloso, dificultando a ação desse mercado. Um esclarecimento sobre a diferença entre aborto e abortamento: o primeiro é o resultado do segundo, isto é, o abortamento é o processo que leva ao aborto, que é a matéria biológica retirada da mulher. Outro argumento utilizado a favor do aborto é a questão da autonomia da mulher em decidir sobre o seu corpo. Esse argumento está bem próximo do conceito de pessoa na moral secular geral, pois, se o feto não é pessoa, não há responsabilidade moral sobre ele, logo a mulher pode decidir como deseja.

No Brasil, essa questão da autonomia da mulher sobre o seu corpo para poder optar pelo abortamento tem um problema de fundo do qual pouco se fala. A maioria das mulheres que desejam realizar o abortamento vem de situação socioeconômica bem complicada, de realidade social pobre, na qual são pouco autônomas nas suas decisões, no que diz respeito a quando devem começar a vida sexual e com quem deve ser. Queremos dizer que muitas mulheres não têm autonomia para poderem escolher engravidar ou não, pois são vítimas de abuso ou iniciam sua vida sexual sem a devida maturidade para poderem escolher como viver a afetividade sexual e quando optar por ter um filho ou não. As coisas vão acontecendo sem reflexão e maturidade, e o risco de uma gravidez indesejada, de um pai que não assume sua responsabilidade, torna-se muito grande. Pobreza, falta de instrução adequada, vulnerabilidade social e riscos de abusos são alguns dos fatores que levam a uma gravidez indesejada.

Apresentar o aborto como a única alternativa para resolver o problema parece uma falácia para se isentar das deficiências sociais anteriores. Resolver a questão dessa forma parece apenas combater as consequências sem enfrentar as causas para ter cada vez menos adolescentes e mulheres grávidas de forma indesejada.

A definição de quando começa a vida humana – para então poder dizer que se pode fazer o aborto até tal dia de gravidez e não se pode mais depois de tal dia, porque passou a ser uma vida humana que precisa ser respeitada – é uma questão secundária. A questão social da autonomia da mulher em poder escolher quando começar a vida sexual e quando quer engravidar é de importância primária em uma realidade como a nossa. Quando começa a vida humana parece ser um busca mais pertinente diante dos dilemas éticos sobre as pesquisas utilizando embriões humanos. Em seu bojo está a questão: um embrião é vida humana ou não? Se é, não se pode utilizá-lo em pesquisas para obter células-tronco, pois isso significaria eliminar uma vida; se não, então toda pesquisa com embriões não eliminaria vidas. Para apimentar o dilema, se não é pessoa, não há responsabilidade moral do pesquisador sobre o embrião; consequentemente, sua destruição não implica uma questão moral.

Para a Igreja Católica, tanto no caso do aborto quando nas pesquisas com embriões, há uma natureza humana que sempre precisa ser respeitada e protegida. Há uma responsabilidade moral do indivíduo autônomo, consciente e com o poder em suas mãos de proteger o mais vulnerável e buscar mecanismos para promover a sua vida com a maior dignidade possível. Deixando-a vir a termo no tempo certo e acolhendo-a, mesmo que venha com algumas limitações congênitas.

A lei brasileira permite o abortamento em dois casos: mulheres vítimas de estupro e em gravidez com risco de morte para a mãe. O primeiro caso parece tentar resolver a questão social dos abusos sexuais violentos e o segundo é para evitar um mal maior. Contudo, permitir o abortamento nesses casos, especialmente no primeiro, não isenta a responsabilidade do Estado de criar mecanismos sociais para promover a vida das mulheres que vivem em situação de vulnerabilidade social, às margens, em situação de pobreza e sem a devida educação e orientação para exercer sua autonomia na escolha da vida sexual e do planejamento responsável de quando deseja engravidar.

A biotecnologia fez a questão do aborto ganhar dimensões maiores e mais problemáticas por meio dos seus diagnósticos pré-natais. É possível saber muito do futuro bebê ainda quando ele está no útero da mãe. Quando o que se fica sabendo não é algo bom, o desejo de optar por um abortamento pode vir à tona facilmente. Vejamos dois exemplos para isso ficar mais claro: um diagnóstico pré-natal que identifica um feto anencéfalo ou que será um ser humano com Síndrome de Down. Para a Igreja, em nenhum dos casos se pode abortar, porque se trata de dois seres humanos com dignidade igual a qualquer outro. É preciso deixar a natureza seguir o seu curso natural, sobretudo no caso de anencéfalo, deixá-lo nascer e cuidar até quando for possível, mesmo que apenas por um dia ou algumas horas. Para a moral secular, ambos não são pessoas, logo não há responsabilidade moral sobre eles, a opção pelo abortamento não seria algo imoral. A lei brasileira não permite o abortamento em nenhum dos casos, mas, em se tratando de feto anencéfalo, quando uma mãe entra na justiça solicitando o aborto, os juízes tendem à autorização por jurisprudência. Temos aqui questões difíceis de serem resolvidas, sobretudo em caso de permitir ou não aborto de anencéfalos, pois para muitas mães carregar no seu útero um ser condenado a morrer é muito sofrimento, para outras não, pois o cuidado e a afetividade com esse ser falam mais alto. Talvez aqui o argumento sobre a autonomia da mulher, desde que ela esteja esclarecida, consciente e livre da coação externa, seja o que mais preserva a integridade física e emocional dos envolvidos.

Deixando um pouco o início da vida e indo para o fim, a problemática ética é tão grande quanto. Até quando a pessoa é dona da sua vida e pode optar por abreviá-la para evitar um grande sofrimento? E outra pessoa pode decidir por encurtar a vida de alguém em grande sofrimento, mas inconsciente? Essas duas questões são as maiores em torno da eutanásia.

Oposta à eutanásia está a distanásia. Se uma significa etimologicamente *boa morte* que implica na abreviação da vida, a outra significa *distanciar a morte*, manter a pessoa viva o maior tempo possível, nem que seja apenas por meio de aparelhos e sem perspectiva alguma de cura dentro de uma obstinação terapêutica irreal. A tecnologia permitiu um domínio, mesmo que ainda limitado, da vida biológica, pois essa pode ser mantida por certo tempo, adiando a morte por longos períodos, dias ou meses. Isso ocorre muito com pacientes idosos em um quadro clínico crítico e irreversível e com pacientes em estado terminal devido a uma doença extremamente grave e sem cura, que também os coloca em um quadro irreversível, como é o caso de muitas pessoas com câncer em estágio avançado.

Tanto a eutanásia como a distanásia não são permitidas pelo ensino da Igreja Católica. O argumento segue a mesma linha da proibição do aborto, pois continua sendo uma natureza humana com igual dignidade. A vida tem que seguir seu curso natural até a morte, sem antecipar nem prolongar. A morte não é o maior problema, mas sim o como morrer, pois morrer sem os cuidados e a atenção necessária, que caracteriza uma morte sem dignidade, é o grande problema. A legislação brasileira também não permite nenhuma das duas.

Existe demasiada preocupação, muitas vezes motivada pela mídia, com a eutanásia e um grande silêncio em relação à distanásia, que é muito mais presente no dia a dia do mundo da saúde, motivado pela cultura de negação da morte existente tanto entre os profissionais da saúde como entre os familiares do agonizante.

Uma alternativa entre a eutanásia e distanásia é a ortotanásia, isto é, a morte no tempo certo. A Igreja Católica, por meio da Encíclica *Evangelium Vitae*, de João Paulo II em 1995, manifestou a sua aprovação da ortotanásia e com isso fez um apelo ao cuidado integral da pessoa em terminalidade da vida para que ela morra no tempo certo de forma digna.[8] E o texto-base da Campanha da Fraternidade 2012 apresenta essa concepção.

Nasce uma sabedoria a partir da reflexão, aceitação e assimilação do cuidado da vida humana no adeus final. Entre dois limites opostos, de um lado a convicção profunda de *não abreviar intencionalmente a vida (eutanásia)*, de outro a visão para *não prolongar o sofrimento e adiar a morte (distanásia)*. Entre o não abreviar e o não prolongar, temos a prática da *ortotanásia*, o despedir-se da vida no momento e tempo certos, sem abreviações ou prolongamentos inúteis, deixando a natureza seguir seu curso natural.[9]

A opção pela ortotanásia também foi a da medicina brasileira expressa no Código de Ética Médica de 2009, do Conselho Federal de Medicina: "Nas situações clínicas irreversíveis e terminais, o médico evitará a realização de procedimentos diagnósticos e terapêuticos desnecessários e propiciará aos pacientes sob sua atenção todos os cuidados apropriados".[10]

Essa convergência de reflexão sobre o cuidado com o ser humano nos momentos finais da sua existência a fim de proporcionar maior conforto no sofrimento e uma morte mais digna levanta a importância dos Cuidados Paliativos. Estes significam aceitar o processo da morte e proporcionar todos os cuidados necessários e conforto para a pessoa em estado terminal, usando os recursos possíveis para aliviar a sua dor física e o seu sofrimento. Os Cuidados Paliativos envolvem uma atenção multiprofissional por parte dos profissionais da saúde e a interação com a família do paciente, vendo-o de forma integral para atendê-lo nas suas necessidades espirituais, emocionais, sociais e físicas.

4. Conclusão

As conquistas da biotecnologia trouxeram problemas novos e acentuaram antigos, diante das conquistas das ciências e seus exageros que ameaçam o existir humano. A bioética resgatou um espaço de diálogo multi e interdisciplinar, a fim superar o reducionismo da pessoa humana decorrente do acentuado processo de fragmentação e especialização das ciências, e busca devolver ao ser humano, do mais

---

[8] Cf. JOÃO PAULO II, *Evangelium Vitae*, n. 65.

[9] CNBB, *Campanha da Fraternidade 2012*, n. 243.

[10] CONSELHO FEDERAL DE MEDICINA, Código de Ética Médica, 2009, inciso XXII (cf. PESSINI; BARCHIFONTAINE, *Fundamentos atuais de bioética*, p. 507).

simples ao mais culto, o interesse de pensar eticamente sobre o agir moral. Na bioética encontramos um espaço aberto de diálogo, que é frutuoso se não há dogmatismos, nem científicos tampouco religiosos, e se é norteado pela autêntica busca pela verdade tendo como interesse principal a defesa da vida no planeta e a promoção da dignidade do ser humano, especialmente na defesa dos mais vulneráveis.

A vida é repleta de tensões e desafios. O ser humano parece sempre viver no paradoxo entre os limites da vida e a busca da sua superação. O importante, em qualquer reflexão bioética, é ter consciência dos limites da própria racionalidade humana que, por mais bela e poderosa que seja, não dispensa a *prudência* diante das ações em campos repletos de incertezas e a *humildade* para reconhecer que o saber científico não é o único saber humano. Sabedorias foram construídas ao longo de séculos e fazem parte do *éthos* que dá segurança para o existir humano de cada indivíduo e para as sociedades. Essas sabedorias não podem ser desprezadas pela ciência e são partes fundamentais da reflexão ética e bioética. Elas nos pedem para sermos mais cautelosos e nos orientam como um ancião sábio, para tomarmos cuidado com o ímpeto desbravador da juventude, de um saber de pouco mais de 400 anos.

5. Referências bibliográficas

BARCHIFONTAINE, Christian de Paul de. *Bioética e início da vida*; alguns desafios. São Paulo/Aparecida: Centro Universitário São Camilo/Ideias e Letras, 2004.

CELAM (Conselho Episcopal Latino-Americano). *Discípulos missionários no mundo da saúde*; guia para a Pastoral da Saúde na América Latina e no Caribe. São Paulo: Centro Universitário São Camilo, 2010.

CNBB. *Campanha da Fraternidade 2012*: texto-base. Brasília: Edições CNBB, 2011.

_____. *Questões de bioética*. São Paulo: Paulus, 2010.

CONGREGAÇÃO PARA A DOUTRINA DA FÉ. *Instrução Dignitas Personae*; sobre algumas questões de bioética. São Paulo: Paulus/Loyola, 2008.

ENGELHARDT JR; H. Tristram. *Fundamentos da bioética*. São Paulo: Loyola, 1998.

GRACIA, Diego. *Fundamentos da bioética*. 2. ed. Coimbra: Gráfica Coimbra, 2007.

JOÃO PAULO II. *Carta Encíclica Evangelium Vitae*. 4. ed. São Paulo: Loyola, 1995.

LEOPOLDO E SILVA, Franklin. Bioética e filosofia. In: PESSINI, L.; SIQUEIRA, J. E. de; HOSSNE, W. S. (orgs.). *Bioética em tempo de incertezas*. São Paulo: Loyola/ Centro Universitário São Camilo, 2010. pp. 263-274.

_____. SEGRE, M.; SELLI, L. Da ética profissional para a bioética. In: ANJOS, M. F. dos; SIQUEIRA, J. E. de (orgs.). *Bioética no Brasil*; tendências e perspectivas. Aparecida/São Paulo: Ideias e Letras/Sociedade Brasileira de Bioética, 2001. pp. 57-68.

LEPARGNEUR, Hubert. *Bioética, novo conceito*; a caminho do consenso. São Paulo: Loyola, 1996.

PESSINI, Leo; BARCHIFONTAINE, Christian de Paul de. *Fundamentos atuais de bioética*. 9. ed. São Paulo: Loyola/Centro Universitário São Camilo, 2010.

_____; BERTACHINI, Luciana (orgs.). *Humanização e cuidados paliativos*. São Paulo: Loyola/Centro Universitário São Camilo, 2004.

PONTÍCIO CONSELHO JUSTIÇA E PAZ. *Compêndio da doutrina social da Igreja*. São Paulo: Paulinas, 2008.

VAZ, Henrique de Lima. *Ética e cultura*. São Paulo: Loyola, 1998.

_____. Ética e razão moderna. FILHO, Alceu Amoroso L.; POZZOLI, Lafayette (orgs.). *Ética no novo milênio*. São Paulo: LTd, 2005. pp. 37-70.

CAPÍTULO XII

Humanização, tecnologia e saúde

Christian de Paul de Barchifontaine

*O homem, quando ético, é o melhor
dos animais; mas, separado da lei
e da justiça, é o pior de todos
(Aristóteles).*

Uma auscultação prospectiva inquietante se apresenta a respeito do legado que estamos deixando para as gerações vindouras. Começa-se a falar em justiça transgeracional! Como será o mundo no fim deste século XXI? Que desafios enfrentaremos? Que condições de vida e saúde? Estas são apenas algumas das interrogações emergentes.

Olhando retrospectivamente o século XX, vemos que foi marcado por três grandes projetos: O primeiro foi o *Projeto Manhattan*, que descobriu e utilizou a energia nuclear, bem como produziu a Bomba Atômica que destruiu Hiroshima e Nagasaki (1945), pondo fim à Segunda Guerra Mundial; é descoberto o "coração" da matéria, o átomo, e dele se extrai energia. O segundo grande projeto foi o *Projeto Apollo*, que lançou o ser humano para fora do seu limite terrestre; a data-símbolo é o primeiro passo do homem na Lua (1969); o ser humano começa a navegar interplanetariamente; descobrimo-nos como um grãozinho de areia na imensidão do universo; especula-se a respeito da vida em outros planetas! O terceiro é o *Projeto Genoma Humano*, que começou no início de 1990; no dia 26 de junho de 2000 foi comemorado o mapeamento ou sequenciamento do código genético humano; isso leva o ser humano ao mais profundo de si mesmo em termos de conhecimento de sua herança biológica, numa verdadeira caça aos genes. Agora, no início do Terceiro Milênio, assistimos ao projeto da informática, cibernética e outras tecnologias.

1. Dignidade humana

O conceito de dignidade humana tem fundamentos na filosofia do mundo ocidental. Embora a história nos informe que nem sempre a dignidade humana foi respeitada, ou mesmo objeto de normas éticas e/ou legais de proteção, o certo é que a filosofia ocidental já se tinha preocupado com esta questão. Infelizmente, foi necessário um conflito mundial para uma tomada de consciência que levou à proclamação da Declaração Universal dos Direitos Humanos, em 1948. E, tal como se demonstra pela Convenção dos Direitos Humanos e da Biomedicina, assinada em 1997, foi necessário quase meio século para que os países signatários da mesma chegassem à fase de sua aplicação à medicina.

A história, desde a Antiguidade Oriental até a Idade Contemporânea, demonstra que nem sempre houve reconhecimento do primado do ser humano. Desde a escravatura, reinante nas civilizações orientais, clássicas e europeias, até as perseguições da Inquisição, a discriminação social foi notória e pacificamente aceita pelos filósofos coevos. Já Aristóteles (384-322 a.C.) e Santo Agostinho (354-430) se tinham debruçado sobre a distinção entre coisas, animais e seres humanos. Deve-se a Immanuel Kant (1724-1804), através das suas críticas e análises sobre as possibilidades do conhecimento, nomeadamente a partir das questões: o que posso conhecer? O que posso fazer? E o que posso esperar? na *Crítica da Razão Pura*, na *Crítica da Razão Prática* e na *Fundamentação da Metafísica dos Costumes*, uma das contribuições mais decisivas para o conceito de "dignidade humana".

Como o próprio Kant reconheceu, as respostas às questões colocadas dependiam do nosso conhecimento da natureza do próprio ser humano. O que posso conhecer, fazer ou esperar depende, em última análise, da minha própria condição humana.

> Age de tal modo que trates a humanidade, tanto na tua pessoa como na do outro, sempre e ao mesmo tempo, como um fim e nunca simplesmente como um meio (Kant).

Devemos ainda pensar em dois conceitos: em Kant é principalmente o conceito de "respeito" que é sublinhado e em Hegel o conceito de "reconhecimento", mais básico do que o de respeito. Para ser humano, é preciso ser reconhecido enquanto tal e não somente reconhecido como organismo biológico. Por exemplo, se a criança não é reconhecida como aquilo para que tem capacidade (autonomia, liberdade) mas que ainda não realiza, não é considerada como um ser digno. É na relação com o outro que se é reconhecido como ser humano. A dignidade é, neste sentido, o efeito deste reconhecimento e a sua fundamentação e neste reconhecimento recíproco o ser humano torna-se capaz de liberdade. Aprendemos com Hegel que todo o processo da cultura é um processo no qual procuramos chegar a níveis cada vez mais profundos de reconhecimento da igualdade. Neste sentido, enquanto o outro não for totalmente livre, eu não sou livre. Em resumo, a dignidade do ser humano repousa sobre o seu ser real, enquanto esta realidade é capacidade daquilo que ele pode ser, e não apenas sobre o que ele faz efetivamente desta capacidade.

A expressão "dignidade humana" é o reconhecimento de um valor. É um princípio moral baseado na finalidade do ser humano e não na sua utilização como um meio. Isso quer dizer que a dignidade humana estaria baseada na própria natureza da espécie humana, a qual inclui, normalmente, manifestações de racionalidade, de liberdade e de finalidade em si, que fazem do ser humano um ente em permanente desenvolvimento na procura da realização de si próprio. Esse projeto de autorrealização exige, da parte de outros, reconhecimento, respeito, liberdade de ação e não instrumentalização da pessoa. Essa autorrealização pessoal, que seria o objeto e a razão da dignidade, só é possível através da solidariedade ontológica com todos os membros da nossa espécie. Tudo o que somos é devido a outros que se debruçaram sobre nós e nos transmitiram uma língua, uma cultura, uma série de tradições e princípios. Uma vez que fomos constituídos por esta solidariedade ontológica da raça humana e estamos inevitavelmente mergulhados nela, realizamo-nos a nós próprios através da relação e ajuda ao outro. Não respeitaríamos a dignidade dos outros se não a respeitássemos no outro.

Desse modo, a sociabilidade do ser humano funda-o em dignidade. A pessoa humana advém na comunidade humana. O isolamento torna-a igual aos animais. O processo de individualização, garantia da dignidade humana, tem etapas de socialização até atingir a maturidade. É a comunidade humana que confere a cada ser a capacidade de linguagem, de dar um nome a cada coisa e de estruturar, assim, a sua agilidade e amplitude de representação simbólica.

Que valor atribuímos à vida? De que modo podemos proteger e tornar melhor esse bem? Como melhorar a nossa convivência humana? Se bioética significa fundamentalmente amor à vida, com certeza nossas vozes podem convergir a estimulantes respostas para melhorar a vida do nosso povo, bem como o nosso convívio, passando pelo respeito da dignidade da vida das pessoas e principalmente das pessoas vulneráveis.

2. Moral, ética e bioética

Lembramos que o advento da bioética muito contribuiu para estabelecer a distinção entre moral e ética.

Moral diz respeito a valores consagrados pelos usos e costumes de uma determinada sociedade. Valores morais são, pois, valores eleitos pela sociedade e que cada membro a ela pertencente recebe (digamos passivamente) e os respeita.

Ética é um juízo de valores, é um processo ativo que vem de "dentro de cada um de nós para fora", ao contrário de valores morais que vêm de " fora para dentro" de cada um. A ética exige um juízo, um julgamento, em suma, uma opção diante dos dilemas. Nesse processo de reflexão crítica, cada um de nós vai pôr em jogo seu patrimônio genético, sua racionalidade, suas emoções e, também, os valores morais.

Bioética é ética, ética da vida, da saúde e do meio ambiente; não se pode dela esperar uma padronização de valores – ela exige uma reflexão sobre os mesmos, e como dito, implica opção. Ora, opção implica liberdade. Não há bioética sem liberdade, liberdade para fazer opção, por mais "angustiante" que possa ser. O exercício da bioética exige, pois, liberdade e opção. E esse exercício deve ser realizado sem coação, sem coerção e sem preconceito. A bioética exige também humildade para respeitar a divergência, e grandeza para reformulação, quando ocorre a demonstração de ter equivocada a opção. Condição *sine qua non* exigida pela bioética, enquanto tal, diz respeito à visão pluralista e interdisciplinar dos dilemas éticos nas ciências da vida, da saúde e do meio ambiente. Ninguém é dono da verdade.

Somos humanos chamados a altos voos. Foi com esta preocupação que a bioética foi proposta: questionar o progresso e para onde o avanço materialista da ciência e tecnologia estava levando a cultura ocidental, que tipo de futuro estamos construindo e se temos algumas opções.

Desde o início, Potter considera a bioética tanto uma ponte entre ciência biológica e ética – um meio para um fim – quanto uma ponte para o futuro – disciplina que guiaria a humanidade para o seu desenvolvimento.

Assim, o objetivo da bioética é ajudar a humanidade em direção a uma participação racional, mas cautelosa, no processo da evolução biológica e cultural.

A tarefa cotidiana do cultivo da tolerância inclui uma atitude proativa de procura do ponto ideal de encontro com o outro nos momentos de discordâncias e enfrentamentos. A tolerância é uma conquista no caminho em direção à solidariedade, este laço recíproco que une pessoas como corresponsáveis pelo bem umas das outras.

Hoje, a bioética pode ser definida como um instrumental de reflexão e ação, a partir de três princípios: autonomia, beneficência e justiça. Busca estabelecer um novo contrato social entre sociedade, cientistas, profissionais da saúde e governos. Além de ser uma disciplina na área da saúde, é também um crescente e plural movimento social preocupado com a biossegurança e o exercício da cidadania, diante do desenvolvimento das biociências. Procura resgatar a dignidade da pessoa humana e a qualidade de vida.

3. Biopoder

O conhecimento confere poder e o poder cresce por si mesmo, ou melhor, em aliança com a riqueza: um promove o outro e ambos progridem. O latifundiário do Brasil Colônia detinha o biopoder primitivo, emanado do saber tecnológico – manejo das culturas, do gado, dos escravos. Oswaldo Cruz, eliminando a febre amarela e a varíola no Rio de Janeiro e elevando o Instituto que fundou ao primeiro lugar no mundo em medicina tropical, foi o brasileiro de maior biopoder de nossa história.

Nos tempos atuais, o biopoder é exercido principalmente pelas multinacionais que fabricam medicamentos e aparelhos para diagnóstico e cirurgia, bem como pelas empresas que produzem linhagens novas de animais, plantas e micróbios. Nas universidades e institutos de pesquisa, cada vez mais o biopoder produz conhecimento, que reverte em mais biopoder.

Aceitando-se uma sociedade democrática capitalista, o biopoder pode ser benéfico, como o de Oswaldo Cruz. Mas é preciso combater suas distorções, como fez a campanha de abolição da escravatura contra o biopoder do latifundiário. Como a genética moderna continuará abrindo novos campos para o biopoder, é urgente intensificar as discussões sobre seus aspectos éticos. Igualmente importante é inibir a proliferação do pseudobiopoder, pelo desmascaramento e controle da atividade de charlatães, ingênuos ou de má-fé.[1]

As aplicações da engenharia genética estão revolucionando a agronomia. Criaram-se dúvidas sobre a legitimidade de certas patentes. A própria privacidade das pessoas parece ameaçada pelo biopoder da genética molecular, capaz de, no nível do DNA, esquadrinhar nossa constituição. Existe um exagerado temor em relação a tratamentos de doenças hereditárias por transferência de genes: genoterapia de células somáticas e até germinativas. Portanto, emerge uma crescente preocupação sobre como serão utilizados, nessa área, os aportes gerados pelos saberes oriundos do Projeto Genoma Humano, sobretudo via seus resultados mais imediatos – os "kits de diagnósticos genéticos" –, o que traz à tona as imensas preocupações de ordem moral e ética na área da medicina fetal, da genética e da clonagem, sob a égide da engenharia genética e do biopoder decorrente da manipulação da vida. Os tópicos citados fazem emergir preocupações sobre as quais precisamos refletir, opinar e decidir.[2]

---

[1] FROTA-PESSOA, Fronteiras do biopoder, pp. 253-261.

[2] OLIVEIRA, Fátima. Filhos(as) da tecnologia: questões éticas da procriação assistida, p. 177.

4. Neutralidade da tecnologia?

Nenhuma máquina ou procedimento técnico é capaz de substituir o diálogo entre pessoas humanas. Não podemos deixar de ter uma visão crítica dos efeitos colaterais da técnica. A tecnologia é neutra? Fala-se que é preciso desmistificar o conceito de neutralidade da técnica e que depende do homem fazer dela bom ou mau uso. Esta ótica parece ser simplista e não leva em conta os aspectos políticos e econômicos da questão.

Uma corrente forte do pensamento diz o seguinte: a tecnologia é neutra e isenta de valores, sendo meramente resposta à demanda econômica. Este quadro está demais simplificado. Hoje, nas nações industrializadas, as demandas surgem para suprir desejos, tanto quanto necessidades; e os desejos são estimulados por muitos fatores, dos quais não são os menores as campanhas planejadas para criá-los. Embora outra corrente negue a neutralidade da técnica, acredite que ela está nas mãos de seus criadores e operadores, não sendo consequentemente autônoma. Daí a importância de analisar a nossa atitude diante da ciência.

5. Crise de humanismo

Passamos por uma profunda crise de humanismo. Em escala mundial, presenciamos grandes transformações em várias instâncias, tais como economia, política, desenvolvimento tecnológico, direitos e deveres dos cidadãos, funções familiares, saúde e sobrevivência de muitos povos, entre outras. Da globalização excludente seria possível passar à globalização da solidariedade? O que está acontecendo com as pessoas? Onde está o humano? O simples estar com o outro, a compaixão, a tolerância, a solidariedade se tornaram valores descartáveis que contam pouco ou nada? Até quando?

A humanização das empresas passa pela humanização da sociedade como um todo. Não podemos esquecer que uma sociedade violenta, iníqua e excludente interfere no contexto das empresas. O contexto macro influi de modo contundente no condicionamento e determinação da cultura, com repercussão nos relacionamentos que se efetivam no contexto micro das empresas. Estas são um espelho fiel e cruel do que de mais nobre, lindo, heroico e fantástico a sociedade produz, bem como o que nela existe de mais degradante e aviltante em relação ao ser humano. Aqui, antes da humanização, temos como desafio a "hominização", ou seja, criar oportunidades aos seres humanos de existirem e viverem dignamente. Para além desta condição, somos desafiados a sermos agentes empresarias de ações inovadoras.

Os feitos da tecnociência são notórios e abundantemente proclamados pela mídia e até mesmo endeusados. Deparamo-nos diuturnamente com ambientes tecnicamente perfeitos, mas sem alma e ternura humana. Ressaltou-se que as coisas têm preço e podem ser trocadas, alteradas e comercializadas, porém esqueceu-se de que as pessoas têm *dignidade* e clamam por respeito. A manipulação sutilmente se faz presente e rouba aquilo que é mais precioso à vida do ser humano: sua dignidade. Entramos num círculo vicioso de coisificação das pessoas humanas e sacralização das coisas, inversão cruel dos valores! Surge neste horizonte a necessidade de políticas de uma humanização, manifestadas por meio de algumas sinalizações promissoras em nosso país, como o desenvolvimento da responsabilidade social, o terceiro setor entre outras.

6. Atitudes básicas operativas diante da ciência

a) A ciência tem o direito de fazer tudo o que é possível?

Nesta visão, o único limite colocado à pesquisa científica é o limite imposto pela capacidade técnica. O conhecimento novo tem valor em si e não interessa quanto de conhecimento se adquire. De fato, o direito de conhecer é uma liberdade humana básica e qualquer cerceamento é uma violação aos direitos do investigador. Adverte-se que a curiosidade intelectual e o crescimento dos conhecimentos são duas das características mais marcantes da espécie humana e que restringi-las seria negar nossa natureza. Finalmente, existe a suposição não verbalizada de que, se temos a capacidade de fazer algo, assumimos que temos o direito de fazê-lo.

b) A ciência não tem o direito de intervir no processo da vida, que é sagrado

A expressão muito ouvida e divulgada desta posição é o dizer popular: "Os cientistas não deveriam querer ser Deus". Na sua forma mais simples, parece supor que deveríamos ser passivos em face da natureza e dos processos naturais e ignorar a longa tradição aceita de intervir na natureza em benefício da humanidade. Levada para uma conclusão extrema, nos reduziria novamente ao homem da pedra lascada e, talvez, nos levaria a morrer de fome. Esta atitude, contudo, não levanta a questão do mistério da vida para lembrar-nos da ardilosidade da natureza que confunde mesmo os experimentos mais bem elaborados. Somos forçados a olhar e examinar seriamente nossas intenções e motivos antes de agir para termos um conhecimento crítico.

c) A ciência não tem o direito de mudar as qualidades humanas mais características

Esta abordagem insiste em que há um limite para o que a ciência pode fazer e que este limite é a natureza da pessoa humana como ela é atualmente entendida e valorizada. Acresce que a diferença qualitativa na vida humana aconteceria se a aplicação ou pesquisa fossem para mudar a vida humana como a conhecemos. Ela também levanta questões de ordem política em que a ciência é feita. O que aconteceria se estas forças para mudar a natureza humana caíssem nas mãos dos que não partilham os valores e crenças da maioria?

d) A ciência tem direito de incentivar o crescimento das características humanas de valor e eliminar aquelas que são prejudiciais

A motivação básica é atingir algum controle sobre os processos que afetam a vida humana e seu desenvolvimento. O objetivo é continuar a melhorar a qualidade da vida. Subjacente a esta posição está a convicção de que temos uma capacidade crescente de autodeterminação e, portanto, uma responsabilidade pelo que somos e pelo que seremos.

Nenhuma destas quatro teses é encontrada na sua forma pura. Apesar disso, elas sugerem uma variedade de maneiras com que nos podemos relacionar com a ciência e capacidades científicas. Elas nos ajudam a pensar nas nossas expectativas da ciência e avaliar seus possíveis efeitos no curso do desenvolvimento humano.

Agora, é importante analisar como nos relacionamos com a natureza.

7. Natureza *versus* pessoa

a) A natureza dotada de poder e elasticidade

A natureza é vista como essencialmente alheia e independente da pessoa, não possui um valor inerente e é dominada por forças e causas impessoais. É "plástica" no sentido de que a pessoa pode usar, dominar e dar-lhe uma variedade de arranjos possíveis. Esse modelo sugere que a pessoa tem o direito ilimitado de dominar, manipular e controlar a natureza de qualquer maneira. A única restrição viria dos limites de nossos conhecimentos dos segredos da natureza. A implicação óbvia: a pessoa deve buscar alcançar tudo quanto pode porque conhecimento é poder.

b) A natureza como algo sagrado

A natureza é vista como uma realidade a ser reverenciada e respeitada. Na sua forma religiosa ocidental, a natureza é vista como uma parte da criação de Deus e aceita como sagrada pela sua origem. Os objetos da natureza são marcas ou traços do Criador e através deles podemos conhecer e amar a Deus. Nas religiões orientais, a natureza é vista como uma expressão do todo cósmico, do qual tudo é uma manifestação. Os seres humanos devem se conformar com a natureza, sugere a tradição taoísta, de modo que eles possam chegar a uma unidade com ela e estar em paz. O relacionamento que emerge dessa descrição é de administração. A pessoa é uma parte da natureza, e, se a pessoa deve ser respeitada, assim deve ser a natureza que nutre e sustém toda a vida.

c) A natureza como portadora de uma teleologia em si

É a visão secular da versão anterior. Ela vê um sentido e lógica na natureza em si, sem uma mão invisível por trás que está guiando. Nesta perspectiva é possível estudar a natureza e descobrir seu sentido e o significado da vida humana. Este modelo também sugere que, embora não sejamos escravos da natureza num sentido rígido, somos pelo menos capazes de contemplar limitações em intervenções violentas na natureza. Portanto, existem limites no que podemos fazer. Contudo, estes limites não vêm de uma realidade externa imposta tal como Deus, mas do sentido inerente da própria natureza.

8. Usar a biotecnologia para brincar de Deus?

Ao longo das últimas décadas, um curioso movimento de liberação vem crescendo no mundo desenvolvido. Seus cruzados são muito mais ambiciosos do que os defensores dos direitos civis, das mulheres ou dos homossexuais. Eles pretendem nada menos do que libertar a raça humana de seus limites biológicos. Para os "transumanistas", os seres humanos precisam assumir o controle de seu destino biológico, desvinculá-lo do cego processo evolutivo de variação aleatória e adaptação, e assim inaugurar uma nova era como espécie.

Todavia, o princípio básico do transumanismo – o de que um dia usaremos a biotecnologia para nos tornar mais fortes, mais inteligentes, menos violentos, assim como para ampliar nossa vida – será de fato tão bizarro? Uma espécie de transumanismo já está implícito em grande parte do programa de pesquisas da biomedicina contemporânea. Novos procedimentos e tecnologias que estão surgindo em laboratórios de pesquisa e hospitais – como medicamentos que alteram o humor, substâncias que aumentam a massa muscular ou apagam seletivamente as memórias, exames genéticos pré-natais, terapia genética – podem ser facilmente empregados tanto para "aperfeiçoar" a espécie como para aliviar ou curar doenças.

Os defensores do transumanismo creem saber o que é melhor para o ser humano e, para alcançar isso, estão ansiosos para abandonar as criaturas limitadas, mortais e naturais que veem à sua volta. Mas será que compreendem de fato as qualidades humanas fundamentais? Apesar de todas as nossas falhas óbvias, nós, humanos, somos o produto miraculosamente complexo de um longo processo evolutivo – um produto cujo todo é bem mais do que a soma de suas partes. Nossas características boas estão intimamente associadas às más: se não fôssemos violentos e agressivos, seríamos incapazes de nos defender; sem os sentimentos de exclusividade, não seríamos leais àqueles que nos rodeiam; se nunca sentíssemos inveja, também nunca sentiríamos amor. Até mesmo a mortalidade desempenha um papel crucial ao permitir que nossa espécie como um todo sobreviva e se adapte. Modificar qualquer uma dessas características básicas implica inevitavelmente a alteração de um complexo conjunto de traços interligados, e nunca seremos capazes de prever o resultado final.[3]

9. Questionamentos

As respostas éticas às consequências das biotecnologias não estão dadas e deverão ser formuladas a partir de um processo amplo de consultas e debates públicos, plural e democrático. A ciência não tem uma dimensão moral em si. Somos nós, seres morais, que devemos fazer as opções em utilizar as nossas invenções de modo criativo ou destrutivo.

A bioética, por sua vez, tem se debruçado sobre questões que tocam fundo a condição humana e para as quais não se encontram respostas definitivas. Essas questões estão demandando exames cada vez mais refinados e constantes tentativas de recomendações devem ser oferecidas pela disciplina. Novas questões estão surgindo, assim como novas possibilidades tecnológicas e novos arranjos sociais. A bioética, hoje, tem o dever de promover o debate sobre tais questões, rejeitando e criticando soluções simplistas para perguntas cada vez mais complexas.

Nunca é demais lembrar que vivemos em um mundo globalizado, com graves e profundas desigualdades sociais. Milhares e milhares de cidadãos planetários vivem na linha da miséria, não tendo sequer acesso às tecnologias mais básicas.

Portanto, ao discutir a ciência genômica sob o ponto de vista da bioética, o princípio da justiça ou equidade acaba se colocando em um plano privilegiado de ponderação. Algumas perguntas, nesse sentido, assumem relevância especial:

- Será justo excluir indivíduos de possíveis trabalhos ou de seguros de vida e saúde, tendo por base a informação genética?

- Será justo o acesso aos serviços genéticos ser restrito somente àqueles que puderem arcar com os custos de tais serviços, ainda mais que muitas das pesquisas foram iniciadas a partir de financiamento público?

---

[3] FUKUYAMA, pp. 80-81.

- E quanto ao melhoramento genético? Será que, uma vez sendo factível, essas "terapêuticas" serão disponibilizadas para todas as pessoas, da mesma maneira que se faz hoje com o tratamento e prevenção das doenças?

- Será que uma justiça redistributiva, em nível internacional, será suficiente para que os frutos da ciência genômica (tanto na medicina quanto na agricultura) possam ser compartilhados com aqueles países pobres, que não tiveram condições de investir em ciência e tecnologia, ou essa distribuição será definida pelas "leis de mercado"?

- As prioridades na pesquisa genética deverão ser apontadas pelas forças do mercado ou por princípios éticos segundo os quais as doenças com maior impacto social deverão ter primazia (por exemplo: malária, doença de Chagas, tuberculose ou outras tantas que ceifam milhares de vidas nos países pobres)?

Enfim, discutir, sob o ponto de vista bioético os avanços das biotecnociências implica, necessariamente, ter como referência esse quadro dramático de miséria e de desigualdade social. Seria o desafio de aliar as reflexões morais, utilizando a denominação dada por Giovani Berlinguer de bioética cotidiana (saúde pública, alocação de recursos...) e de bioética de fronteira (novas tecnologias).

Portanto, o desafio ético mais premente que temos a resolver, em futuro próximo, é o de colocar, a serviço da humanidade, como um todo, os avanços do conhecimento científico, minimizando seus riscos e amplificando o máximo possível as potencialidades de produzir bem-estar social.

As questões essenciais: o *que é o homem?* ou *quem é o homem?* deslocam o seu teor para: *que humanidade desejamos?* o *que vamos fazer do homem?* Temo que a questão sobre o sentido corre o risco de se evaporar sob o peso do domínio da técnica calculadora (reino da razão instrumental). As indagações éticas como o *que é permitido fazer e por quê?* não encontram respostas seguras e rápidas. Daí a relevância da instituição do diálogo, da racionalidade dialógica como mola mestra do paradigma bioético para o encaminhamento das questões que se avolumam no horizonte de nossa civilização.

10. Dialogando

As leis e penalidades conseguirão conter as pesquisas quando não só interesses mas também convicções teóricas somam em favor da clonagem (pelo menos em fase anterior à implantação)? Isto sugere que o momento atual seja de diálogo e retomada de referenciais éticos fundamentais para se estabelecerem diretrizes e normas, bem além das leis e penalidades. Nos mais diversos ambientes em que se reflete a bioética hoje, cresce a convicção de que as leis e penalidades são insuficientes para gerarem uma resposta ética aos novos tempos com seus novos desafios.

"A ética do laboratório terá de ser decidida em conjunto com a ética da sociedade", diz o geneticista Carlos Alberto do Vale, da Universidade de São Paulo. "Desconfio das proibições categóricas assim como desconfio das permissões categóricas."

A sociedade é que deve pregar o regulamento na porta do laboratório, sugere o biólogo americano Steve Grebe. Parodiando o político francês Georges Clemenceau (1841-1929), Grebe adverte: "Assim como se diz que a guerra é assunto grave demais para ser decidido pelos generais, a ciência é perigosa demais para ser decidida apenas pelos cientistas".

No Brasil, a explosividade do tema foi enfrentada através da Comissão Nacional Técnica de Biossegurança, do Ministério de Ciência e Tecnologia, que julgou estar este assunto suficientemente legislado na chamada "Lei de Biossegurança" (Lei n. 8974, Decreto n. 1752/95). Ali se contemplam aspectos de tecnologia aplicada à genética e reprodução humanas e se condenam como crime a manipulação genética de células germinais humanas; a intervenção em material genético humano *in vivo*, a não ser em casos de terapia genética; a produção, armazenamento e/ou manipulação de embriões humanos. Para infratores estão previstas multas e penas de três meses a vinte anos de prisão. Mas logo entram os comentários levantando dúvidas de interpretação: a proibição de manipular "células germinais humanas" compreenderia realmente a clonagem efetuada a partir de células somáticas adultas?

Para dialogar, há uma iniciativa brasileira formulada pelo Conselho Nacional de Saúde, do Ministério da Saúde, que resultou na Resolução 196/96 sobre a *Ética em pesquisa envolvendo seres humanos*. Esta Resolução propicia ao Brasil uma Comissão Nacional de Ética em Pesquisa, bem como incentiva a instauração de Comitês de Ética em Pesquisa nas diversas instituições que desenvolvem as pesquisas, instituindo uma verdadeira rede de "comunidades de ética na base".

Em nível internacional, temos a Declaração Universal do Genoma Humano e dos Direitos Humanos da Unesco (1997), que é um verdadeiro hino à dignidade humana. Este documento, no fundo, complementa a Declaração Universal dos Direitos Humanos (1948). A Declaração Universal do Genoma Humano e dos Direitos Humanos da Unesco objetiva assegurar o desenvolvimento da genética humana, na perspectiva de respeito da dignidade e direitos humanos do indivíduo, bem como de ser benéfica para a humanidade como um todo. O progresso da pesquisa em genética humana, que traz uma grande esperança para a saúde e bem-estar da humanidade, pode também ser usado com objetivos danosos, contrários à dignidade humana, aos direitos humanos ou respeito pela integridade da raça humana. A Declaração lembra três princípios vitais, que são fundamentais na proteção da humanidade em relação às implicações da biologia e da genética: dignidade humana, liberdade de pesquisa e solidariedade humana.

11. Concluindo

Testemunhar, respeitar, cuidar, renunciar, ser responsável de tudo e de todos é um agir possível e essencialmente ético por estar na esfera do nosso poder. A consciência moral é fruto do processo reflexivo e do ensino da ética como exercício pedagógico da responsabilidade tanto em questões de fronteira como do cotidiano.

Em síntese, a bioética, entendida como lugar comum à ciência e à simbologia, pode ser um novo marco para a renovação dos estudos éticos, conferindo-lhes mais concretude, mais apreensão dos problemas da vida, sem abstrair as profundas raízes filosóficas, religiosas, políticas e jurídicas. Numa palavra, a bioética pode representar um excelente ponto de encontro entre teorias e práticas cotidianas.

12. Referências bibliográficas

BOFF, Leonardo. *A águia e a galinha*; uma metáfora da condição humana. 3. ed. Petrópolis: Vozes, 1997.

FERREIRA, Aurélio Buarque de Holanda. *Novo Aurélio século XXI*; dicionário da língua portuguesa. 3. ed. Rio de Janeiro: Nova Fronteira, 1999.

FORTES, Paulo Antônio de Carvalho. *Ética e saúde*; questões éticas, deontológicas e legais, tomada de decisões, autonomia e direitos dos pacientes, estudo de casos. São Paulo: EPU, 1998.

FROTA-PESSOA, Oswaldo. Fronteiras do biopoder. *Bioética*, v. 5, n. 2, Brasília, Conselho Federal de Medicina, 1997.

FUKUYAMA, Francis. *Revista VEJA*, ed. 1.886, 5 de janeiro de 2005, pp. 80-81.

OLIVEIRA, Fátima. Filhos(as) da tecnologia: questões éticas da procriação assistida. *O Mundo da Saúde*, ano 21, v. 21, n. 3, maio/jun. 1997.

PESSINI, Leocir; BARCHIFONTAINE, Christian de Paul de. *Problemas atuais de bioética*. 9. ed. revista e ampliada. São Paulo: Loyola/Edunisc, 2010.

RICOEUR, Paul. *A região dos filósofos*. São Paulo: Loyola, 1996.

RUSS, Jacqueline. *Dicionário de filosofia*. São Paulo: Scipione, 1994.

VALLE, Sílvio; TELLES, José Luiz (orgs.). *Bioética e biorrisco*; abordagem transdisciplinar. Rio de Janeiro: Interciência, 2003.

CAPÍTULO XIII

Cuidar: aspectos éticos e espiritualidade na saúde

Antonio Martini

O termo original latino *curare* desmembrou-se na língua portuguesa em duas palavras com significações aproximadas: "cuidar" e "curar". Ambas assemelham--se enquanto fazem referência à preocupação, desvelo, interesse e estima, e ambas supõem a sua realização como processo consciente.

O presente texto pretende circular no contexto das ações em saúde tendo como contrapontos a sua manutenção, pelo cuidado, ou a recuperação, pela cura.

Martin Heidegger (1889-1976) dedicou grande parte de sua reflexão filosófica à temática do cuidado porque o entendia como "fenômeno ontológico existencial básico",[1] onde se manifestam os fundamentos da continuidade da vida, isto é, o cuidado como matriz dos diversos caminhos que a vida traçou para sua preservação. Cada um de nós tem consciência de que deve a sua vida a quem nos cuidou desde o início; temos lembrança dos cuidados imediatos, mas nem sempre esticamos a memória à longa e cuidadosa peregrinação da vida pelo tempo, até nós. A interdependência, componente básico da vida humana, torna-a necessariamente coparticipante de todas as demais formas de vida. Este fato impõe a necessidade de reelaborar continuamente a convivência, dada a multiplicidade da vida circundante. "Se não nos basearmos no cuidado, não lograremos compreender o ser humano".[2]

A consciência do cuidado impõe um modo de ser que prioriza reflexiva e criticamente relações de interação, respeito, acolhimento e comunhão com a vida que

---

[1] BOFF, *Saber cuidar*, p. 34.

[2] BOFF, *Saber cuidar*, p. 90.

toma formas diferenciadas em cada cultura e produz traçados diversos em seu modo de existir.

A convivência cuidadosa exige que o ser humano disponha-se por inteiro em suas capacidades e sensibilidades para "receber o outro que se apresenta com seu mistério".[3]

A disponibilidade em conviver com o mistério do outro, além de provocar o contato com o seu próprio, projeta-o para fora de si, diminui o temor pela vida, amplia a consciência da coexistência e fortalece a mutualidade do diálogo através de sua realização.

As ações de cuidado conduzem ao resgate da compreensão do humano como sujeito aprofundando a responsabilidade por si, através do autocuidado, e por todos com quem partilha a convivência.

Este procedimento é oposto ao modelo antropocêntrico, que situa a presença humana como determinante de todas as relações. Este modo de pensar e agir acentuou-se no desenvolvimento da modernidade à medida que se tornou hegemônica a forma de relação que reduziu tudo a objetos desconectados da subjetividade humana.

A universalização da relação sujeito-objeto estabelece uma forma de dominação que homogeneíza a diversidade. A objetivação direciona o conhecimento aos aspectos comuns que transparecem nos mecanismos que produzem a existência dos seres vivos. Se este modo de analisar representa avanço da modernidade em relação ao olhar mágico sobre a realidade que projetava as origens e os significados dos fatos para além deles, dificultou o posicionamento de respeito perante a vida que a ciência desnudou. Resultou daí o distanciamento da vida natural que repercutiu na forma de descuido generalizado para com o meio ambiente, com a sociabilidade nas cidades, com os grupos sociais diversificados e com os próprios familiares.[4]

A sociedade atual é tolerante com o descuido em relação aos seus jovens, idosos, crianças e doentes, não se permitindo indignar. Esta forma de comodismo deve servir de alerta, pois "da resignação ao cinismo existe apenas um passo".[5]

A mudança de perspectiva em relação ao cuidado impõe algumas condições:

1. O desenvolvimento da sensibilidade na relação com a especificidade de cada ser.

2. A atenção na análise e compreensão da diversidade que compõe o meio ambiente.

3. A inquietude e a preocupação como forma de responsabilidade.

---

[3] BOFF, *Saber cuidar*, p. 96.

[4] Cf. BOFF, *Saber cuidar*, pp. 17-20.

[5] BOFF, *Saber cuidar*, p. 160.

A consciência permanente do cuidado oferece oportunidade de descobrir as riquezas e as verdades que a dinâmica da vida faz desabrochar de suas profundezas e globalidade. Esta sintonia une razão, sentimentos e vontade, e imprime responsabilidade na qualificação de gestos, palavras e atitudes na tenaz luta em favor da vida, em sua totalidade.

A atitude continuada do cuidado permite captar a vida em sua interioridade e nela sentir a aragem do "vento de Deus que pairava sobre as águas" (Gn 1,2).

1. Histórico

O modo de viver moderno está marcado desde o início pela presença de uma forma de pensar que procurou distanciar razão e sentimento, tornando-os autônomos. Esta forma de racionalidade tornou-se instrumento apropriado ao estreitamento das relações entre consciência e mundo e sua independência perante a fé e as realidades transcendentes.

A veracidade e a certeza dos conhecimentos obtidos nesta nova parceria foram garantidas pelo uso da linguagem com expressões quantitativas, extraídas da matemática. Sua exatidão distanciava as dúvidas e imprimia a marca de neutralidade. De posse deste instrumental, a consciência moderna capacitou-se a empreender o desvendamento do mundo, seu hábitat mais apropriado, e a definir os critérios para as verdades.

Deste direcionamento resultou o interesse sempre maior pela realidade susceptível aos sentidos, que foi adquirindo novos significados à medida que os conhecimentos avolumavam-se. Ao contrário, o desinteresse pelas realidades extraterrenas paulatinamente as desvalorizou.

O ímpeto da ciência em desvendar a constituição e o funcionamento do mundo natural afirmou o modelo moderno de observação, análise e intervenção que desvinculou a natureza de qualquer força criadora exterior, tornando-a dependente unicamente da vontade humana. Este novo patamar em que a natureza agora se encontra situada liberou o homem moderno para tomar posse e realizar as mais diferentes ações sobre ela, com a justificativa única do atendimento às suas necessidades e sem nenhuma consciência de culpa. A natureza é elevada à categoria de matéria-prima fundamental para a produção de objetos e bens.

Esta mudança alterou profundamente a ideia de cuidar, integrando-a ao universo semiológico originado pela nova perspectiva antropocêntrica.

As revoluções burguesas institucionalizam politicamente as novas relações entre homem e mundo e estabelecem os parâmetros para a ética do cuidado, cujos valores passam a ser definidos segundo os interesses das ações da nova classe comercial.

A descoberta do corpo como parte da natureza evidencia a universalidade de sua constituição e o funcionamento orgânico, e aguça a vontade de poder da ciência sobre ele. O avanço e detalhamento dos conhecimentos fixam mais intensamente a ciência médica sobre o corpo, desvinculado da pessoa a que pertence.

O estabelecimento da linguagem quantitativa possibilitou à ciência médica deslocar a saúde do campo individual ao geral dos corpos, e a perspectiva de universalidade de sua composição solidificou o interesse sobre o organismo, suas funções e disfunções, para além das diferenças individuais e grupais.

Este é um dos momentos de consolidação da racionalidade tecnocientífica, da universalização da relação sujeito-objeto e da definição do poder médico.

A perspectiva de naturalidade do corpo humano e sua universalidade físico-orgânica sedimentam os fundamentos da ciência da saúde como conhecimento universal de interesse social.

A igualdade jurídica dos cidadãos, importante conquista no processo de democratização das sociedades europeias, repercute na medicina que começa a ser pensada como ação social. A submissão do corpo-cidadão ao poder público faz o indivíduo compartilhar o seu pertencimento com a natureza e a sociedade, a qual cada vez mais dele se apodera para o trabalho. Alarga-se a ruptura da unidade corpo-pessoa e esvanece a unidade corpo-alma. A perda de unidade e a fenda aberta pelo pertencimento do corpo à natureza e à sociedade pavimentam o caminho ao desenvolvimento da ação médica sobre ele, em nome do interesse coletivo e do avanço científico.

A Revolução Industrial introduz novos significados ao ato de cuidar, que se amplia para uma diversidade de ações e relações entre os diversos setores da sociedade.

O cuidado começa a ter importância sempre maior, à medida que se acentua a expansão do processo produtivo industrial amalgamando a sociedade, de modo cada vez mais intenso, e exigindo a criação de formas mais complexas de cuidado.

Começa pela associação entre o operário e a máquina, diferente da relação com a terra na agricultura. A forma de relacionar-se com a máquina marca o cuidado com o seu existir operário, em um processo de autocuidado. Há, pode-se afirmar, certa mutualidade entre ambos, no processo de cuidar.

Esta associação unifica os corpos dos trabalhadores às máquinas. Ambos encontram unidade na universalidade dos mecanismos de seu funcionamento e na igual partilha da produção e cuidado.

Os grandes centros urbanos europeus vivem situações concretas de precariedade em saúde neste período. Este fato começa interferir na regularidade produtiva. Sob pressão da burguesia, o Estado torna a saúde objeto de interesse público, conferindo à medicina parcela de seu poder em subordinar os corpos às formas de cuidado e tratamento, visando à sua rápida reinserção no processo produtivo. O poder médico

Cuidar

atua também na obtenção de condições gerais de saúde da população, através de medidas de saneamento e controle de epidemias e doenças infectocontagiosas.

Ocorrem, em paralelo, a intensificação do processo industrial e a intervenção médica sobre os corpos-operários que passam a viver sob duplo domínio e cuidado: como participantes do processo produtivo e enquanto encontram-se temporariamente afastados dele.

Constituem partes de um mesmo processo: a agregação da saúde ao poder público, conferindo aos médicos parte deste poder, e a substituição da identidade individual do trabalhador pela coletiva (de operário). Este processo legitima, simultânea e definitivamente, o poder médico na sociedade, como espaço oficial do cuidado corporal, e transforma a saúde em matéria de decisões políticas.

A transfiguração do cuidado para com a saúde em exercício de poder político cimenta a ascensão do direito da medicina em apropriar-se do corpo e da mente do paciente, subordinando-os às suas decisões. Este momento representa etapa importante no desenvolvimento das ciências da saúde e na fixação do lugar da medicina na sociedade e estruturação de suas formas de trabalho e pesquisa.

Este conjunto de mudanças acaba por sistematizar um campo de saber que toma forma de curso, cujas disciplinas organizam, de forma mais precisa e sofisticada, os estudos da estrutura anatômica e fisiológica do corpo humano, funcionamento e disfunções, perenizando o poder médico sobre ele.

A vida apresenta diferentes formas de organização e significados a cada época.

Edgar Morin situa a vida a partir da complexidade que adquiriu nas sociedades contemporâneas. Afirma-a como resultado de uma rede de interconexões intimamente associada ao ambiente, nos relacionamentos. Há uma "energia que intercorre entre os seres vivos, como uma teia",[6] que se realiza pela comunicação e interdependência do conjunto dos seres vivos, em uma dinâmica de equilíbrio.

Como componente da vida, a saúde é uma condição de natureza intersubjetiva que reflete o conjunto das condições existenciais na sociedade. Neste sentido, contém as dimensões da biografia individual e coletiva.

O conceito de bem-estar físico-mental-social e espiritual de que fala a Organização Mundial da Saúde expõe sua abrangência como fato que recobre o existir em sua totalidade.

Se a saúde do planeta depende das atividades humanas, é preciso não esquecer que o todo incide sobre as partes, isto é, o ambiente planetário atua diretamente sobre os humanos.

---

[6]   JUNGES, *Bioética; hermenêutica e casuística*, p. 66.

A consciência de saúde diz respeito, primeiramente, aos cuidados nas relações de convivência, respeitando os limites necessários ao desenvolvimento da vida na "comunidade terrenal onde o humano encontra-se mergulhado, a partir do local que habita".[7]

Por mais que a cultura tenha obscurecido as relações do homem com o meio, a sua "saudabilidade" concentra-se no compartilhamento responsável do cuidado com a circulação de energia na teia da vida, com quem se encontra comprometido. Qualquer forma de "distanciamento não rompe o cordão umbilical com a terra".[8]

Na perspectiva das sociedades complexas, a área da saúde deve desenvolver o cuidado para com a "visão integradora e unificadora",[9] que retira as especialidades de seus nichos. As interconexões que compõem a vida exigem a mudança de percepção através de ações transdisciplinares. Somente esta perspectiva de diálogo pode transformar o cuidado na capacidade de tocar a vida em seus ângulos misteriosos que ultrapassam a matéria, conectando seus novos sentidos.

2. Cuidado em saúde

A vida humana pode ser comparada a um movimento pendular que oscila entre momentos e situações de segurança e fragilidade. Sua produção realiza-se através do diálogo contínuo com seu movimento. A continuidade em sua manutenção faz do cuidado o modo mais adequado de monitorar os ambientes interno (psicomental) e externo (social), adaptando objetivos e meios visando à sua estabilidade e tornando-a mais agradável a si e aos outros.

Como ninguém é só saudável e só doente, carregamos ambas as realidades por toda a vida. Somos frágeis. Ignorar as fragilidades ou escondê-las pode significar a fuga e o medo de nossa humanidade. Isto só nos faz mais vulneráveis, podendo esta vulnerabilidade alcançar até os significados mais profundos da vida.

O caráter volúvel da saúde que cotidianamente se refaz e cuja estabilidade é sempre uma incógnita, estabelece ao menos três realidades diferentes ao cuidado:

a) Às pessoas que se encontram saudáveis, o cuidado reside no diálogo contínuo consigo e com seus interlocutores, em busca do equilíbrio que mantenha a saudabilidade. Como saúde é uma realidade construída individual e coletivamente, esta atitude parece ser o modo mais eficiente de convivência, através do cuidado também com os mais próximos.

---

[7] BOFF, *Saber cuidar*, p. 77.

[8] BOFF, *Saber cuidar*, p. 76.

[9] PERESTRELLO, *Medicina da pessoa*, p. 54.

b) As pessoas que se encontram fragilizadas pelo mal. Esta situação requer cuidado mais amplo na reconstituição físico-orgânica e psicomental, pois a vulnerabilização desconstrói significados vivenciados na cotidianidade, agora distante, e também formas de integração consigo, com os familiares e com o mundo. A situação de doença, em que a dor e o sofrimento impõem-se sobre os demais sentimentos, altera as relações do paciente com sua história de vida. Este passa a ser um dos aspectos mais agudos da vulnerabilidade: recompor o conjunto das relações internas que proporcionam sentido à vida. As perspectivas de vida, presentes no momento de sofrimento, alteram-se profundamente, podendo refazer as leituras da memória histórica e obscurecer as perspectivas de futuro.

c) As pessoas que se dedicam a cuidar de outras em situação de fragilidade. A responsabilidade pela vida que se apresenta inicia-se pelo acolhimento gerador de tranquilidade e confiança ao paciente, pelo respeito à sua autonomia e à recuperação de seu poder de decisão. A atitude do cuidador deve incluir paciência capaz de não ofuscar o objetivo da recuperação.

As limitações e as dificuldades impostas pela doença não podem diminuir a sensibilidade e a agudeza no direcionamento das ações, pautadas sempre pelo princípio da beneficência. O conjunto dos atos deve compor um diálogo com a doença, e principalmente com o doente, considerando todas as suas possibilidades e elementos como a linguagem corporal dos gestos, olhares, choros etc. Esta convivência que, na verdade, muitas vezes é de presenças, para tornar-se produtiva, requer aceitação do paciente. E isto se obtém através do clima de confiança que o cuidador deve passar, estimulando a exposição das dificuldades, medos, ansiedades e expectativas. A confiança em expor suas queixas é o primeiro passo ao paciente para enfrentá-las. Seu enfrentamento pode alavancar o processo de cura.

O cuidado inclui a necessidade de conscientizar o paciente de que a cura vai além da recuperação das funções orgânicas e inclui à reestruturação de suas relações consigo, com seu corpo e com a doença. Se a doença abriu fendas profundas na estrutura simbólica, sua reorganização pode ser demorada, exigindo paciência e diversidade de estratégias do cuidador, pois há momentos de queda de confiança, retraimentos e reinícios que tornam o processo bastante lento.

As situações que envolvem a atuação do cuidador expõem o nível de cuidado para com seu projeto de vida que transparece nos modos como lida com as situações e dificuldades e como se posiciona perante os compromissos exigidos pela sua atividade.

A referência à variedade de ações em saúde embute a presença de duas formas principais de cuidado que produzem aquelas ações:

a) Cuidado preventivo

É a sua dimensão mais profunda porque diz respeito à consciência de planejamento e à perspectiva de médio e longo prazo. É uma forma de consciência que, por vislumbrar a amplidão das consequências das ações, tem muita durabilidade, unindo passado e futuro, razão e emoção.

As atividades podem estar intimamente relacionadas no momento de sua realização, mas seus resultados podem ocorrer esparsamente, por tempos maiores que os previstos, e atingir setores não imaginados. O cuidado preventivo guarda o sentido de amor à vida e a preocupação em mantê-la na maior integridade. Revela a consciência de saúde-processo, cuja confecção realiza-se, paulatinamente, através de um conjunto de atividades que se encontram interligadas, como alimentação, relações familiares, de trabalho etc.

A forma preventiva de cuidado manifesta o respeito pelo dom gratuito da vida, através da atuação consciente em relação a si próprio e aos outros, como forma de responder com fidelidade a este patrimônio.

As sociedades que procuram desenvolver institucionalmente e nos cidadãos esta forma de cuidado criam estruturas político-sociais capazes de facilitar o acesso aos serviços públicos de saúde, estimulando a consciência do direito ao bem-estar.

A ausência da mentalidade do cuidado preventivo aparece na redução da saúde ao funcionamento do organismo, cuja mecânica pode ser reajustada com intervenções, desconsiderando a dinâmica que envolve a continuidade de atenção aos desafios que ela propõe.

A afirmação de que a mulher tem maior tendência ao cuidado preventivo situa-se na diferença da história de seu corpo que, desde os primeiros anos, explicita a formação da consciência do cuidado. Esta história é reforçada e ampliada no processo educativo, através da reafirmação social da feminilidade expressa pelos valores da delicadeza, maternidade, beleza etc.

A educação masculina, ao contrário, modela-se nos valores do vigor físico, força, coragem etc., que reforça o direcionamento na conquista da plenitude física. A suposta estabilidade da saúde, pensada por um longo período, afasta a ideia de cuidado preventivo.

b) Cuidado curativo

O interesse pela saúde apenas com o aparecimento da debilidade física ou psicoemocional revela a presença da mentalidade de negação do corpo e de si próprio através do descaso ou abandono. Este modo de ser integra uma forma de "consciência

Cuidar

pulsional que investe e desinveste o corpo e a mente, nas suas partes e no seu todo, e encontra na doença um modo próprio de se manifestar".[10]

A pessoa não se identifica com o corpo, não o reconhece como parte do seu eu e também da doença que o acomete. Pacientes portadores de úlcera na perna dizem: "Hoje ela está irritada, não gosta quando como carne de porco".[11]

A referência à parte doente como um outro pode significar a vontade de separar as partes sadias das doentes como forma de se proteger da doença, ignorando seu pertencimento. A fragmentação do corpo em partes sadias e doentes é resultado da desconstrução da percepção do corpo como sujeito e merecedor do cuidado preventivo por ser um reduto da sua privacidade. É também a sinalização do distanciamento entre o espírito e o corpo A ausência da prevenção pode também escamotear as ameaças de dor, sofrimento e morte.

A presença de apelos religiosos, exceto quando resultam de profunda experiência religiosa, pode também ser indicativo da ausência de consciência preventiva, que repercute na forma como a pessoa enferma faz a entrega da responsabilidade pela cura a alguém exterior e superior.

Esta é uma forma de desresponsabilizar-se pela saúde por considerar a doença um elemento estranho. Esta atitude é própria de quem não se preveniu.

O cuidado curativo encontra-se geralmente envolvido por uma visão idealista de saúde, em que a doença encontra-se situada apenas na velhice.

3. Aspectos éticos

Os costumes que organizam a vida em sociedade produzem um ambiente favorável –*éthos* – à formação, desenvolvimento e consolidação de comportamentos socialmente reconhecidos.

Embora este conceito tenha referência prioritária à sociedade, pode ser estendido às relações humanas com a vida em geral, pela interferência que as ações humanas realizam nas condições naturais de produção e reprodução da vida. A presença humana no mundo imprime valor ético a todas as relações livre e responsavelmente direcionadas às diversas formas de vida, e projeta a discussão para além da vida em sociedade e para além do tempo presente, colocando a responsabilidade pelas futuras gerações.

A consciência da extensividade da ética presente nas ações humanas nem sempre corresponde à intensificação de ações em estimular a reformulação do modo de pensar e viver na atualidade. A presença cada vez mais frequente da ética como tema

---

[10]   BASTOS, *Corpo e subjetividade na medicina; impasses e paradoxos*, p. 91.

[11]   BASTOS, *Corpo e subjetividade na medicina; impasses e paradoxos*, p. 92.

de debate junto à opinião pública pode representar interesse e preocupação maior da sociedade com o tema e também sua manipulação pela mídia, a serviço de interesses privados. Esta duplicidade tem criado contradições e impasses e retardado projetos de mudança de hábitos e atitudes.

A ampliação da consciência de que a ação humana predatória sobre a natureza fragiliza a vida nela existente não corresponde à percepção da sua interdependência com a vida humana de que decorre um processo de autofragilização desta. A cosmo-visão antropocêntrica aliada à complexidade da vida na atualidade e sua fragmenta-ção (com autonomia de setores) dificulta a mudança de percepção e de atitudes em relação à totalidade da vida.

A complexidade presente nas sociedades industriais e pós-industriais pode ser materializada através:

a) Do aumento quantitativo de objetos que circundam o homem e invadem sua interioridade (as pessoas estão rodeadas de objetos por todos os lados. Tal como a ilha é cercada de água, na sociedade de consumo, o ser humano é uma ilha no mar de objetos, podendo ser, às vezes, considerado apenas mais um entre eles).

b) Da presença cada vez maior de instrumentos e mecanismos intermediando a ação humana junto ao ambiente exterior, distanciando-a do real e dificultando captá-lo em sua integridade.

c) Da criação ininterrupta de necessidades, reais e artificiais, impedindo a sedi-mentação de valores que garantam a perspectiva de continuidade no processa-mento dos sentidos da existência.

Esta realidade da sociedade atual, movida pelo princípio do bem-estar e pela ne-cessidade competitiva de permanente atualização, evidencia a necessidade da pre-sença do cuidado como matriz da consciência ética e paradigma de estruturação da sobrevivência humana, menos como característica da ação e mais como traço de caráter de quem se interessa pela vida, envolvendo-se em sua causa. Cuidar carrega forte conteúdo ético, pois, ao relacionar-se com o mundo e a sociedade, o homem imprime valores às ações. O cuidado expressa um conjunto de valores pré e pós--existentes ao ato de cuidar e condição de sua realização. A extensão deste conceito, a diversidade de ações que abrange e a continuidade que impõe à sua concretização capacitam-no a construir argumentação sólida sobre a necessidade de mudanças comportamentais da humanidade em suas relações com a totalidade da vida, e ações que marquem sua presença de modo comprometido com ela.[12]

---

[12] JUNGES, *Bioética; hermenêutica e casuística*, pp. 91-96.

Cuidar

O cuidado como matriz da consciência ética aparece, de modo próprio e especial, na análise da vulnerabilidade humana, companheira de todos os momentos da vida e fonte perene de intranquilidade, medo e ansiedades.

A ética que permeia as ações para com a vida em geral encontra-se incorporada nos atos com o humano fragilizado pela enfermidade.

A dor e o sofrimento são formas concretas que projetam a pessoa em um mundo diferenciado da cotidianidade. Enquanto a dor rompe as resistências, o sofrimento lança o humano em profunda solidão, experiência pessoal e intransferível que, segundo Viktor Frankl, se constitui no teste, em grau máximo, da densidade humana individual.[13]

A reflexão sobre a vulnerabilidade pode constituir-se em um meio de superar a banalização que a enfermidade pode provocar nas pessoas e em um caminho para requalificar as relações com a vida.

O posicionamento ético, prejudicado pelo obscurecimento dos significados humanos de saúde-doença, requer que as ações sejam direcionadas ao paciente, levando-o a considerar as relações com o mal que o acomete, seus mitos, símbolos e representações. Somente o esforço em fazer o paciente retomar a confiança em si e obter autonomia perante a doença, através da descoberta do seu significado humano e desconstrução de suas representações, pode fortalecer o processo de cura, "ao desconsiderar a subjetividade – relação do paciente consigo – e a intersubjetividade – relação entre o profissional da saúde e o paciente",[14] o discurso e as ações em saúde tornam-se incapazes de considerar as determinações simbólicas do sofrimento, impossibilitando o reposicionamento do paciente perante a vida.

Enquanto a doença pode ser de alguma forma generalizada sob algum título: câncer, cirrose, cefaleia etc., o doente permanece único na elaboração subjetiva da doença como modo de viver a dor. A generalização do tratamento pela aplicação de medicamentos e/ou procedimentos pode transformar o paciente em suporte da doença.

O cuidado supõe inverter esta relação, procurando encontrar formas de incorporar a pessoa nas práticas e intervenções, pois a doença encontra-se alojada em uma pessoa que se expressa na e através da dor. E esta realidade difere da construção científica da doença a partir da observação, captação dos sintomas e realização de intervenções.

As condutas científicas podem conseguir alívio imediato das dores, mas não respondem ao sofrimento e aos limites que elas impõem aos movimentos corporais, à dependência de outros etc. A resposta imediata à dor através de produtos

---

[13] JUNGES, *Bioética; hermenêutica e casuística*, p. 87.

[14] DUPAS, G. Ética, ciência e indústria médica. In: BLOISE, *Saúde integral*, p. 56.

farmacológicos pode, muitas vezes, escondê-la artificialmente e, deste modo, até prejudicar a consciência do cuidado para com a vulnerabilidade. Pode também fixar no profissional da saúde o entendimento de que esta é a melhor forma de cuidado pela eficiência e satisfação imediata dos pacientes.

A fixação do profissional da saúde exclusivamente no interesse técnico-científico da doença pode representar um reforço em sua armadura que salvaguarda o sentimento de onipotência.

O contexto que dá origem às relações entre a pessoa fragilizada e o profissional é muito diferenciado, gerando atitudes incompreensíveis a ambos os lados.

Enquanto a presença do profissional origina-se de uma decisão pessoal, livre, a presença do paciente é ocasionada por uma situação adversa indesejada. Ambos têm expectativas diferentes, a partir de suas histórias de vida: a do profissional, ligada a conhecimentos científicos, e a do paciente, a hábitos rotineiros. O cuidado aparece ao profissional como dever e ao paciente como direito, gerando modos diversos de responsabilização pela cura. Este quadro pode auxiliar na compreensão das condições em que acontecem as decisões, muitas vezes unilaterais.

A ética em cuidar não desconsidera esta situação, mas procura estruturar os significados das ações em direção à vida fragilizada. Sem isto, a atitude do cuidado, por mais sofisticada que seja, não ultrapassa a dimensão da cura das disfunções fisiológicas. Para tanto, marca sua presença em todo o processo da ação em saúde, no acolhimento e na escolha dos procedimentos científicos e das ações técnicas, verificando os significados de saúde que projetam na mente do paciente. Estes conceitos formam suporte importante à sua recuperação integral.

As representações que o paciente faz de si mesmo e os significados de saúde-doença, vida-morte são únicos. O desconhecimento deste arsenal simbólico impede captar sua consciência de dor e sofrimento e os modos como se integram a consciência de finitude. Este conhecimento é fundamental para reposicionar o paciente com dignidade perante a dor. Somente o respeito ao mundo simbólico do paciente traz a possibilidade de sua reapropriação, de modo a impulsionar o seu potencial interior em favor da cura.

Outra questão de fundo ético situa-se na oposição entre saúde e doença. A identificação, de fundo religioso, da doença com o mal pode remeter à luta entre o bem e o mal e se estender à luta da saúde contra a doença.

A guerra contra as doenças faz da morte o inimigo a ser destruído. Este posicionamento traz como preocupações éticas:

1. A possível transformação da morte em mais uma doença da qual, em algum momento, a ciência obterá a cura. Esta postura obscurece a perspectiva da finitude humana.

Cuidar

2. A definição da morte como inimiga fatal pode dificultar o diálogo sobre ela, excluindo formas de compreensão de sua presença na confecção da vida.

Cuidar em saúde é uma modalidade comunicativa com o rosto concreto da fragilidade humana e um modo de aprender a convivência com o sofrimento que, de formas diversas, acompanha o ser humano durante a vida. A presença da dor invade o espaço individual, trazendo consigo a exigência de autoposicionamento diante da nova situação, no plano existencial.

O conjunto de atividades cuja finalidade é a cura ou, em casos de terminalidade, a manutenção da qualidade de vida caracteriza um compromisso ético quando é marcado pela preocupação, respeito e responsabilidade com o paciente, durante todo o processo de acompanhamento. Inicia-se pelo diálogo transparente na divulgação do diagnóstico e orientações sobre cuidados imediatos. Amplia-se através da responsabilização da equipe de saúde e familiares de forma gradativa, em cada etapa do acompanhamento.

As situações de terminalidade acentuam o compromisso com a adoção de atitudes positivas através da presença e apoio afetivo, pois "a degradação do corpo não determina a terminalidade do doente, mas apenas a sua incapacidade de reagir a medicamentos".[15]

A vulnerabilidade gera a sensação de abandono, e a experiência do sofrimento altera profundamente o modo de relacionar-se com a vida, começando pelo rompimento das seguranças anteriores. O desaparecimento dos refúgios põe a existência a nu e clama por nova cobertura de sentido. O compromisso em situar os valores pessoais em nova configuração supõe ressignificar a existência, posicionando-a em novo patamar de relações. Em saúde, o compromisso ético com o cuidado realiza a comunhão entre paciente e cuidador em busca de oferecer nova configuração ao tecido da vida. Tem início na ressignificação das capacidades pessoais do cuidador e do paciente perante o mal. A relativização do mal depende de o paciente projetar-se para além dele, desenvolvendo novas possibilidades em sua vida. Esta caminhada deve ser realizada individualmente através e com a solidariedade de outrem. A solidariedade, valor ético fundamental do compromisso de cuidar, gera formas múltiplas de participação com o paciente na reapropriação da sua existência, por meio da presença e de diálogos verbais e não verbais. Esta forma de convivência pela responsabilidade solidária edifica-se sobre o aguçamento da sensibilidade e capacidade receptiva do cuidador, da renúncia às formas de domínio e da profunda sintonia com a vida, através do equilíbrio e da interdependência entre ação técnica e compaixão.

A responsabilização do cuidado converte-se em preocupação com o paciente em sua integridade: aspectos fisiológicos e psicoemocionais, procurando captar e ler os

---

[15] CASTRO, *Corpo e existência*, p. 243.

195

sinais e gestos do espírito reelaborando os sentimentos mais recônditos que saltam à luz com o sofrimento e sobre os quais nem sempre se tem domínio. Representa também a resposta consciente à vulnerabilidade e o princípio básico de autocompreensão da pessoa em seu relacionamento com o mundo, visando compor o sentido da existência.

Em cada pessoa a vulnerabilidade à dor/sofrimento apresenta-se de modo diferenciado. Se este fato impossibilita qualquer forma de padronização na construção dos laços entre o prestador de cuidado e a pessoa sofredora, exige afinar a solidariedade às cordas da sensibilidade do paciente, gerando sua confiança.

A solidariedade implica assumir um modo de ser que descentra a pessoa de si e a coloca em direção ao outro fragilizado com desvelo e solicitude, acabando por tornar-se seu outro eu, realizando com ele diálogo de interioridades em clima de confiança e compaixão, "potencializando positivamente estas relações por meio da comunicação inclusiva".[16] Outra preocupação é não transformar a solidariedade em anteparo ao exercício de formas dissimuladas de poder sobre o corpo e a mente do paciente, obstruindo sua liberdade e poder de decisão; nem também transformá-la em suporte a atitudes de paternalismo.

O diálogo solidário somente se efetiva com a resposta e a aquiescência do receptor em disponibilizar-se a ajudar, expressando como sente e vive a fragilidade. Somente assim é possível escolher os meios adequados ao processo de recuperação. Este posicionamento encontra algumas dificuldades à sua realização: da parte do cuidador, quando suas ações tomam uma forma impessoal e o cuidado se restringe ao corpo, embora com desempenho correto e eficiente de trabalho. Da parte do paciente, quando a pessoa não aceita a vulnerabilidade como um fato humano, julgando-a uma experiência extraordinária em sua vida, ou superior a ela. A dependência provocada pela fragilidade pode aparecer como degradante, e a necessidade da interdependência um fracasso pessoal.

A ausência de valores comuns e fundamentais à convivência pode causar sérias dificuldades à cura pela resistência e não aceitação da dor e do sofrimento.

O compromisso ético com o cuidado supõe, portanto, a descoberta de valores que possibilitam a convivência solidária do cuidador a partir da reflexão sobre sua própria fragilidade, que o condiciona a solidarizar-se. A forma de apropriação da fragilidade em sua vida facilita a aceitação da ajuda pelo receptor. Trata-se, portanto, de um projeto a ser realizado conjuntamente.

---

[16] ZOBOLI, E. Bioética e cuidado: o desafio espiritual. In: PESSINI; BARCHINFONTAINE, *Buscar sentido e plenitude de vida*, p. 168.

O círculo do compromisso mútuo funda-se na valorização das relações interpessoais, como manifestação da interdependência humana, e realiza-se na aceitação do convívio com valores diferenciados.

O compromisso ético da parte do paciente situa-se na capacidade de apropriar-se da realidade pessoal e da reação "às mensagens contidas nas situações de dor e sofrimento",[1] assimilando-as como oportunidade ou desgraça.

A vulnerabilidade humana, fator fundante do compromisso com o cuidado em saúde, pode ser também fonte de enriquecimento existencial. Sua aceitação pode representar momento privilegiado na reeducação dos valores que compõem o compromisso com a vida e a saúde, na medida em que torna possível recuperar questões existenciais determinantes no redirecionamento da existência. A desconsideração destes aspectos pode fazer da vulnerabilidade momento favorável à manipulação, demonstração de poder e exclusão. O compromisso com a saúde encontra-se inserido no âmbito mais amplo do compromisso ético com a própria existência. É neste contexto de significados que se situam as relações com a dor. Ao considerá-la parte integrante da existência, sua relativização pode conduzir à superação; caso contrário, é-se absorvido por ela.

A recomposição do sentido diz respeito ao sentimento de pertencimento da pessoa em relação à sua vida. O compromisso consigo é diretamente relacionado ao sentido da existência.

A crença de que a tecnociência dá sentido à existência "impede a construção de uma interioridade de sentido e a busca da intersubjetividade[2] que dinamiza as atividades do cuidado e da presença solidária".

O compartilhamento, em confiança, de histórias, medos, sonhos, angústias e projetos, em momento de dor, torna-se condição privilegiada ao desenvolvimento humano, pelo rompimento da indiferença e percepção da própria vida e a de outros de um modo que a cotidianidade não apresenta. Coloca paciente e cuidador em situação privilegiada para oferecer contribuição significativa à sociedade, pois os momentos mais contundentes podem ser os mais criativos. Do convívio mútuo pode resultar um processo de humanização, trazendo mais vida a ambos.

A preparação ao compromisso com o cuidado inicia-se na formação profissional com uma educação que consolida a consciência da esperança e solidariedade, e ensina a não se abater diante das dificuldades da vida e da situação deficitária do sistema de saúde.

---

[1]   SELLI, L. Dor e sofrimento na tessitura da vida. In: PESSINI; BARCHINFONTAINE, *Buscar sentido e plenitude de vida*, p. 120.

[2]   ZOBOLI, E. Bioética e cuidado: o desafio espiritual. In: PESSINI; BARCHIFONTAINE, *Buscar sentido e plenitude de vida*, p. 171.

4. Espiritualidade do cuidado

O cuidado é um exercício espiritual por excelência que requer o desempenho integral do cuidador, como se cada vez fosse a única oportunidade, que não pode ser abandonada.

O espírito de cuidar acaba por introduzir os cuidadores em uma comunidade de vida vulnerável e vulnerada que requer proteção contínua e que somente a dimensão espiritual pode manter. O auxílio na renovação das forças interiores do doente e do cuidador em relação à vida faz da espiritualidade mais que assistência religiosa. Projeta ambos para uma relação com o divino presente nas feridas.[3]

A dimensão espiritual na atenção à saúde disponibiliza energias ao diálogo com o enigma da dor, buscando decifrá-lo, e torna-se presença necessária à convivência com os mistérios que circundam a doença articulando, de modo próprio, os fios condutores da existência na convivência com o mal.

A dualidade vida-morte só pode ser rompida quando a morte deixa de ser visualizada como a face imaginada da vida. Na doença, é como se a pessoa deixasse de estar diante do espelho e nele penetrasse, vendo-se em seu interior e, simultaneamente, fora dele. A espiritualidade é a dimensão capaz de recompor as interconexões vida-morte, a partir da certeza de que suas verdades são mais amplas do que as dualidades manifestam e se compõem no absoluto. Esta descoberta pode ressignificar o apelo à vida e/ou gerar equilíbrio diante da morte, agora entendida como etapa à vida em plenitude.

A presença desta espiritualidade não pode ser abstrata e piegas, mas engajada. A sua condição de existência é possível na perspectiva da realidade transcendente que a sustenta e da realidade humana que a pratica.

Esta espiritualidade encontra-se em patamar superior à ética. Seu foco é a dimensão plena da existência sem o abandono da conexão com o biológico, psíquico e social. Segundo o Documento de Aparecida, "é o espaço do primado da ação do Espírito e da iniciativa gratuita do amor de Deus. É também uma expressão da sabedoria sobrenatural [...] que não depende diretamente da ilustração da mente mas da ação interna da graça".[4] Neste sentido, a dimensão espiritual do cuidado encontra relação direta com a potencialização do acolhimento: juntos fundamentam a solidariedade em compartilhar a vulnerabilidade humana.

O risco corajoso desta profunda inter-relação consolida-se na forma de comunhão, permitindo ao cuidador e paciente "vivenciar um sentido transcendente na

---

[3]   ZOBOLI, E. Bioética e cuidado: o desafio espiritual. In: PESSINI; BARCHIFONTAINE, *Buscar sentido e plenitude de vida*, p. 173.

[4]   CELAM, Documento de Aparecida, p. 263.

vida".[5] A quebra das fronteiras entre os espíritos imprime a esta vivência as marcas do acolhimento e comunhão, tornando-a um processo comum de educação à paciência e de fortalecimento à esperança na vida. Ambos estabelecem compromissos com a vida, enraizando-a na sua transcendentalidade e eternidade.

As origens desta espiritualidade encontram-se na recusa da presença do mal e da dor. Se a parte material é constituída pela dor, sua dimensão espiritual situa-se na produção de respostas desafiadoras ao sofrimento fundamentadas na esperança, horizonte capaz de unir à realidade presente as perspectivas futuras.

Desenvolve a preocupação em relacionar-se ativa e respeitosamente com a pessoa sofredora e "aprofunda-se na compreensão da capacidade de amar",[6] tomando-a como critério para escolhas e decisões. Esta espiritualidade invoca o sofrimento como momento privilegiado para plasmar uma nova existência, ao paciente porque a dor e o sofrimento o colocam em uma situação de imponderabilidade e ao cuidador pela abertura que oferece à convivência. A ambos, a espiritualidade pode iluminar os caminhos da vida entendida como dom que se recicla na dor, recobrindo o vazio que coloca o enfermo em contato com seu ser profundo, estimulando a coragem em enfrentar atitudes de negação que dificultam a retomada da vida.

O revigoramento das forças decaídas do paciente oferece ao cuidador a certeza de sua participação na atitude divina de criar, gerar vida, momento sublime da revelação do mistério contido no interior da cada pessoa. Esta consciência o fortalece a penetrar nas frestas do mistério do mal que, na doença, se esgueira junto ao ser humano para extrair a luz brilhante da fé que ilumina o novo espaço da autoconfiança do paciente.

Se a doença introduz o desânimo pela exaustão das forças, a espiritualidade vivenciada no cuidar pode recuperar no paciente a vontade de viver, a vitalidade que busca o prazer da existência, afastando o feitiço da apatia e despertando-o a viver na paixão que o criador tem pela vida.[7]

Pode auxiliar o enfermo em sua cura pelo incentivo a romper com a fragmentação de sua personalidade e o medo provocado pela dor, projetando-o a integrar as diversas dimensões do seu ser em plano superior, na perspectiva da dignidade de sua fé . Este reencontro ilumina a percepção e a consciência de estar situado no centro do mistério da vida e amplia a responsabilidade sobre ela.

---

[5] ZOBOLI, E. Bioética e cuidado: o desafio espiritual. In: PESSINI; BARCHIFONTAINE, *Buscar sentido e plenitude de vida*, p. 176.

[6] ZOBOLI, E. Bioética e cuidado: o desafio espiritual. In: PESSINI; BARCHIFONTAINE, *Buscar sentido e plenitude de vida*, p. 179.

[7] MOLTMANN, *O espírito da vida*, p. 172.

A dor é uma das formas de revelação do mistério divino. Santo Agostinho afirma que "Deus permitiu o mal porque Ele tem a capacidade de tirar o bem deste mal".[8] O mistério se revela quando se acompanha o paciente às profundezas do desânimo para de lá retirá-lo e se faz com ele a visita ao mundo dos mortos para de lá levantá-lo. Este acompanhamento é possível com a consciência da vida como ato de amor divino que a criou para nela poder estar presente, entregando seu filho único (Jo 3,16) como testemunho deste amor.

A experiência cristã relaciona-se a um Deus sensível, presente em cada sofredor: "Estive doente e me visitaste (Mt 25,36). A encarnação possibilita a experiência existencial de Deus ao inserir a imanência corporal na transcendência, sem que haja a sua dissolução. A vitalidade do amor divino reside na vitalidade do verdadeiro amor humano. É neste sentido que o cuidado do doente torna-se tarefa sagrada plena de respeito e ternura.

O carisma do cuidado realiza-se pela integração da fé e esperança do sofredor com a compaixão do cuidador. A solidariedade do cuidador ecoa a solidariedade de Deus com a humanidade, que tem como referência o Cristo ressuscitado. A dimensão espiritual cristã do sofrimento projeta o cuidado a uma forma de presença do Reino de Deus entre os homens. A vivência cristã da compaixão como modo de situar o Reino entre os humanos imprime duplo olhar à doença: na perspectiva da cura, o Reino de Deus significa vida; na certeza da morte, o Reino de Deus significa ressurreição.

A dimensão transcendente presente na espiritualidade cristã integra as dimensões técnica e ética do cuidado e a dimensão humana da solidariedade no ato de Cristo em assumir as dores da humanidade para realizar a cura definitiva de suas fraquezas e vulnerabilidades. Este Deus sofredor abraça a vida enferma e faz dela sua própria vida, recuperando-a definitivamente na ressurreição.

5. Referências bibliográficas

AGOSTINI, Nilo. *Ética*; diálogo e compromisso. São Paulo: FTD, 2010.

ANGERAMI, Valdemar Augusto (org.). *Psicologia e religião*. São Paulo: Cengage Learning, 2008.

BASTOS, Liana Albernaz de Melo. *Corpo e subjetividade na medicina*; impasses e paradoxos. Rio de Janeiro: UFRJ, 2006.

BLOISE, Paulo (org.). *Saúde integral*; a saúde do corpo, da mente e o papel da espiritualidade. São Paulo: Senac, 2011.

---

[8] LIMA, *O espírito na saúde*, p. 60.

BOFF, Leonardo. *Saber cuidar*; ética do humano – compaixão pela terra. Petrópolis: Vozes, 1999.

CASTRO, Dagmar Silva Pinto de (org.). *Corpo e existência*. São Bernardo do Campo: Umesp: Fenpec, 2003.

CELAM (Conselho Episcopal Latino-Americano). *Documento de Aparecida*. São Paulo/Brasília: Paulus/Paulinas/Edições da CNBB, 2007.

IDE, Cilene A. Costardi, et alii. *O cuidar em transformação*. São Paulo: Atheneu, 2010.

JUNGES, José Roque. *Bioética*; hermenêutica e casuística. São Paulo: Loyola, 2006.

LAGO, Kennyston; CODO, Wanderley. *Fadiga por compaixão*. Petrópolis: Vozes, 2010.

LIMA, Lise Mary A. (org.). *Espírito na saúde*. 4. ed. Petrópolis: Vozes, 1997.

LIPOVETSKY, Gilles. *A felicidade paradoxal*. São Paulo: Cia. das Letras, 2008.

MOLTMANN, Jürgen. *O espírito da vida*. Petrópolis: Vozes, 1999.

PERESTRELLO, Danilo. *Medicina da pessoa*. São Paulo: Atheneu, 2006.

PESSINI, Leo. *Espiritualidade e arte de cuidar*. São Paulo: Paulinas/São Camilo, 2010.

_____. BARCHIFONTAINE, Christian de P. (orgs.). *Buscar sentido e plenitude de vida*. São Paulo: Paulinas/São Camilo, 2008.

SÁ, Ana Cristina de. *O cuidado emocional em saúde*. 3. ed. São Paulo: Atheneu, 2010.

CONSIDERAÇÕES FINAIS

Profetismo, justiça, equidade e solidariedade no mundo da saúde

Quando nos propusemos estabelecer um diálogo entre a teologia e as questões da saúde, sabíamos que estaríamos pisando em um terreno pedregoso e de muita complexidade, tanto do ponto de vista das questões da saúde, tratadas no universo interno de uma tradição religiosa – por exemplo, a teologia da saúde/bênção, doença/maldição presente no Antigo Testamento –, como das questões éticas e de saúde pública, decorrentes da biotecnologia.

Para facilitar nossa comunicação, utilizamos o termo "saúde" para especificar tudo relacionado a essa área, a saber, questões éticas/bioéticas, problemas socais, saúde pública e as ciências da saúde.

Um dos problemas de base nesse diálogo é de cunho epistemológico, pois cada área do saber lida com pressupostos epistêmicos diferentes. A teologia parte da experiência da fé, inserida em uma tradição, e essa faz parte da vida social de inúmeras pessoas. A saúde parte da realidade empírica dos problemas sociais, das enfermidades, das curas e das pesquisas científicas. Ambas têm métodos de estudos. Se a primeira parte de raciocínios dedutivos para fundamentar sua lógica racional, a outra é eminentemente indutiva, priorizando os dados vindos da realidade material ou de experimentos. Contudo, elas se encontram na sociedade, onde essas duas realidades estão inseridas, de tal forma que fazem parte da experiência humana de existir no mundo, de se organizar em sociedade e de participar da mesma condição de fragilidade, contingência e finitude.

Há uma tendência na saúde de conceber o ser humano de modo muito restrito, ficando apenas com sua dimensão biológica. Essa tendência é reforçada por uma mentalidade técnica e curativa dos cuidados em saúde, ou seja, busca curar o corpo doente e, para isso, desenvolve sempre mais e melhores tecnologias. Ter uma gama de possibilidades terapêuticas e tecnológicas de ponta para facilitar a cura física e os tratamentos é profundamente importante. É preciso defender a continuidade das pesquisas para avançar nesse quesito. Contudo, o ser humano não se resume a seu aspecto biológico; ele é isso e muito mais. Ele tem uma vida social, familiar, interior e é aberto para a transcendência. Quando fica doente, é o ser humano, que vem de um contexto social e cultural específico, que precisa de ajuda, e não apenas a doença adquirida. Dessa forma, a saúde não pode rejeitar as outras dimensões humanas e precisa se abrir para o diálogo com outras áreas do saber capazes de contribuir para a promoção da vida com saúde.

A teologia não pode isentar-se da responsabilidade de colaborar com a construção de uma sociedade mais justa e fraterna. Todavia, ela não pode fazer isso sozinha, precisa se juntar a outras áreas do saber e da experiência humana concreta, também presentes na sociedade e com importância indiscutível. Para isso acontecer, é preciso um espírito de colaboração e não de concorrência, dentro de uma postura dialogante, o que vale também para a saúde e demais campos da vida humana.

Os autores deste livro elaboraram seus estudos e apresentaram os resultados, imbuídos pelo espírito de colaboração e seriedade na busca de tentar compreender os dramas humanos especialmente vividos na enfermidade e no sofrimento.

A existência humana é muito maior do que sua vida biológica. Esse é um dos elementos primordiais presentes neste livro e talvez seja a frase síntese e conclusiva de tudo aqui reunido. Os autores mostraram os grandes dramas humanos relacionados à saúde. Ligados a eles, temos questões mais amplas que afetam a vida das pessoas, tais como as econômicas, as desigualdades sociais, as injustiças, as concepções antropológicas por trás dos tratamentos de saúde, as éticas e bioéticas, as de sentido e de culpa, as de sofrimento e os mistérios de uma existência paradoxal. O ser humano é grandioso na sua complexidade e inteligência, mas pequenino na sua fragilidade e impotência diante dos mistérios da sua finitude.

Os artigos não esgotaram o tema "teologia e saúde", pois a existência humana é inesgotável, mas eles forneceram elementos que certamente contribuem para o diálogo entre essas duas áreas. Talvez tenhamos diante de nós um livro original, ao propor essa relação de forma explícita e que poderá servir de estímulo para a continuidade do diálogo para termos uma teologia profética na saúde e uma saúde que apresenta questões para a teologia se repensar, de tal forma que se unam na solidariedade em prol da justiça e da equidade no mundo da saúde.

O livro *Teologia e saúde*, como anunciado na introdução, foi dividido em três partes.

A primeira, dedicada aos "aspectos sócio-históricos", trouxe capítulos que permitiram termos um panorama geral da questão da saúde, no que diz respeito as suas problemáticas, conceitos, crises e a relação com o meio ambiente. Temos três capítulos. O primeiro, partindo de um histórico das ciências da saúde, apresentou as problemáticas em torno da influência econômica e de mercado; expôs a relação entre saúde, economia e política. Versou sobre a ampliação do conceito saúde e o desejo da população em obtê-la e o poder médico sobre o paciente. O segundo texto, fundamentado em uma reflexão filosófica de cunho existencial, mostrou que a fragmentação das ciências modernas, especialmente as da saúde, e a forte adesão à antropologia mecanicista colocaram o ser humano em uma crise ética de sentido, sobretudo quando se está enfermo, ao ser tratado como um ser unidimensional e não integral. O autor finaliza oferecendo uma proposta antropológica mais abrangente e integral. O último texto descreveu alguns problemas ambientais que impedem uma vida saudável, destacando a importância da sustentabilidade.

A segunda parte é a mais teológica, propriamente dita. Todos os articulistas trabalharam temas ligados à saúde a partir de um viés da teologia. Alguns permaneceram no universo da reflexão teológica, apontando a importância de sua contribuição para a existência humana saudável e significativa. Esses textos revelam que para viver bem, com saúde e com sentido, sabendo lidar com os dramas existências, sobretudo os dilemas sem respostas e os mistérios insondáveis, é fundamental conceber a experiência humana milenar, tendo como base uma antropologia integral. É preciso também considerar a pessoa dentro do seu *éthos*, que lhe dá segurança e sentido, pois a saúde não pode desprezar os elementos provenientes da concretude da vida humana, com perguntas incapazes de serem respondidas apenas cientificamente. As decisões em saúde, quer nas pesquisas quer na aplicação de algum procedimento técnico-terapêutico, precisam considerar o *éthos* dos grupos sociais, respeitando a autonomia e dignidade dos indivíduos. É preciso uma interação entre as possibilidades da saúde e a concretude de cada indivíduo, que traz consigo seu *éthos*.

A terceira parte abordou as questões éticas envolvendo a saúde e a contribuição da reflexão teológica no debate em torno dos principais dilemas. Esses artigos levantaram questões clássicas de bioética como o aborto, a eutanásia e o uso da biotecnologia. Buscaram refletir esses temas polêmicos apresentando diferentes pontos de vista e as questões conceituais e sociais existentes por trás de cada debate. Destacaram a crise do humanismo no mundo da saúde e a depreciação do cuidado em prol da terapêutica. Dessa forma, a reflexão caminhou para mostrar a importância da humanização e da interdisciplinaridade para ir além da terapêutica, tendo como paradigma o cuidado com o ser humano, seja para curar, seja apenas para confortar, como acontece nos cuidados paliativos, proporcionando um fim com dignidade. É necessário destacar que essa última parte aponta para uma reflexão bioética para além do *principialismo*, grande paradigma bioético surgido nos Estados Unidos e que na América Latina tem-se mostrado insuficiente. No Brasil, muitos estudos recentes estão buscando uma reflexão bioética que atenda mais às nossas necessidades e problemas de saúde, sobretudo no que diz respeito à saúde pública. Os artigos apresentados foram nessa direção ao discutirem os problemas das injustiças e iniquidades em saúde, ao mostrarem a importância de um sistema público de saúde universal, integral e equitativo, princípios presentes no SUS que precisam ser cada vez mais promovidos. Discutem o conceito de equidade como algo a ser priorizado para promover saúde para todos os brasileiros, sobretudo aos mais pobres e vulneráveis. Em todos os textos há forte caráter de compromisso com a promoção da saúde e um chamado para uma atuação profética da teologia nesta área.

O profetismo no mundo da saúde é a luta pela justiça e equidade. Esta é a principal missão da teologia. Povos massacrados pela injustiça e com grande desigualdade social, como o brasileiro, exigem atitudes voltadas para as questões sociais, especialmente para os determinantes sociais da saúde. A reflexão e a ação devem focar os sujeitos vulneráveis da sociedade realizando intervenções nos planos social, cultural, econômico e político na defesa dos pobres, revelando e denunciando as iniquidades na saúde. É necessário e urgente priorizar a equidade para chegar à justiça, tratando os desiguais na sua desigualdade, para que saiam do submundo da exclusão e da miséria e sejam inseridos numa vida digna. A equidade é o ponto de partida, e não a igualdade, pois esse é o ponto de chegada da justiça social. Falando de equidade, voltamo-nos para os determinantes sociais da saúde, as injustiças e iniquidades, a fim de ocorrer uma real intervenção, numa aliança com o lado mais fraco e frágil da sociedade. A realidade desigual e a constatação de que a pobreza é a responsável número um pelas enfermidades no mundo justificam a importância crucial da equidade, que vai ao encontro da opção pelos pobres, opção de que a teologia não pode abrir mão se de fato deseja ser profética.

Ações equitativas no mundo da saúde não podem cair no utilitarismo, nem ficar escravas da eficiência socioeconômica, esquecendo as dimensões existências, fincadas no *éthos* dos nossos povos. A solidariedade, fruto da compaixão e da gratuidade, precisa estar na base das ações, sobretudo na relação direta com os enfermos e sofredores. Na experiência cristã, a compaixão, a gratuidade e a solidariedade brotam do encontro com Cristo. Estes valores são importantes mesmo para quem está fora deste encontro de fé, na construção de um mundo mais justo. A saúde pode aprender com a sabedoria acumulada em milênios de tradição teológica, assim como a teologia pode aprender com a saúde a repensar suas formulações.

Alexandre Andrade Martins
Antonio Martini

Autores

Afonso Maria Ligorio Soares

Professor associado do Departamento de Ciência da Religião da PUC-SP. Livre-docente em Teologia pela PUC-SP. Mestre em Teologia pela Pontifícia Universidade Gregoriana (Roma). Doutor em Ciências da Religião pela Universidade Metodista de São Paulo, com pós-doutorado em Teologia pela PUC-Rio.

Alexandre Andrade Martins

Professor do Centro Universitário São Camilo. Especialista em Bioética e Pastoral da Saúde pelo Centro Universitário São Camilo. Mestre em Ciências da Religião pela PUC-SP. Diretor do ICAPS (Instituto Camiliano de Pastoral da Saúde e Bioética). Capelão do Hospital das Clínicas da Faculdade de Medicina da USP. Vice-coordenador da Pastoral da Saúde Nacional – CNBB.

Antonio Martini

Professor assistente mestre do Departamento de Ciências da Religião da PUC-SP. Bacharel em Teologia pela PUC-SP. Licenciado em Filosofia e Pedagogia. Mestre em Ciências da Religião pela PUC-SP.

Christian de Paul de Barchifontaine

Docente no mestrado e doutorado em Bioética do Centro Universitário São Camilo. Superintendente da União Social Camiliana e reitor do Centro Universitário São Camilo-SP. Enfermeiro. Mestre em Administração Hospitalar e da Saúde. Doutorando em Enfermagem na Universidade Católica Portuguesa (UCP).

Hubert Lepargneur

Religioso camiliano, filósofo e teólogo. Um dos pioneiros da bioética no Brasil. Orientador de estudos dos religiosos camilianos estudantes.

Júlio Serafim Munaro

Religioso camiliano. Teólogo e historiador da Igreja Católica. Por mais de trinta anos exerceu o magistério como professor de História da Igreja nos cursos de Teologia da Faculdade de Teologia Nossa Senhora da Assunção, do Instituto Teológico de São Paulo (Itesp) e do Instituto Teológico Pio XI.

Leo Pessini

Provincial dos camilianos no Brasil. Professor do doutorado e do mestrado em Bioética do Centro Universitário São Camilo. Doutor em Teologia-Bioética pela Pontifícia Faculdade de Teologia Nossa Senhora da Assunção. Editor chefe da revista *O Mundo da Saúde*.

Maria Angela Vilhela

Professora associada da PUC-SP. Livre-docente em Teologia pela PUC-SP. Bacharel e especialista em Teologia pela Pontifícia Faculdade Nossa Senhora da Assunção. Mestre em Ciências da Religião pela PUC-SP. Doutora em Ciências Sociais pela PUC-SP.

Maria Inês de Castro Millen

Professora e coordenadora de pesquisa do Centro de Ensino Superior de Juiz de Fora-MG. Graduação em Medicina pela UFJF. Graduada em Teologia pela PUC-RIO. Mestre em Ciências da Religião pela UFJF. Doutora em Teologia pela PUC-RIO.

Rafael Rodrigues da Silva

Bacharel em Teologia. Mestre em Ciências da Religião (Bíblia) pela Universidade Metodista de São Paulo. Doutor em Comunicação e Semiótica pela PUC-SP. Livre-docente em Teologia pela PUC-SP.

Renold Blank

Doutor em Teologia e Filosofia. Professor emérito da Pontifícia Faculdade de Teologia de São Paulo, na qual ensinou durante vinte e oito anos. Foi também professor em diversas outras faculdades de Teologia. É especialista em Escatologia, disciplina que trata do destino último do ser humano e do mundo.

Roberto Malvezzi

Agente pastoral da Comissão Pastoral da Terra (CPT). Assessor do Conselho Episcopal Latino-Americano (Celam) para questões ambientais.

Impresso na gráfica da
Pia Sociedade Filhas de São Paulo
Via Raposo Tavares, km 19,145
05577-300 - São Paulo, SP - Brasil - 2012